사주...
Code로 풀다

사주...
코드
Code로 풀다

역학동 틸보농부 **정보국** 지음

MBTI로는 풀지 못하는
나의 사주 코드

祥元文化社

추천사...

　수많은 책 속에 파묻혀 길을 헤매고 있을 즈음 정보국 선생님과 인연을 맺었습니다. 선생님께서는 저를 보자마자 "이 책 중에 명리 공부에 도움이 될 만한 것은 없으니, 책은 보지 말고 당분간 제가 시키는 대로 하겠냐?"고 물으셨습니다. 그게 벌써 7년 전이네요.

　젊은 시절부터 운명에 관심이 많아 사주 공부를 했지만 진수를 파악하지 못해 정작 저의 운명조차 제대로 풀지 못했습니다. 왜곡된 해석들이 즐비한 책들로 인해 중심을 못 잡고 혼돈의 세월만 보냈으니 그럴 수밖에요. 음과 양의 묘한 이치를 깨닫는다는 건 결코 쉬운 일이 아니었습니다. 이는 비단 저뿐만 아니라, 모든 분이 똑같이 겪고 있으리라 봅니다.

　인터넷 카페에서 우연히 털보농부(정보국 원장님)의 글을 접하면서, 그동안 풀리지 않았던 음양의 비밀들이 조금씩 보이기 시작했죠. 인반수 이론으로 설명해주셨는데, 배웠던 것과는 다른 풀이에 그저 할 말을 잃고 말았습니다. 쉽게 가르쳐주신 선생님께 진심으로 감사드립니다. 오랜 세월이 흘러야 터득할 수 있는 것을, 짧은 시간에 깨우칠 수 있도록 길을 일러주셨습니다.

이번에 선생님께서 출간하시는 인반수 공식은 푸는 법만 알아도 사주 정복의 반은 도달했다고 볼 수 있습니다. 처음 입문하는 사람일수록 많은 시간이 필요하므로, 반드시 이 책을 통해 지름길로 접어드시기를 당부드립니다. "어떠한 운명에 대하여 왜 그런 일이 있었는가?" 하는 답변이 이 책 안에 담겨 있으므로 자신 있게 일독을 권합니다.

목담작명역술원 원장
정병국배상

코드 이론으로 푸는 사주를 내면서...

코드란 무엇일까? 우주의 일원으로서 세상에 태어났다면 자신을 나타
내는 '나'라는 상징적인 부호가 무엇인지 정도는 알아야 한다. 이런 말을
했더니 누가 나에게 "MBTI를 말씀하시나요?" 하고 되묻는다. MBTI는
사람들을 크게 4가지 선호 경향으로 분류한다. 외향적인가? 내향적인가?
감각적인가? 직관적인가? 등으로 구분하여 패턴을 정리한 심리테스트다.

사람들은 매우 다양하다. 그래서 "넌 이런 타입이야!" 하고 못을 박
아 구분하는 건 상당히 위험한 일이다. '열 길 물속은 알아도, 한 길 사람
속은 모른다.' 하지 않는가? 외향적이니, 내향적이니 사람을 두 가지로 단
정한다는 건 매우 단순한 발상이 아닐 수 없다.

이 책은 MBTI와는 개념 자체가 다르다. 자신을 나타내는 '나'라는 사
주팔자를 숫자 코드로 변환시키는 것이 특징이다. 세상에는 사주를 푸는
수많은 방식이 있다. 오행으로만 해석하는 법, 물상·형상으로 분석하는

법, 당사주로 푸는 법, 성명학으로 푸는 법, 구성학, 자미두수, 관상학, 수상학, 골상학 등 다양하다. 위와 같은 방법들을 일반인이 모두 이해하기는 힘들다. 그래서 누구나 알기 쉽게 숫자 코드로 바꾸어 사주를 분석하였다. 조견표만 있으면 누구나 산출할 수 있으니 처음 접하는 사람들도 그리 어렵지 않으리라 본다.

얼마 전 식당에서 한 사람이, 유명 강사의 강연을 듣고 깊은 감동을 받아 일행과 이야기를 나누고 있었다. 그 강사는 방송에도 많이 출연하는 사람이라 나 역시 그의 강연을 들은 적이 있다. 주제마다 자신의 주변, 가족 사례를 곁들이며 유머러스하게 말한다. 같이 웃고 울다 보면 어느새 끝이 나는 것이다.

하지만 아무리 명강의를 듣더라도 내 것으로 만들지 못한다면 아무 소용이 없다. 한강 가득 맛있는 포도주가 있어서 포도주가 차고 넘쳐도,

내 입에 한 잔이라도 넣어야 취하는 것이다. 세상 모든 일이 다 그렇다. 본 서에 실은 숫자 코드는 삶의 주인공이 될 수 있도록 안내하는 가이드북이 될 수 있지만, 자기 것으로 만드는 것은 오로지 독자의 몫이라고 본다.

요즘 이 공부에 매진하는 분들이 많다 보니 그 계층이 넓어졌고 그 열의도 대단하지만, 하나같이 어렵고 힘들게 공부하고 있다. 그건 일정한 규칙이나 공식이 없어서 그렇다고 본다. 오랜 세월 시간과 노력을 투자한 것에 비해 공부한 결과가 없다면 속상한 일이다. 이제 필자가 사십여 년 간 연구한 성과를 이 책에 담아 모든 분에게 공개하니 독자 여러분들이 자신의 코드를 알고 깨우쳐서 삶의 주인공이 되기를 바란다.

2025년 **정 보 국** 작명연구원장

작명114.com

코드에 대한 오해와 진실...

　사람은 각자 자신만의 특성을 갖고 태어나고, 각자 추구하는 방향이 다르다. 생각하는 것도 다르고 행동하는 것도 다른 것이다. 이 책에서는 각자 지닌 특성을 1~0까지 10개의 코드로 분류했다. 이 10개의 코드 안에 인간의 속성이 모두 들어 있으므로 자신의 코드를 명확히 인식해서 그 특징을 살려서 노력한다면 성공하는 행복한 삶을 살 수 있다.

　다만 사주에 뚜렷이 나타나는 코드는 드물다. 본서에서 분류한 코드의 내용을 보고 자신과 같은 성향을 지닌 것이 있다면 그것이 자신과 맞는 코드라고 보면 된다. 사주의 특성상 코드가 골고루 나오는 사람도 있지만 한쪽으로 치우친 사람도 꽤 많다. 수많은 변수가 일어나는 것이 사람들의 운명이므로 사주에서만 코드를 찾으려 하지 않기를 바란다.

　책의 말미에 실었듯이 동일사주가 같은 운명으로 살아가는 사람도 있지만, 주변 환경에 따라 다른 운명으로 사는 사례가 많다. 각자 자신이 처한 환경에 따라 운명이 결정되므로 사주로만 인생을 판단해서는 안 된다.

사주팔자는 60갑자[4]=1,300만 가지가 나온다. 이렇듯 단순하지 않은 것이 사람의 운명이므로 본서 내용만 가지고 자신의 타고난 사주의 근원까지 터득한다는 것은 지나친 욕심이다.

어느 분이 필자에게 이런 질문을 던졌다.

코드로 운명을 맞출 수 있는가? 맞는다면 몇 퍼센트 정도 가능한가?

이 질문을 받는 순간 필자는 매우 당황했다. 그 이유는 아무리 코드로 봐서 한두 개가 정확히 맞는다고 해서 사주 전체를 코드 하나만 보고 판단하는 것은 대단히 위험한 발상이다. 지금도 사주에 관한 전문서적이 쏟아지는데 뚜렷이 사주=생년월일시만 놓고 명확하게 풀 수 있다는 책은 존재하지 않기 때문이다.

단지 이 책의 장점은 전문가가 아니어도 중학생 수준이면 숫자 코드로 자신의 사주 여덟 글자의 코드를 찾을 수 있다. 거기서 10신의 특성 정도는 파악하리라 본다. 그 내용을 보고 자신과 어느 정도 맞는 부분이 있다면 MBTI처럼 장점과 단점을 찾아서 서로 상대방과 공감대를 형성하고, 자신의 능력에 비해 무리한 일을 벌이지 말고 차근차근 자신의 목표를 향해 나아가기를 바란다.

다시 한 번 강조하지만 코드 하나만 놓고 단편적인 판단은 하지 말고 반드시 사주 전체를 놓고 신중히 봐야만 한다. 그리고 참고 정도로 코드의 특성을 이해해야지 지나치게 의존하게 되면 도리어 부작용이 뒤따른다는 점을 명심하기를 바란다.

일 러 두 기

❶ 이 책은 총 3부로 구성되어 있다. 1부는 사주명리를 푸는 방식에 관한 것이고, 2부는 코드와 인반수를 풀어낸 실전 예제이다. 3부는 성명학에 관한 내용이다.

❷ 1부의 사주명리에서는 사주를 푸는 방식으로 코드와 인반수를 이용하였다. 코드는 사주의 십신을 이용하여 1~0코드로 보는 것이고, 인반수는 천간과 지지의 합과 충을 가지고 사주에 적용시킨 것이다.

❸ 1부 1장에서는 코드 산출법과 사주를 푸는 데 필요한 코드의 원리와 기타 12운성, 암장, 자고, 양인, 궁과 성, 공망 등을 설명하였다. 이 중 '궁'과 '성'은 자주 쓰이는 것이므로 여러 번 보아야 한다.

❹ 2부에서는 인반수의 원리의 사례를 실었다. 인반수는 필자가 처음 공개한 것이며, 합충을 포함하면 총 30가지가 된다. 자합이 될 경우 어떤 일이 생기는지를 예제로 실었다.

❺인반수를 응용할 수 있는 예제를 두었는데 중요 코드별로 순서를 정했지 만, 푸는 방식은 인반수가 중심이 된다. 인반수를 이용하면 복잡한 사주가 공식처럼 간단해진다. 실존인물로는 임영웅, 방탄소년단, 현우진, 이지영 을 예제로 실었다.

❻3부에서는 이름에 관한 상식과 실제 작명할 때 어떤 것을 중요시하는지 실 었다. 1·2장은 성명학의 기초이론으로 소리오행과 코드 뽑는 법, 한자의 수리, 작명공식 등을 넣어 이름을 지을 때 필요한 이론을 정리하였다.

❼3장은 코드로 이름을 푼 예제를 실었다. 배우와 가수, 재벌들의 이름을 분 석하고, 5∘9∘7코드가 가진 사고의 예제도 보았다. 사주와 이름의 코드가 겹칠 경우 더 강력한 사건이 생길 확률이 높다.

❽4장은 한자로 이름 짓기를 실었다. 성에 따른 공식을 알기 쉽게 도표로 공개 했다.

목차

제I부

코드와 인반수

MBTI도는 풀지 못하는 나의 사주 코드

사주… 코드를 풀다

제**1**장
코드

1장은 사주를 코드로 변환하기 위한 기초 이론을 설명한다.

사주는 천간과 지지로 구성되어 있고, 천간과 지지는 음양과 오행으로 성질을 나눌 수 있다. 또 코드는 사주에서 말하는 십신을 기본으로 하여 만들어졌으며, 앞으로 그 내용을 바탕으로 사주풀이를 할 것이다.

1 코드의 원리

이 코드는 사주명리의 십신(十神)을 원리를 응용한 것이다.

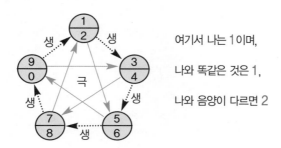

여기서 나는 1이며,

나와 똑같은 것은 1,

나와 음양이 다르면 2

내가 생한 것 중 음양이 같으면 3, 음양이 다르면 4

내가 극하는 것 중 나와 음양이 같으면 5, 다르면 6

나를 극하는 것 중 나와 음양이 같으면 7, 다르면 8

나를 생해 주는 것 중 음양이 같으면 9, 음양이 다르면 0이다.

앞으로 이 숫자를 코드라고 부를 것이다.

화살표는 시계 방향으로 돌게 되어 있는데 점선 화살표는 생을,
직접 화살표는 극을 나타낸다.

그러므로 1∘2는 3∘4를 생해 주고, 3∘4는 5∘6을 생해 주며, 5∘6은
7∘8을 생하며, 7∘8은 9∘0을 생한다.

반대로 1∘2는 5∘6을 극하며, 5∘6은 9∘0을 극하며, 9∘0은 3∘4를
극하며, 3∘4는 7∘8을 극하며, 7∘8은 1∘2를 극한다.

◈ 코드의 특징

코드의 특징은 크게 다섯 가지로 분류할 수 있다.

1·2코드는 친구나 동료, 형제를 말한다.

3·4코드는 먹는 것, 베푸는 것, 재능, 말, 요리와 관계가 있다.

5·6코드는 돈과 여자인데 실물경제, 월급, 투기, 현실을 뜻한다.

7·8코드는 명예, 직장, 이성, 관(官)과 직책을 뜻한다.

9·0코드는 학문, 연구, 사상, 권력 등으로 분류한다.

1·2코드가 좋으면 친구나 형제 덕을 볼 것이고, 반대라면 주위 사람에게 피해를 받는 일들이 반복될 것이다.

3코드면 남을 먹여주고 재워주는 일이 맞을 것이고, 4코드면 특출한 재능을 발휘하여 큰 인기를 얻으려 하겠다.

5·6코드는 3코드 입장에서 그들을 관리하고 월급을 주는 위치에 있으므로 더 신경 쓰고 공감하려는 자세가 필요하다.

7·8코드면 반대로 상대의 눈치를 봐야 하니 관(官)의 통제와 압박을 받는 형국이다. 작게는 월급쟁이, 크게는 공직자다. 불법적인 일을 한 사람들은 관(官)의 통제를 받는 수감자들이 많음을 경험했다.

마지막으로 9·0코드면 도움과 사랑을 받는다. 받기만 하지 말고 사회에 공헌을 하는 사람이 되어야 한다. 실제 9·0코드 가운데 종교인, 교육자가 많고 큰 권력을 쥔 사람도 있다.

② 코드 산출법

아래는 천간과 지지가 만나 이루어지는 숫자 코드 산출 도표이다. 앞에 설명한 십신의 관계를 가지고 만든 것이다.

사주로 보면 일간을 기준으로 하고, 나머지 7개의 간지가 존재한다. 일간을 기준으로 코드를 찾을 것이므로 갑일간이 천간 갑이나 지지 인을 보면 숫자 1로 표시하는 것이다.

천간 비교군	갑	을	병	정	무	기	경	신	임	계
갑, 인	1	2	9	0	7	8	5	6	3	4
을, 묘	2	1	0	9	8	7	6	5	4	3
병, 사	3	4	1	2	9	0	7	8	5	6
정, 오	4	3	2	1	0	9	8	7	6	5
무, 진, 술	5	6	3	4	1	2	9	0	7	8
기, 축, 미	6	5	4	3	2	1	0	9	8	7
경, 신	7	8	5	6	3	4	1	2	9	0
신, 유	8	7	6	5	4	3	2	1	0	9
임, 해	9	0	7	8	5	6	3	4	1	2
계, 자	0	9	8	7	6	5	4	3	2	1
진(수고)	9·0	9·0	7·8	7·8	5·6	5·6	3·4	3·4	1·2	1·2
미(목고)	1·2	1·2	9·0	9·0	7·8	7·8	5·6	5·6	3·4	3·4
술(화고)	3·4	3·4	1·2	1·2	9·0	9·0	7·8	7·8	5·6	5·6
축(금고)	7·8	7·8	5·6	5·6	3·4	3·4	1·2	1·2	9·0	9·0

천간 갑이 갑이나 인을 만나는 경우는 1코드가 된다.

천간 갑이 을이나 묘를 만나는 경우는 2코드가 된다.

천간 갑이 병이나 사를 만나는 경우는 3코드가 된다.

이와 같이 가로와 세로가 만나는 점이 코드가 된다.

《 육친을 숫자로 보는 사례 ① 》

시주	일주	월주	년주
乙을 2	甲갑 1	丙병 3	戊무 5
丑축 6	申신 7	辰진 5	子자 0

앞의 도표를 참조하여 숫자를 써 놓으면 된다.

위의 예제는 甲일간이다.

천간의 갑을 기준으로 하여, 일간은 1이 된다.

년주의 무는 5, 자는 0

월주의 병은 3, 진은 5

일지의 신은 7

시주의 을은 2, 축은 6이다.

《 육친을 숫자로 보는 사례 ② 》

시주	일주	월주	년주
丁정 3	乙을 1	辛신 7	丙병 4
丑축 5	巳사 4	卯묘 1	戌술 6

앞의 예제는 乙일간이다.

천간의 乙을 기준으로 하여, 일간은 1이 된다.

년주의 丙은 4, 戊은 6

월주의 辛은 7, 卯는 1

일지의 巳는 4

시주의 丁은 3, 丑은 5이다.

◈ 지지가 辰戌丑未인 경우

여기에 한 가지 더 해야 할 것이 있다. 지지에 辰戌丑未가 있는
경우에만, 지지 아래에 오행의 삼합에 해당하는 코드를 붙인다.
역시 도표를 활용한다. 처음 예제를 가져와 보겠다.

시주		일주		월주		년주	
乙을	2	甲갑	1	丙병	3	戊무	5
丑축	6	申신	7	辰진	5	子자	0
7◦8				9◦0			

사주의 지지 중에 축(丑)과 진(辰)이 보이므로, 7◦8코드와 9◦0코드
를 넣었다.

丑은 甲일간 기준으로 7◦8코드이며, 월의 辰(=申子辰)은 水의 창
고임으로 水가 많음을 뜻하여 9◦0코드를 넣었다.

대개 삼합이 된 오행의 크기는 일반적인 오행보다 크다.[1]

《 이시다 아유미_가수 》			
시주	일주	월주	년주
丙병 7	庚경 1	乙을 6	戊무 9
子자 4	戌술 9	卯묘 6	子자 4
	7◦8		

'블루라이트 요코하마' 라는 노래로 유명한 일본가수의 명이다.

《풀이》

① '戌'이 일지에 있으면 먼저 일간 庚을 기준으로 9코드다. 하지만 '戌'은 寅午戌의 화(火)가 됨으로 '화고(火庫)'로 봐서 아래에 7◦8코드를 적는다. 이는 남자들을 의미하므로 남자들에게 인기가 많음을 뜻한다.

② 戌이 火庫라는 것은 배우자 궁에 墓＝庫가 있다는 뜻이므로 그런 점을 감안해서 해석하면 된다. 남자인 7코드의 무덤에 해당하여 남자가 갇힌다는 뜻이 담겨 있는데, 남자 입장에서는 갇히기가 싫어서 떠난다는 것을 뜻한다. 간혹 같이 사는 경우 사별하는 것도 많이 경험했다.

---

1) 가령 진(辰)이면 '申子辰 水局'이라 하여 보통 말하는 水의 개념과는 사뭇 다르다. 水는 봄에는 이슬, 여름에는 비, 가을에는 서리, 겨울에는 눈이 된다. 水가 모두 모인 진(辰)은 커다란 호수, 댐이라고 봐서 크다는 뜻이다. 그러다 보니 작은 水, 즉 '癸·亥·壬·子' 등은 진(辰)으로 흡수된다.
또 술(戌)이면 寅午戌 화국(火局)이라 하여 '火'로 본다. 火가 모두 모여 있기에 火庫라고 하며, 용광로, 화력발전소 등의 뜻으로서 火의 글자, 즉 '丙·丁·巳·午'는 화고(火庫)로 들어간다.
未면 亥卯未 木局이라 하여 '甲·乙·寅·卯' 등은 未로 들어간다.
또 丑이면 巳酉丑이라 하여, 金局으로 보며 '庚·辛·申·酉'는 축(丑)으로 들어간다.

③ 코드 감명 순서

① 사주를 뽑고, 26쪽 코드 산출표에서 자신의 코드가 무엇인지를 찾는다.

② 35쪽 코드별 특성 1코드부터 0코드 중에서 자신의 코드를 찾아 읽는다.

③ 년주는 조상, 월주는 부모, 일주의 천간은 나, 일주의 지지는 배우자, 시주
는 자식의 자리를 나타낸다. 이것을 '궁'이라고 부르는데 궁은 고정된 값
으로 변하지 않으며, 전체 배합을 보고 좋고 나쁨을 판단한다.

④ 일지인 배우자 궁을 본다. 여자라면 남자에 해당하는 7·8코드를 보고, 남
자라면 여자에 해당하는 5·6코드를 살핀다.

⑤ 연결되어 볼 수 있는 코드가 있는지 본다.

본문에 나오는 예문 중에 4개를 예로 들어보자.

《 ① 배우 김희선 》

시주	일주	월주	년주
丙병 0	己기 1	丙병 0	丁정 9
寅인 8	亥해 6	午오 9	巳사 0

❶ 일주의 1코드는 나 자신이고, 나머지 7개의 코드와의 관계성을 살핀다.

❷ 배우자궁은 6코드이다.

❸ 그다음은 배우자성을 살핀다. 여자에게는 7∘8코드가 남자이다. 일주의 지지에 있는 배우자궁과는 달리 배우자성은 사주의 어디에나 있을 수 있다. 이 예에서는 7∘8코드 중에 8코드가 시지에 있다.

❹ 6이 8을 생하므로 남자가 출세한다. 이런 배합은 5∘7, 5∘8, 6∘7, 6∘8이 있다. 모두 남자를 잘 보필하는 코드다.

❺ 시주에 있는 8∘0코드도 좋다. 나를 생해주기 때문이다(8은 0을 생하고, 0은 1을 생한다). 이런 배합으로는 7∘9, 7∘0, 8∘9, 8∘0이 있다. 운이 좋으면 교육문화, 교직, 교수, 방송, 강사 등 유명세를 타게 된다.

《 ② 축구선수 손흥민 》

시주	일주	월주	년주
丁정 3	乙을 1	丁정 3	壬임 0
丑축 5	酉유 7	未미 5	申신 8

❶ 배우자 자리를 뜻하는 일주의 酉를 본다. 酉는 7코드로서 양 옆에 있는 5코드의 생을 받는다. 배우자가 5코드의 생을 받아서 기운이 성대해지므로 여자인 경우 남편을 출세시켜준다. 코드 배합으로는 5◦7, 5◦8, 6◦7, 6◦8이 있는데 손흥민 경우는 5◦7코드가 중복되어 부인이 남자를 더욱 잘 보필한다고 본다.

❷ 丁未, 丁丑이 3◦5코드에 해당한다. 210쪽에 3◦5코드에 관한 사례가 다양하게 나오듯이 재물이 넉넉하다. 모두가 다 그렇지는 않지만, 대체로 3◦5코드가 사주에 있으면 먹고 사는 데는 별다른 문제가 없음을 알 수 있다.

《 ③ 김준희 》

시주	일주	월주	년주
	壬임 1	庚경 9	丙정 5
	子자 2	寅인 3	辰진 7
		공망	

❶ 일주의 배우자궁을 보면 2코드이다. 배우자궁에 나(1코드)와 오행
이 같은 2코드가 있는 것이다. 나와 닮은 여자가 안방에 있는 형국
이므로, 언젠가는 배우자로 인해 문제가 생기게 된다.

❷ 월주는 9∘3코드이다. 1코드에게는 3코드가 자식에 해당하는데 9코
드를 만나면 임신이 잘 안 되어서 애를 먹기도 하고, 임신이 되어
도 유산을 하기 쉽다. 공망까지 가중되면 문제가 더 생긴다.

❸ 3코드가 좋은 코드이지만, 지금같이 9코드가 바로 옆에 있으면 자
식 때문에 걱정을 하게 된다. 단, 예외도 있으므로 함부로 단정 지
으면 안 된다.

《 ④ 마릴린 먼로 》

시주	일주	월주	년주
癸계 3	辛신 1	癸계 3	丙병 8
巳사 8	酉유 1	巳사 8	寅인 6

❶ 마릴린 먼로처럼 배우자궁에 나와 같은 1코드가 있으면, 같은 여자가 침대에 누워 있는 형국이므로 배우자로 인해 속상한 일을 겪게 된다.

❷ 그다음 남자를 뜻하는 7◦8코드를 찾아서 본다. 8코드가 3개나 되므로 남자에게 인기가 많다. 결국 그녀는 3번 결혼하고, 3번을 이혼하였다.

❸ 3◦7코드, 3◦8코드, 4◦7코드, 4◦8코드는 배우자인 남자를 극하는 코드이다. 남자와 이별하거나 사별하기 쉽다. 역시 예외가 있으므로 단정 지으면 안 된다.

❹ 천간에 3코드가 양쪽에 떠 있으므로 나의 능력과 재능을 만천하에 공개한다는 의미가 된다.

4 코드별 특성

1 1코드 : 나, 나와 같은 비견 일명 형제, 친구, 동료

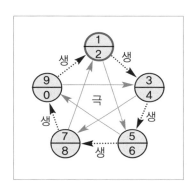

사주 안에서 나(일간)와 같은 음양과 오행을 만났을 경우 1코드라고 한다. 아래 도표와 같이 일간이 갑일 경우는 갑이나 인, 을일 경우는 을이나 묘, 병일 경우는 병이나 사, 정일 경우는 정이나 오, 무일 경우는 무 또는 진 또는 술, 기일 경우는 기 또는 축 또는 미, 경일 경우는 경이나 신, 신일 경우는 '신이나 유' 임일 경우는 임이나 해, 계일 경우는 계 또는 자가 있으면 1코드이다.

일간 1코드	갑	을	병	정	무	기	경	신辛	임	계
천간	갑	을	병	정	무	기	경	신辛	임	계
지지	인	묘	사	오	진술	축미	신申	유	해	자

《키워드》 분리, 분배, 박력, 독립, 이별, 배짱, 분가, 개인주의.

《특성》 나와 어깨를 나란히 하는 것을 의미한다. 남들보다 독립심과 자존심이 강해 남의 말을 안 듣는다. 곧 죽어도 죽는 소리 못하고, 자기주장이 강해 비굴하게 굽실거리지 않는다.

- 수중에 현금이 있으면 바로 지출한다. 잘 나갈 때 흥청망청 쓰다가 나중에 후회한다. 돈을 가벼이 여기는 경향이 있고 사치가 심하다. 저축심을 길러야 한다.

- 자기 일보다는 남의 일에 깊이 개입한다.

- 친숙하고 인정 많고 사교적이라 경조사 다니기 바쁘다. 그러다 보니 집안일에 소홀하다. 사업할 경우 배신을 잘 당한다.

- 상사와 충돌한다. 1코드가 많으면 처음에는 잘 어울리는 듯하나, 끝에 가서는 화합하지 못해 스스로 외롭다.

- 믿는 도끼 발등 찍히므로, 투기 모험은 절대 안 되고 동업도 피하는 게 좋다. 강직하고 용감하고 무모하며, 통이 크고 원대하고 정신력이 강하다.

- 자기 전공을 못 찾고 오랜 시간 방황하다가, 뒤늦게 자기 자리를 되찾는 분들이 이 코드의 특성이다.

- 사건 사고는 평소 안 하던 짓을 하다가 생긴다. 몸에 익고 숙달된 일은 능수능란하게 할 수 있다.

- 남들이 하니까 덩달아 흉내를 낸다는 뜻이다. 뭐든지 자기 하고 싶은 일, 절실한 일, 능숙하고 눈만 뜨면 해도 재미있어서 질리지 않는 일이 자기 직업이다. 마지못해 떠밀려서 하면 능률도 안 오르고 안전사고가 난다. 너무 뻔한 말인데도 사람들은 어리석어 이런 사실을 잊어버린다.

《스캔들》 1코드는 신체 건강한 프로 골퍼, 기타 유명 스포츠 선수들이 많은데, 성(性) 스캔들이 종종 일어난다.

- 그 이유는 다음과 같다. 자기 몸 하나 간수하기도 힘들어 골골거리는 사람은 마누라 하나 간수하기도 버거워서 외도는 꿈도 못 꾼다. 마치 술을 입에도 못 대는 사람에게 술을 권하는 것과 같다. 내 몸이 건강해야 헛짓을 하든지 술을 먹든지 한다. 힘이 넘치니까 친구 좋아하고, 이성 좋아하고, 음주 가무를 좋아하는 것이다. 몸이 약해졌는데도 술 버릇을 못 고치면 결국 수명이 단축된다.

《조합》 5코드와 6코드가 같이 있으면, 재물을 놓고 서로 다투는 꼴이다. 즉 1∘5, 1∘6, 2∘5, 2∘6코드의 배합[2]은 안 좋다. 형제·친구와 불화가 생길 수 있고, 본인의 업적을 하루아침에 남에게 송두리째 빼앗길 수 있다. 부부간에 화목하지 못하고 친구나 친지, 동창들로부터 재산상 손해를 볼 수 있다. 부친과 인연도 적고, 혼인이 늦다.

- 이성 문제로 인해 풍파가 생긴다. 성격이 거칠며 독신을 고집한다. 늦게 결혼할 수 있으나 오래 못 간다. 이성으로 인해 애먹는데 금전 손해, 술, 도박, 바람을 피울 수 있다.
- 행동이 재빠르고 적극적이다. 불뚝 성질이 있고 정의감이 있어 불의를 보면 못 참는다. 가만히 있어도 될 텐데 남의 일에 잘 나선다.

---

2) 사주나 운에서 1코드와 5코드가 만난 것을 '1∘5'로, 1코드와 6코드가 만난 것을 '1∘6' 등으로 표시하기로 한다. 1∘2코드와 5∘6코드는 같은 오행의 배합이므로, '1∘5, 1∘6, 2∘5, 2∘6'의 배합이 모두 안 좋다고 한 것이다.

《직업》 군인 경찰, 운동선수 등 몸을 써서 하는 직업이 잘 맞는다. 자유직업, 독립적인 직업이 좋다. 개인 사업, 변호사, 의사, 전문기사, 변리사, 통역사, 회계사, 역술가, 정치가, 교육가, 연예인, 법률가, 농축산업, 꽃꽂이, 피아노, 유흥업, 서비스업, 주택 중개업 등이 좋다.

《육친》

• 남자 : 형제, 자매, 동료, 동업자, 친구, 이복형제.
• 여자 : 형제, 자매, 시아버지, 동서, 친구.

《1·2코드가 많으면...》

군중 속에 고독이다. 주위 인맥이 좋아서 항상 바쁘지만 시기 질투하는 사람들 속에서 주목을 받다 보니 뜻하지 않게 시비구설이 잦다. 운이 좋을 때는 모두가 내 편 같아도 운이 나쁘면 사람들이 냉정하게 돌아서서 나를 질타하려 하고 단점을 들추어낸다. 돈이 있을 때는 사람들이 서로 도와주려 한다. 간혹 손을 벌리는 사람들이 있어 금전거래를 하면 결국 돈 잃고 사람 잃는다.

1·2코드의 특성은 사람들이 모여서 서로 경쟁하고 자신이 최고라고 우기는 별이다. 언쟁을 벌이면서 내 뜻을 펼쳐 결국 인정받고 이름을 알리려고 하다 보니 시시비비는 항상 뒤따르기 마련이다. 일확천금의 꿈을 꾸기도 하여 주식, 로또, 도박에 빠지는 경향이 있으며 사치스러운 삶에 허무한 인생을 맞이한다.

② 2코드 : 나, 나와 다른 오행 일명 중재자 탈취

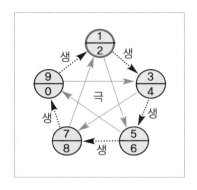

사주 안에서 나(일간)와 오행은 같지만 음양이 다른 간지를 만났을 경우 2코드라 한다. 아래 도표와 같이 일간이 갑일 경우는 을이나 묘, 을일 경우 갑이나 인, …, 임일 경우 계 또는 자, 계일 경우 임 또는 해가 있으면 2코드이다. 일명 '도둑 코드' 라 한다.

일간 2코드	갑	을	병	정	무	기	경	신辛	임	계
천간	을	갑	정	병	기	무	신辛	경	계	임
지지	묘	인	오	사	축미	진술	유	신申	자	해

《키워드》 동물적 감각, 투박함, 해맑음, 호기심, 과대포장, 과대평가, 심신 피폐, 자기학대, 자포자기, 실현 가능, 사실적, 친근감, 주선자, 협동심, 과잉보호, 발작, 불신, 낭패, 헛꿈, 자긍심, 조직력, 호기심, 정보력, 이기주의, 자만심, 접대 상무, 교만, 투기, 모험, 묻지마 투자, 코인, 야심가, 손재, 파산.

《특성》 소유물이나 재물을 강제로 빼앗기거나 빼앗아온다는 의미다. 내가 좋은 운일 때는 남의 것이 모두 내 것이 될 수 있다. 실제로 재물 중에 제일 큰 재물로 여긴다. 전 세계 사람들을 상대로 로열티를 받는 경우에 해당한다.

- 반대로 나쁜 운일 때는 나의 재물을 인정사정없이 다 **빼앗긴다**. 일명 도둑맞는 코드라고 한다. 운 나쁘면 하루아침에 부도나고 파산 선고 받아 무일푼이 된다.
- 네이버사의 '라인'을 일본이 좌지우지하며 압박을 가하는 상황도 이런 특성이라고 할 수 있다.
- 타인의 일에 잘 휘말리며 내일보다 남의 일을 더 잘 돌본다.
- 주위 인맥도 넓다. 사교성 좋고 붙임성도 좋다.
- 두 눈 부릅뜨고 지갑을 꼭 쥐고 있어도 돈이 다 샌다.
- 임기응변이 빨라서 사막에 가져다 놓아도 산다. 눈썰미가 남달라 한번 본 것은 다 따라 한다. 조급하며 인내심이 부족하다.
- 무모한 도전을 한다. 대중들 사이에서 주인공이 되려 한다. 무리에서 주체가 된다. 경쟁자가 많다. 시기와 시샘을 부르고 투쟁 의식도 강하다. 실패해도 재기하는 오뚝이 인생이다.
- 눈치 백단이라 다 알면서 모른 체하고 시치미 뚝 뗀다.
- 모방을 잘한다. 가끔 지적재산권 위반에 걸리는 것이 다 이런 경우다. 해커들이 비트코인을 공격하여 가져가는 게 다 전형적인 2코드가 벌이는 짓이다.
- 두뇌 회전이 빠르고 행동이 민첩하고 목적을 위해서는 조직적이고 떼로 움직인다. 2코드 자체가 무리, 세력을 뜻한다.
- 여러 사람을 의미하며 군중심리를 유도한다. 떼강도라 본다.
- 2코드가 많으면 절대로 동업하면 안 된다. 혼자 독립해서 하는 게

좋다.

- 이성으로 인해 풍파가 생긴다. 여자는 나이 차이가 많이 나는 남자나, 흠이 있는 남자를 만난다. 스스로 재취 자리를 원하여 남의 자식을 돌보며 산다. 결혼은 하지만 돈도 없이 궁색하게 사는 경우가 많다.

- 배우자의 질병이나 기타 이유로 생이별 또는 사별을 맞본다.

- 친구나 친지, 타인에게 보증을 서주거나 돈을 빌려줘도 좋은 소리 못 듣는다. 부친과 인연도 적고 재물복이 적어 유산 문제로 싸움이 예상된다. 주변이나 인터넷상에서 경쟁자 관계로 출혈이 생긴다.

《하격인 경우》 상대가 먼저 실수할 때까지 기다리다가 그 약점을 이용한다. 남들이 다 이룬 것에 숟가락만 슬쩍 얹으려 한다.

- 고압적이고 강압적이다. 고집이 세서 소귀에 경 읽기다. 좋은 충고마저도 잔소리로 듣고 흘려 넘긴다.

- 뒤늦게 깨달았을 때는 너무 멀리 왔다. 땅을 치고 후회한들 소용없다. 까마득한 후배들과 새 출발을 해야 하는 신세가 처량하다.

- 스스로 천재라고 착각한다. 필요할 때는 간이라도 빼줄 듯하다가 어느 순간 획 돌아선다. 남의 것을 쉽게 자기 것으로 하려 한다. 껍데기 인생이라 허무하다. 의리가 없으니 사람들이 다 떠난다.

- 자존심이 은근히 강하다. 대인관계가 원만한 것 같지만 아집과 고집으로 결국 혼자가 된다. 중개자 역할을 하지만 끝에 가서 좋은 소리 못 듣는다. 내 돈 주고도 뺨 맞는 꼴이다.

- 내 일처럼 해주고도 인덕이 없어 욕만 얻어먹는다. 남의 일에 잘 나서는 편이라서 평생 남 좋은 일만하고 산다.
- 2코드가 많으면 자기밖에 모르는 이기주의자다.
- 분쟁의 요소를 미리 막아야 한다. 남에게 오만불손하다고 오해를 불러일으킨다. 성격이나 주관이 강하다. 소신은 있지만 주위 사람과 쉽게 타협하지 못해 외롭다.

〖인연〗 아버지, 처와의 인연이 약하다. 탈재(奪財), 분가, 분리 등을 의미한다.
- 우격다짐이다. 강제적이고 독단적이며 폭력으로 인해 부부싸움이 잦다.
- 친구를 더 좋아하고 집안에 소홀하여 배우자가 불만이다.
- 요행심이 강하고 호기심이 많다. 도화와 맞먹는다.
- 2코드가 많은 사람은 결혼이 늦다. 약혼까지 다 했다가도 파혼한다. 2코드가 많은 경우 업소 여자를 얻기도 한다. 2코드가 많으면 시어머니에게 불손하다. 2코드가 많을 경우 혼자되어 홀로서기를 해야 한다. 생이별 또는 사별한다.
- 나의 재물이나 한 여자를 두고 둘이 싸우는 형세라서 형제, 친구와 불화를 면할 수가 없다. 공들여 쌓은 일을 송두리째 빼앗긴다.

〖조합〗 2코드가 있는데, 운에서 또 1·2코드가 오면 자금난으로 경제적 손실을 겪고 재기하기 어렵다. 1·2코드는 형제·친구·남편의 친구를 의미하므로 누가 부탁하면 자기 일보다 남의 일부터 돌봐 준다.

- 일명 해결사, 브로커, 로비스트, 총무팀, 인사팀에도 잘 맞다. 경조사 때 선·후배가 와서 도움을 준다.
- 1◦2코드가 5◦6코드와 같이 있을 경우, 자기 주관이 투철하고 고집이 강해서 손해 볼 때가 많다. 남에게 지고는 못 살고 투쟁의식이 강하다. 자기 성질을 참지 못해서 시비가 자주 생긴다. 공동사업을 하면 끝에 가서 꼭 시끄럽다.

《경험담》 필자가 아는 사람이 1◦2코드가 들어 있었는데 실제로 그가 겪은 이야기다.
- 가까운 지인에게 한 친구를 믿을 만한 사람이라고 추천했다. 그 사람 때문에 문제가 생기자, 법정에서 그 추천의 책임을 물어서 6층짜리 모텔을 그대로 빼앗겼다.

《직업》 독립 사업이 좋다. 요리사, 복덕방, 운전, 책방, 꽃집, 옷가게, 목축산업, 사회사업, 정치, 법률, 언론, 의사, 비서, 스포츠, 모텔, 숙박업, 목욕업, 승려 및 종교인, 육영사업 등이 있다.

《육친》
- 남자 : 이복형제, 자매, 동료, 동업자, 친구.
- 여자 : 이복형제, 자매, 시아버지, 동료, 동서, 친구.

③ 3코드 : 내가 생하는 오행 일명 풍요의 신

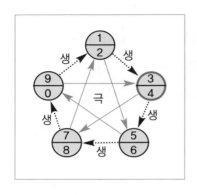

사주 안에서 내(일간)가 생해주는 오행을 만났을 경우를 3코드 또는 4코드라 한다, 음양이 같으면 3코드이고 다르면 4코드이다.

3코드는 풍요로운 별이어서 제일 좋은 코드다. 아래 도표와 같이 일간이 갑일 경우는 병 또는 사,

을일 경우는 정이나 오, …, 임일 경우는 갑이나 인, 계일 경우는 을이나 묘가 있으면 3코드이다.

일간 3코드	갑	을	병	정	무	기	경	신辛	임	계
천간	병	정	무	기	경	신辛	임	계	갑	을
지지	사	오	진술	축미	신申	유	해	자	인	묘

《키워드》 지적 호기심, 심리적 안정, 예술, 수명성. 낙천적, 샘솟는 아이디어, 창작력, 다재다능, 미식가, 요리, 타고난 복이 많은 사람.

《특성》 재물을 생한다 하여 식신생재라고도 한다(3·5코드). 길신이므로 손상되면 안 좋다.

● 어디를 가도 먹을 복이 많다. 학창 시절 수저 하나만 들고 다니는

사람이 바로 이런 사람이다. 미식가들이 많다. 먹는 장사, 카페, 외식업, 숙박업 등 다양한 업종에서 성공한다. 내가 입을 옷과 먹을 것을 뜻한다. 그래서 패션 사업에도 성공한다.

- 다방면에 지적 호기심이 많고, 풍요로운 별이다. 이해심이 많다. 도량이 넓고 통도 커서 선뜻 거액을 기부하는 사람들이 여기에 속한다. 안전과 평화의 사절이다. 독특한 재능으로 돈을 만드는 자신만의 능력이 있다.

- 긍정적인 에너지와 심리적으로 안정감을 갖는 사람이 뛰어난 창의력을 발휘할 수 있다는 연구결과가 있다.

- 인간의 삶을 풍요롭게 하는 별이다. 평화주의자이다.

- 의식주가 풍부하고 유머가 있으며, 긍정적이고 명랑해서 다들 좋아한다. 다양한 재주와 재능이 있다. 달인이나 장인 소리까지 듣는다.

- 처음 본 사람들에게 조차도 붙임성이 좋으며, 예의범절을 잘 지키고 분위기 메이커다.

- 예술을 좋아한다. 성격 자체가 느리고, 색욕에 잘 빠진다. 어디를 가나 복스럽다는 말을 듣는다.

- 3코드를 가진 사람은 어디 가서 말솜씨에 안 진다. 방송계나 결혼식 등 다양한 곳에서 탁월한 진행 솜씨를 뽐낸다. 넉살이 좋으며 낯을 안 가린다. 논리정연하게 자기표현을 잘한다.

- 베푸는 걸 좋아해 당장 가진 것이 없어도 이웃과 나눔에 만족감을 느낀다. 남들이 잘 먹는 것만 봐도 배부르다. 마음만은 부자다. 겉보기도 풍요롭고 밝으며 여유 만만해 보인다. 기부 천사들이 많다.

- 수명을 관장하는 중요한 별, 즉 수명성이다.
- 단 몇 분이라도 상대의 눈을 똑바로 쳐다 봐라. 그게 불편하다 싶으면 눈 아래라도 봐야 한다. 답변을 건성으로 하지 말고 진심으로 공감해야 한다. 즉, 고개를 끄덕이며 눈빛 하나로도 진정성을 표현해야 한다.
- 아무나 흉내 내지 못하는 독보적 존재, 누구나 선뜻 하지 못하는 극한 직업, 처음에는 작은 호기심으로 시작했던 일이 평생 직업이 될 수 있다.
- 해당 분야에서 최고임을 자부하며 숙명처럼 일한다.

【부정적인 경우】

- 배우자에게 만족 못하고 외부에서 찾으면 부부싸움을 하게 된다.
- 3코드는 몸짓에서 그대로 드러난다. 생각보다 눈빛과 몸짓에서 많은 정보를 얻을 수 있다. 몸에 배인 습관이 자기도 모르게 나타나기 때문이다. 상대와 대화할 때 눈빛을 주고받으면서 공감대를 누려야 신뢰감이 깊어져 좋은 결과로 이어질 수 있다.
- 대화 중에 쉴 새 없이 입술을 혀로 닦는다든지, 보이지 않는다고 한쪽 다리를 덜덜 떤다든지, 높은 신발이 불편해서 뒤꿈치를 뺀다든지, 손가락을 입술에 대는 등의 행동들을 상대는 안 보는 거 같아도 이미 다 알고 있다. 둘 사이가 오래가지 못할 거라는 걸 직감한다.
- 내 속에 자기라는 게 너무 강하게 자리 잡고 있다. 피해의식이 강해서 남을 선뜻 받아들이기 어려워한다.

- 상대가 떠나고 시간이 한참 흘렀을 때 자신이 너무 방어적이고 이기적이었다는 걸 깨닫고 땅을 치며 후회한다.
- 내 것은 한치도 양보하지 않으려 하면서 상대를 탓한다.
- 선입견 때문에 마음의 문을 먼저 닫았다가 뒤늦게 후회하고 상대를 찾는다. 하지만 서로 너무 멀리 갔다.
- 타고난 그릇이 작다 보니 상대의 큰마음을 받아들이기 힘들다. 뒤늦게 후회한들 소용없다.
- 사주가 차거나 치우치면 남의 집에 얹혀살거나 천한 일을 하며, 일부는 밤업소에 근무한다.
- 3코드는 남들에게 인정받고 싶어 한다. 나의 업적을 무시당하면 분노를 느껴서 다시는 상대하지 않으려 한다.
- 산만해서 뚝심을 가지고 한 가지 일을 꾸준히 하지 못한다. 그릇이 작은 자는 직업도 없고 실업자로 산다.
- 매사 낙천적이고 여유가 넘쳐 다른 사람들이 볼 때 천불이 난다. 잠꾸러기가 많고, 별명이 지각 대장이다. 학교 바로 앞에 살고 있어도 매번 늦는 게 일상이다.

《3코드가 많으면》 즉, 3코드가 연달아 있거나 공망이면, 내가 낳은 자식이 아닌 대리모나 입양 등으로 얻은 자식을 내 자식처럼 잘 보살핀다.
- 3코드가 너무 많으면 몸에 잔병치레가 많고, 이유 없이 만성두통으로 고생하며 잠이 많고 게으르다.
- 임신이 잘 안 되어서 애를 먹기도 하고, 임신이 되어도 유산을 많이

한다. 3코드가 아무리 좋은 것이라도 지나치게 많으면 도리어 자식 복이 적다.

• 3코드가 다른 관성과 암합하거나 깨질 경우 스스로 유부남 혹은 문제 있는 집안의 첩으로 시집 간다. 3코드가 많으면 사별하거나 이혼한다.

《조합》 3코드가 9코드를 만나면 출산 과정에서 곤욕을 치른다. 자궁이나 유방암 수술을 하거나 유사한 일을 겪는다. 과거 임금의 후궁들은 산고를 겪다가 죽는 사람이 많았고 초산에는 요절을 많이 했다.

• 3코드가 9코드를 만나 깨질 경우 돈이 있어도 밥을 못 먹고 굶어 죽거나, 불치병을 앓고 힘들게 살다가 제 명에 못 살고 죽는다. 식도암, 갑상선암, 설암 환자 등이 그런 예다.

• 3코드가 7◦8코드와 몰래 합을 하거나, 운에서 합하면 결혼 전에 임신하거나 동거한다.

• 3코드가 5코드를 만나면 소문난 요리 솜씨로 이름 나거나 그 방면에 소문이 자자해진다. 자식들이 잘 풀리며 무병장수한다. 남들이 잘 모르는 분야에 관심을 가지며 복수전공을 한다. 그런 분야에서 지적 호기심을 가져 탐구하는 정신이 강하다. 3코드는 과학적 논리를 가졌다.

• 3코드는 소중한 별이므로 손상이 되거나 깨지면 목숨이 위험하다. 그래서 9코드를 만나면 나쁘다. 암이 발생한다. 이런 운에는 잘 나가다도 갑자기 병이 생기고 우울해진다. 비관자들 중에 잘 나가다

가 9코드가 3코드를 만날 경우 급격히 추락하는 것을 종종 본다.

《직업》 식품, 의류, 개발, 컴퓨터, 품질 평가사, 약품 관련업.

《육친》

• 남자 : 조모, 장모, 조카, 사위, 아랫사람, 청중들, 팔로워, 팬, 추종
자들, 시청자.

• 여자 : 딸, 아들, 조모, 증조부, 학생, 신도들, 팔로워, 팬, 추종자들,
시청자.

《3∘4코드가 많으면…》

팔방미인이다. 다재다능하고 호기심이 강해서 겁도 없이 먼저 벌리
는 타입이다. 뒷수습은 항상 남에게 미루고 또 다른 구상을 하면 바
로 다음날 실행에 옮긴다. 생각=행동이라 주위 사람들이 제발 그만
벌리라고 충고하지만 타고난 열정은 멈출 줄을 모른다.

나와 엮인 사람들을 내가 생하므로 남들에게 잘 베풀고 통이 크다는
소리를 종종 듣는다. 처음 보는 사람들과도 금세 친해진다. 다양한
분야에 발을 담그지만 진득하게 오랫동안 하지는 않는다. 자신의 생
각을 남들에게 주입시켜 동질감을 얻어서 내 편으로 만들고 싶어한
다. 자신의 분야에서 최고가 되고 싶어하며 반발하는 상대를 설득시
키려는 입담을 갖고 있다. 화술과 처세술이 좋지만 자존심이 강하고
남을 억누르고 이기려 하는 경향이 있어 안티들이 많다.

④ 4코드 : 내가 생하는 오행 일명 비평가, 천재의 별

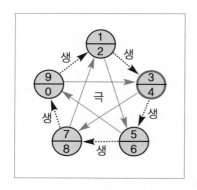

사주 안에서 내(일간)가 생해주는 오행을 만났는데 음양이 다를 경우가 4코드이다. 아래 도표와 같이 일간이 갑일 경우 정 또는 오, 을일 경우는 병이나 사, …, 임일 경우는 을이나 묘, 계일 경우는 갑이나 인이 있으면 4코드이다.

일간 4코드	갑	을	병	정	무	기	경	신辛	임	계
천간	정	병	기	무	신辛	경	계	임	을	갑
지지	오	사	축미	진술	유	신申	자	해	묘	인

《키워드》 논객, 싸움꾼, 야당 기질, 기발한 생각, 인간승리, 인내심의 한계, 비판 정신, 영업, 홍보, 모방, 한발 앞서가는 아이디어, 재테크 능력, 친화력, 분노 조절 장애, 히스테리, 돌변, 벼락부자, 화병.

《특성》 4코드는 8코드를 상하게 한다. 4코드가 많은 사람은 싸움꾼이 많다. 논객, 비평가 등이 여기에 해당한다.

• 반대 아닌 반대를 하며 매섭게 남을 질타한다. 항상 좋은 말로 해도 될 것을 먼저 윽박지르고 본다.

- 친화력이 좋아 처음 보는 사람들과도 쉽게 잘 사귄다.
- 야당 기질이 강하다. 생각 없이 말을 내뱉는다. 타인에게 상처를 주기도 한다. 언행으로 곤욕 치르는 사람들을 보면 4코드가 강한 경우가 많다. 법을 잘 안 지키려 한다.
- 사주에 없더라도 4코드 대운이나 4코드 년운에 항상 구설이 따른다. 이런 운에는 사람들의 지탄을 받아 자신의 이름을 더럽힌다.
- 4코드는 무언가를 상(傷)하게 하는 코드이므로 남들과 부딪히지 말고 평화적으로 해결하는 게 좋다.
- 완벽을 추구하는 특성 때문인데 일부는 정신세계에서 두각을 나타내기도 한다. 강한 정신력과 완벽성 때문에 종교, 연예 등의 분야에서 그 기량을 십분 발휘한다. 공격적이며 국가를 상대로 대항하려 한다. 자신의 세력만 믿고 대놓고 법을 무시한다.
- 계란으로 바위를 깨려다가 뜻대로 안 되면 군중을 선동하여 무력으로 목적을 이루려 한다. 안하무인격이고 무법천지 같은 일이 벌어질 때 보면 이 4코드를 가진 사람이 뒤에서 조정한다.
- 나의 생각과 능력을 만인에게 널리 알리려 하며 그런 재능은 일반인들과는 사뭇 다르다.
- 뉴스에서 믿을 수 없는 사건 사고를 보면서 자신의 일 같이 안타까움을 느낀다. 도움을 주려고 하는 상대가 나를 거부하면, 쉽게 상처받고 자괴감마저 든다.
- 가까운 사람을 돌보느라고 정작 내 할 일은 못했지만 후회는 없다.
- 상대를 완벽한 사람으로 보다가, 빈틈이 보이고 실수투성인 것을

알면 실망감을 가지고 돌아선다.

- 믿었던 사람이 거리감을 두고 나를 멀리하면 바로 의지할 사람을 물색한다. 상대가 나에 대한 확신을 갖지 못한다며 의심의 눈초리를 보낸다.

- 상대가 지금 뭘 원하고, 뭘 좋아하는지 재빨리 알아채고 돈이 안 들면 도움을 주는 편이다. 스스로 자신이 특별한 능력이 있고, 주목을 받는 게 당연하다고 생각한다.
- 남에게 받는 것보다 주는 게 마음이 더 편하다.
- 소극적인 사람은 무능력한 자신을 놓고 자책감을 갖는다.
- 계산적이며 상대의 단점을 재빠르게 파악한다. 매사 솔직하고, 강제로 누르려 하면 튕기고 반발한다.
- 소통과 능력의 소유자다. 교육문화를 뜻한다. 인기 강사가 많다. 일은 잘하지만 실수가 많다. 매사 덤벙거린다. 일을 모아두었다가 한꺼번에 처리한다.
- 친하게 지낼 때도 상대방과 헤어질 일을 생각하여 항상 두렵고 슬프다.
- 남이 지적하고 비판하는 것에 민감하다.
- 일처리에 있어 얼렁뚱땅하는 걸 제일 싫어하며, 섬세하고 치밀하게 마무리짓는다. 안 하면 안 했지 일할 때만큼은 항상 밝고, 재치 있게 능률적으로 처리하고자 한다.
- 나로 인해 주위 사람들이 불편해하거나 트러블이 생기면 잠잠해질

때까지 침묵을 지킨다. 비록 억울한 부분이 있어도 다 감수한다.

- 기존 것을 무시하고 새로운 것을 창조하려 한다. 기득권과 마찰은 불가피하다. 한 발 앞서가므로 미래지향적이다.
- 인덕은 적지만 재주는 좋다. 재능이 있어도 오해와 비방을 잘 받는다. 수재형이다.
- 속박과 규칙에 얽매이는 걸 싫어한다. 신경질적이라서 혼자만의 삶을 즐긴다. 반항심이 강하여 나를 억압하려는 사람에게는 무섭게 대항한다.
- 4코드가 있으면 말귀를 잘 알아들어서 학습효과가 좋다. 배신만 하지 않는다면 스승이 제일 좋아하는 타입이다. 4코드가 많으면 교만하고 쉽게 타협하지 않으려 한다.
- 정신 계통이나 예술, 문학, 창작 등의 분야에서 두각을 나타내며 전문직에서 인정받는다.
- 감정의 표현이 두드러지며, 남보다 더 나아지고자 하는 욕심이 강하다. 실력이 앞서기 때문에 단체생활에서 귀여움을 독차지하며 칭찬을 듣는다. 임기응변이 좋아 극한 상황이 닥쳐도 재치 있게 그 위기를 잘 극복한다.
- 열심히 일하고 난 후 자기만의 휴식을 만끽하고 낭만을 즐긴다. 마치 놀기 위해 일하는 사람 같다.
- 일할 때는 냉정하고 쌀쌀하지만, 속마음은 따뜻하고 눈물이 많아 불쌍한 것을 보면 그냥 못 넘어간다.
- 머리 회전이 비상하고 상대방의 언행이나 행동에서 속마음을 꿰뚫

어 보는 힘도 가졌기에 가까이하기에는 조금 힘든 사람이다. 인간적으로 성장하기까지 많은 수양이 필요하며, 이런 것을 고치지 못하면 평생 힘들게 산다.

•성공은 해도 늦게 결혼하거나 독신자들이 많다.

《부정적인 경우》 법을 가장 무서워하면서도 교묘히 법을 이용하여 이득을 챙긴다. 규칙이 없으니 변칙적이다.

•상대의 약점을 파악할 때까지 오랜 시간 지켜본다. 그러다가 자신에게 유리하면 바로 그것을 이용하여 공격한다. 가령 상대의 약점을 사진이나 녹취물 등 증거로 남겨뒀다가, 때를 봐서 조건을 제시하고 상대가 수용하지 않으면 만천하에 공개한다.

•남의 것을 거저먹으려 한다. 크게, 빨리 먹으려다가 손해 본다. 겉으로는 도와주는 척하지만 민폐만 끼친다. 자신의 감정을 억누르고 윗사람 눈치만 보며 비위를 맞춘다.

•이익에 따라 신념이 바뀐다. 이율배반적인 행동을 한다. 적반하장이다. 겉으로는 대인군자 같아도 속마음은 옹졸하다. 소신을 갖고 행동하다가 조직에서 너무 튀니까 따돌림을 당한다.

•잘잘못을 조목조목 따지고 든다. 반발, 비판, 자기 확대, 염세적, 독선, 허무, 불안, 실권, 소송, 망신, 오해, 피살, 부부풍파, 다재다능, 다중인격, 자유로운 영혼, 통제 불가, 광분, 과몰입, 과장 행동, 최첨단, 몰입, 우수함, 호언장담, 비협조적, 뇌리, 호색가, 트라우마, 피해망상, 부정의 뜻이 있다.

- 원리 원칙을 신조로 하기 때문에 까다롭다는 평을 들으며, 학문 및 연구 분야에 대성하는 사람들이 많다. 인덕이 없어 세상을 비관하고 한탄한다. 지략이 뛰어남에도 불구하고 오해와 불신으로 힘든 시기를 보낸다.
- 배우자 복이 적고 상대가 하는 일에 실패가 많다. 부부 생이별 또는 사별의 암시가 있다. 늦게 결혼한다. 여자의 경우 재취나 돌싱을 만나면 어느 정도 안정을 되찾는다.
- 큰 성과도 없으면서 마치 큰일을 하는 것처럼 부푼 꿈을 꾼다. 비생산적이고 비효율적이어서 실속이 적다.
- 비관적인 사람이 여기에 속하는데, 반대로 생각하면 좋다. '자살'의 반대는 '살자'가 되고, '내 힘들다'를 거꾸로 읽으면 '다들 힘내'가 된다. 이렇듯 마음을 어떻게 먹느냐에 따라 극복할 수 있다.
- 겉모습은 낙천적이지만 속마음은 반발심이 있고 꼬치꼬치 잘 따지고 상대를 피곤하게 한다.
- 바깥에서는 더없이 잘하나 집에 와서는 가족들을 들볶는다. 무골호인처럼 보이다가도 이런 성격 탓에 스스로 피곤하여, 신경쇠약, 우울증, 과민증, 의처증, 의부증, 불면증이 생긴다.
- 4코드는 남의 불행이 나의 행복이라고 착각하고, 남을 음해하거나 누명을 씌운다. 모사꾼들 중에 4코드가 많다. 직접 나타나지 않고 제3의 인물을 매수하여 가스라이팅을 한다. 4코드가 다른 코드와 충돌이 심하면 배우자가 천당과 지옥을 오간다.
- 자신이 좋아하는 것만 골라서 하려 하니 불협화음이 생긴다. 그래

서 트러블 메이커다. 4코드가 지나치게 많을 경우 처음과 끝이 다르고 용두사미가 된다. 잘 나가다가도 마음에 안 들면, 확 뒤집어엎는 기질이다. 즉흥적이고 기분파여서 주위 사람들을 당황하게 한다.

《조합》 웬만한 사람이 눈에 안 찬다. 3∘7, 3∘8, 4∘7, 4∘8코드 등이 사주나 이름에 있으면 그런 경향이 강하다(좋은 인연은 예외다). 민원실 또는 상담전화로 진상 부리는 사람들이 여기에 속한다. 항상 시시비비를 따지려 드니 남들과 구설이 잦다.

• 부하가 4코드일 경우 하극상을 당한다. 일부는 자신의 행동에 문제가 있음에도, 정작 본인만 몰라서 타인에게 피해를 준다. 본인 분수를 모르고 남들보다 더 잘 보이고 잘 나가려다 보니 그렇다. 과도한 지출과 허풍이 뒤따른다.

• 법을 무시하는 무법자, 전과자, 범법자, 분수에 넘치는 카드 사용자, 과도한 욕심으로 부도가 날 수 있다. 임기응변이 강하고, 언변가들이 많으며 사기꾼들도 여기에 속한다.

• 4코드를 강하게 타고났는데, 7∘8코드가 약하면 독수공방하거나 이혼하거나 사별한다. 이런 운에는 갑자기 질병(암)이 생기기도 하며, 전염병에 감염되어 생사를 오가기도 한다. 4코드를 타고나면 자식을 극하고, 남편을 극한다.

《경험담》 유명인 중에 기유일주가 을묘(7코드) 월에 태어난 사람이 있다. 한창 인기가 있었는데, 4코드 대운 4코드 년에 불법적인 행위가 방송을 통해 알려지는 바람에 한국을 떠날 수밖에 없었다. 명예를 뜻하는 7코드는 4코드를 바로 극한다. 극단적으로 명예를 극하는 바람에 결국 영구 출연 정지를 당했다(己일주가 庚申년이면 4코드가 되어 을묘 관을 4∘7로 극함).

• 모험심이 강하여 남들이 가지 않는 곳까지 탐험한다. 천재들이 많은데 일론 머스크 같은 사람이 여기에 속한다. 그는 신해생 갑오월 갑신일 신미시다. 월에 4코드가 있어 역시 천재다.

《직업》 감수성, 예지력, 창의성과 인내심이 강하기 때문에 학자, 예술가, 사상가, 발명가가 많다. 복잡한 세파를 떠나 종교계로 진출하여 대성하는 사람이 많다.

• 좋은 쪽으로 4코드의 총명함을 사용하면 외교관 등에서 두각을 나타낸다.

• 학문, 예술, 의약, 고전, 점술, 예능, 유행을 창조하는 비생산적 분야의 직업을 갖는 사람이 많다. 의류, 장식업, 요식업 등도 좋다.

《육친》

• 남자 : 조모, 장모, 조카, 사위, 아랫사람, 청중들, 팔로워, 팬, 추종자들, 시청자.

• 여자 : 딸, 아들, 조모, 증조부, 학생, 신도들, 팔로워, 팬, 추종자들, 시청자.

⑤ 5코드 : 내가 극하는 오행 일명 큰 재물, 쾌락의 별

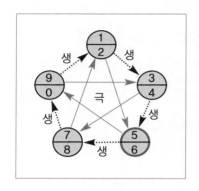

사주 안에서 내(일간)가 극하는 오행을 만났을 경우를 5코드 또는 6코드라 한다, 음양이 같으면 5코드이고 다르면 6코드이다.

아래 도표와 같이 일간이 갑일 경우는 무 또는 진 또는 술, 을일 경우는 기 또는 축 또는 미, …, 임일 경우는 병이나 사, 계일 경우는 정이나 오가 있으면 5코드이다.

일간 5코드	갑	을	병	정	무	기	경	신辛	임	계
천간	무	기	경	신辛	임	계	갑	을	병	정
지지	진술	축미	신申	유	해	자	인	묘	사	오

《키워드》 투자, 투기, 경영, 재물을 다루는 능력, 과소비, 오락, 풍류.

《특성》 투자의 별, 투기의 별이다. 증권, 가상화폐, 주식에 빠진다. 급하게 추진하려 한다.

• 숨은 재력가들이 많다. 대기업 회장, 실업가, 재벌 등은 5코드가 많다. 통이 크다.

• 경영학, 금융계통, 회계 등 돈과 연관되는 분야에서 두각을 나타낸

다. 돈 냄새를 맡는 동물적인 감각의 소유자다. 따라서 경제 분야, 회계 분야, 은행 실무자들이 많다. 기업을 승계받기 위해 제일 먼저 배우는 게 경영학이다. 이론이 아니라 실물경제를 배우다 보니 현실에 밝다.

- 자금 융통, 유동적 재물, 역마, 무역, 로또, 일확천금을 꿈꾼다. 추진력, 포용력, 가치판단력, 투기성, 우연성, 재물운용 능력, 유동적, 감각적, 재물을 다루는 능력, 과소비, 오락, 위험한 파이낸스 투자, 선물투자, 도박 등 매사에 크게, 많이, 빨리, 한 방에 돈을 벌려는 근성이 강하다. 타인의 돈을 내 것으로 생각한다. 대형 금융 사고를 내는 사람들이 여기에 속한다.

- 돈을 많이 벌기도 하고 많이 쓰기도 한다. 사치스럽다. 식록이 풍부하고, 여유롭다. 돈맛을 안다.

- 일을 먼저 벌이고 생각은 나중에 한다. 수습은 다른 사람에게 맡긴다. 돈 없어도 똥배짱이라 어디 가도 먹고 산다.

- 자수성가하는 코드다. 5코드를 지닌 사람은 사소한 것이라도 그 가치를 재빨리 알아챈다. 유동 재물이어서 먼저 보는 게 주인이다. 증권에 빠지는 사람들이 여기에 해당한다. 많이 벌고 많이 잃는다. 남의 돈도 내 돈이고 내 돈도 내 돈이라는 사고방식이다.

- 전공을 2개 이상하며, 중간에 직업이 자주 바뀐다. 융통성 있고 매력 있고 유머감각이 뛰어나다.

- 어릴 때부터 일찍 이성에 눈뜬다. 멋과 풍류를 즐길 줄 알며, 활동적이고 나그네처럼 여기저기 잘 다닌다. 풍류를 알기에 인기가 많

아 한 사람에게 만족하지 못한다.

- 미남 미녀가 많으며 정력가들이 많다. 멋을 내는데 투자하고, 분수에 넘치는 소비로 인해 항상 쩔쩔맨다.
- 남자는 처가 덕이 있고, 여자는 시댁의 덕이 있다. 남의 유산이나 상속을 받는다. 총명하고 친근감이 간다. 귀엽고 복스럽다. 밉상이 아니라서 이성들에 인기가 많으며, 의리 있고 부지런하다. 사치스럽다. 수중에 돈은 안 떨어지나 지출이 많다. 이성에 구설이 따르며 알부자들이 많다.
- 이성에 다정다감하다. 향수(香水)를 선호한다.
- 호기심과 모험심이 강하다. 상습 도박. 간통이나 성폭행, 생활 범죄 등이 여기에 속한다. 불법적인 높은 이자를 받는 고리 대금업자도 5코드에 속한다.

《부정적인 경우》

- 5코드가 추구하는 것은 자나 깨나 오로지 돈이다. 머릿속에는 어떻게 하면 큰돈을 만질까 하는 생각뿐이다. 과정은 그리 문제되지 않는다. 결과만이 중요하다. 그러다 보니 원하지도 않는 일까지 손을 댄다. 본인이 하고 있는 일이 위법이라는 걸 알아도 이미 깊이 개입되어 손 털고 나올 수가 없다. 결국 출구도 없는 미로가 시작된다. 편하게 돈 버는 일은 없다는 사실을 뒤늦게 깨닫는다.
- 5코드의 특성은 과도한 욕심이다. 결국 절제하지 못하고 모든 것이 한순간에 물거품이 된다. 그게 탐욕의 시작이고 끝이다.

- 하격은 도박, 마약, 알코올중독자, 음주 가무를 즐기는 낭만파. 매사 낙천적이다. 없어도 없는 체 안 한다. 유흥을 좋아하고, 명랑하며, 미식가다. 타산적이라 계산은 빠르나 속전속패다. 잘 돌아다니며 향락적이다.

- 자신만만하게 과잉 투자하다 큰 손해 보는 것이 여기에 속한다. 친인척, 처가 식구 돈까지 끌어 모아 올인하다가 신세 망치는 사람들도 여기에 속한다. 돈 되는 것이라면 무엇이든 하려 한다. 자칫 분수를 넘어서 불법적인 재물을 취하려 하니 윤리의식이 점점 사라진다는 게 가장 큰 문제다.

- 5코드가 복잡하게 많으면 내 부모 말고 딴 부모 모신다.

- 덤벙거리고 분주하게 다니나 실속 없다. 건강을 잘 돌보지도 않으면서 괜히 혼자 바쁘다.

- 5코드를 가지면 마음 내키는 대로 즉흥적으로 업무를 보며, 주위 사람들의 충고를 무시한다.

《조합》 1·5, 1·6, 2·5, 2·6코드는 재물 복이 적다. 돈을 많이 벌지만 다 쓴다. 결국 신용불량자가 된다.

- 사주 구성이 나쁘면 남녀 간에 만났다가 헤어짐이 반복된다. 5코드인 편재가 다른 오행과 암합하면 배우자가 바람을 피운다. 5코드가 1코드나 2코드를 만나면, 눈 뜨고도 내 재산이 사라진다. 심할 경우 파산 신청하고 쪽박 찬다. 돈 잃고 가정 파괴되어 수습하기 힘들며 야반도주한다.

- 3코드에 5코드가 같이 있으면 좋지만, 그것마저도 없이 욕심만 가득하면 큰 집에서 살지만 실속이 없는 사람이다. 계산이 빨라 손익 계산부터 먼저 한다.
- 집을 나가면 딴 이성에게 눈을 돌린다. 유흥 좋아하고 음주 가무 즐긴다. 5·6코드가 혼잡이면 끊임없이 이성의 추파를 받는다. 대기업 회장, 실업가, 재벌 등이 여기에 해당한다.

《경험담》 이성을 유혹하기 위해 멋을 부린다. 인기 연예인들이 여기에 속하는데, 그룹 SES 출신 슈가 그렇다. 신유생에 무술월 갑술일에 태어났다. 갑으로 보아 '무, 술, 술' 3개 모두 5코드다. 5코드가 연속으로 있으니 유혹을 뿌리칠 수가 없다. 결국 39세 임인대운 기해년 병인월에 불구속까지 당하는 수모를 겪었다.

《직업》 상격(그릇이 큰 사람)은 책임자(임원·이사·대표·회장)가 되며 벤처 사업가, 컴퓨터 관련 사업가 등이 많다.
- 유동적인 재물 관련업 즉 투자 상담자, 갭 투자, 증권 상담, 금융기관, 재경부, 경제 분야, 무역업, 연기인, 방송드라마 작가, 상업, 무역, 주식 관련 업무, 의약업 및 의료업, 세무 관련 업무, 역학연구가, 프로게이머, 개그맨, 부동산업, 경매사, 조폐공사, 보따리 무역, 외항선원, 탐험가, 여행가, 철도기관사.
- 하격은 궁핍하게 산다. 밀수범, 상습 도박범, 투기꾼, 바람둥이, 춤선생, 사기꾼, 전과자 등.

《육친》

• 남자 : 부인, 아버지, 백부, 백모, 숙부, 형수, 처형, 처제, 고모.

• 여자 : 시어머니, 백부, 시이모, 외손녀, 고모. 재성이 강하면 침대
를 뜻한다(도화살과 같음).

《5∘6코드가 많으면...》

주위에 돈 많은 사람들이 많다. 내 능력과 정열을 그들을 위해 일평
생 바치고 그 대가를 받는다. 하지만 정작 자신에게 돌아오는 게 적
다고 항상 불만이다. 대기업 회계 담당자나 타인의 재산을 관리해 주
는 집사들이 여기에 해당한다. 내가 그들의 손발이 되어 큰 이익을
준다. 부작용으로 거액의 공금횡령 사고가 나는 것도 다 이 코드에서
생기는 일이다.

5∘6코드는 일일이 내가 강하게 쳐내야만 하고 내 손을 거쳐야 직성
이 풀림으로 손발이 항상 바쁘다. 따라서 자리에 편하게 있기보다는
여기저기 먼지 휘날리며 분주하게 다녀야 된다. 작게는 운수업, 크게
는 항공 계통, 무역 등과 연관이 있다.

하지만 돌아다니다 보니 유지비가 들어 이곳 저곳에 돈 나갈 일이 많
다. 큰 돈을 버는 것 같아도 남는 것이 별로 없다.

⑥ 6코드 : 내가 극하는 오행 일명 정직한 재물, 성실

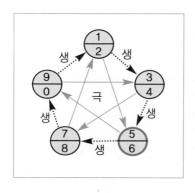

사주 안에서 내(일간)가 극하는 오행을 만났을 경우 음양이 다르면 6코드이다.

아래 도표와 같이 일간이 갑일 경우는 기 또는 축 또는 미, 을일 경우는 무 또는 진 또는 술, …, 임일 경우는 정이나 오, 계일 경우는 병이나 사가 있으면 6코드이다.

일간 6코드	갑	을	병	정	무	기	경	신辛	임	계
천간	기	무	신辛	경	계	임	을	갑	정	병
지지	축미	진술	유	신申	자	해	묘	인	오	사

《키워드》 작은 재물, 월급, 알뜰, 성실, 대기만성, 자기 계획, 지속성, 정직.

《특성》 항상성을 뜻한다. 처음과 끝이 같은 흔들림 없는 행동 능력, 실행, 실천 능력, 돈 창고, 결실, 현실적, 안정적, 일관성 등을 뜻한다. 6코드는 융통성이 없고, 작은 재물이다.

• 노력한 만큼 갖겠다는 생각으로 월급쟁이들이 많다. 기업이나 국가에서 주는 월급을 받으며 정년퇴직할 때까지 근무한다.

- 돈을 아낀다. 금융계통(회계, 재무, 재정 공무원, 농협, 은행, 여상, 증권 등)의 업무에 종사한다.
- 자린고비, 알뜰파, 현실파다. 구두쇠지만 5코드가 같이 있으면 쓸 때는 잘 쓴다. 모험을 꺼리기 때문에 증권도 소액만 한다.
- 주머니에 돈이 없으면 위축된다. 양력 7, 8월에 태어났다면 잠꾸러기가 많다.
- 실속파라서 알부자가 많다. 짠순이, 짠돌이다. 공무원 스타일, 처나 처가 덕을 본다. 살림을 꾸린 후 성공한다. 너무 치밀해서 답답하다.

- 빈틈없고 철저하고 의심이 많다. 행동에 옮기기 전 몇 번 더 고민하느라 버스 지난 뒤 손을 든다. 겁쟁이다. 패턴이나 생각과 행동이 일정하다.
- 계획대로 움직이며 즉흥적으로 행동하지 않는다. 매사에 신중히 행동한다. 스케줄이 빡빡하다. 꿈과 미래가 명확하며 자기 관리를 잘한다.
- 미련할 정도로 정직하고 성실하며, 노력한 대가를 꼭 받고 싶어 한다. 남 속일 줄 모르고, 그저 밥만 먹여주면 열심히 일한다. 얼렁뚱땅 못하고, 위에서 시키는 일만 한다.
- 계산적이다 보니 남과 잘 어울리지 못할 수 있다. 부모와 의견 차이가 생긴다. 노력한 만큼 성적이 안 오른다.
- 신용 있고 대기만성형이다. 느리고 서두르지 않으며, 실속형이다. 거짓말을 싫어한다. 단정하며 강박관념이 강하다.

- 정직해서 부지런하게 땀 흘리고 검소하게 노력한 대가만큼 재산을 모으려 한다. 온화하며 섬세하다.
- 전문 분야에서 뛰어난 능력과 해박한 지식으로 주위 사람들을 놀라게 한다. 꼼꼼하고 맡은 일에 철저하다. 반대로 융통성이 적어 무엇이든 확인하고 또 확인하다 보니 사람들이 답답해한다. 이상적이기보다는 현실적이다. 때문에 같이 어울려 일을 크게 벌이려 하기보다 혼자 적게 먹으려 한다. 절대 모험을 하려 하지 않는다.

- 연말 불우이웃돕기 행사에 참석한다. 나보다 못한 사람에게 베풀면서 보람을 느낀다.
- 새로운 환경에 쉽게 잘 적응한다. 좁은 시야가 아닌 넓은 안목으로 세상을 본다. 사소한 일이라도 주어진 일은 최선을 다해 일한다. 그런 정성을 상대도 눈치 채고 협조적이다.
- 직선적으로 말하면 상대가 상처받을까 봐 빙빙 돌려 말한다. 내 의견이 묵살되어도 꾹 참고 때를 기다린다. 남의 뜻에 반대하지 못하고 상대방 기분에 맞추려고만 한다. 그러다 보니 자기만의 색깔이 없다.
- 주위 사람들이 나의 말에 경청하고 나의 조언에 거부감을 느끼지 않는다.
- 사람들이 나에게 의존적임을 알고 책임감을 느낀다.
- 필요한 걸 부탁할 때 상대가 부담스러워할까 봐 조심한다.

- 이런 유형은 직장인은 잘 맞지만, 사업은 크게 안 하는 게 좋다. 하더라도 정찰제가 붙은 업종이 맞다.
- 대담성이 부족하며 직장과 집만 오고 가는 스타일이다. 남 앞에 나서기 싫어한다. 중용을 지키려 하며, 행복 추구형이다.

- 책임감이 강하고 우직한 면이 있어서 높은 지위까지 오른다.
- 자기가 원하는 분야에서 성공한다. 자존심이 상하면 다니던 직장도 버리고 떠난다. 착한 선비형이다. 돈맛을 알고 뇌물을 받을 경우 바로 탐관오리 소리 듣는다. 옛날 작은 품삯만 받고 일해 주는 머슴도 여기에 속한다.
- 6코드가 있으면 살림꾼이다. 현모양처가 되어서 자식도 잘 낳고 내조도 잘한다. 남자는 애처가가 많다. 부부간에 화합하여 잉꼬부부 소리 듣고, 남들의 부러움을 산다.

《운에서 만나면》 돈과 여자의 도움으로 원활하게 진행되고, 주위 사람들이 도와주니 날로 번창한다. 마음의 여유가 생기고 심신이 편안해지며, 하고자 하는 일에도 의욕이 넘친다. 남들이 웃으며 무슨 좋은 일 있냐고 묻는다. 아무리 바쁘고 열심히 일해도 지칠 줄 모르고 별로 피곤한 줄도 모른다.
- 투자한 것에 가치가 오르니, 빌렸던 대출금도 갚는다. 지금껏 미뤄 왔던 일들을 새로 시작하고, 해오던 일들도 쉽게 성사(계약, 구매, 거래 등)되니 자신감도 생긴다. 5·6코드가 자신한테 좋은 작용을 할 때는 업무상 능률이 오른다.

《부정적인 경우》 5·6코드가 나쁘게 작용할 때는 돈과 여자로 인해 망신 당하고, 주위에서 따가운 눈총을 받게 된다. 항상 5·6코드로 인해 마음이 불안하다. 의심을 떨칠 수가 없으며, 내가 의심하니 상대도 같이 짜증낸다.

- 일을 시작하면 이익이 남아야 하는데 앞으로 남고 뒤로 밑진다. 잠을 푹 자도 잔 것 같지가 않고 찌뿌둥하다.
- 인생의 모든 것이 다 잘못돼 가는 것 같다.
- 부도나고, 과욕을 부리다 손해나고, 뭐 하나 제대로 풀리는 게 없다.
- 5·6코드의 운이 좋을 때는 관운도 도와주지만, 나쁠 때는 도리어 무서운 살(殺)을 생해주는 꼴이 되어 나를 공격하려 든다. 호의적이고 도움을 주던 주변 인물들이 모두 등을 돌린다면 얼마나 무서운 일인가?

《조합》 6코드가 7코드를 만나면 애인을 둔다. 6코드가 1·2코드를 만나면 하루아침에 빈털터리가 된다. 증시 악재를 만나서 주가가 폭락해, 부푼 꿈이 일장춘몽이 된다.

- 1코드가 강한데 6코드가 토의 돈 창고(辰戌丑未)를 만나 조화가 잘 되면 큰돈을 만질 수 있다. 6코드가 지지에 있어도 안정되게 살고, 월지에 있으면 큰 부자다. 이 코드는 계산이 빨라 자신의 이득부터 먼저 계산한다.

《경험담》 수백 억 자산가의 신조가 생각난다. 그는 절대 무리해서 증권, 펀드, 코인 같은 것에 투자하지 않는다고 한다. 오로지 노력한

만큼의 대가만 얻으려고 한다.

《직업》 은행, 경리, 기획가 방송 PD, 공무원, 세무사, 회계사, 물품관리, 법률계열, 치과의사, 치기공사, 보건, 주식 중개업, 정보검색사, 창고 관리사, 홈쇼핑회사, 관리업무, 건축 자재업, 철물점, 택시 기사, 호텔종사원, 가정부, 보험인, 회계사, 상업, 의류업, 정치가, 외교관, 공무원, 감사원, 행정관, 사회 관련 단체(녹색 단체, 그린피스, 봉사단체 등).

• 근면성과 인내심을 요하는 직업이 좋다. 청렴한 사람, 정찰제 판매업, 남의 회사에 종사하며 공로를 인정받는 사람, 학술 및 기타 연구직 종사자, 오케스트라 단원 등이 있다.

《육친》
• 남자 : 부인, 아버지, 백부, 백모, 숙부, 형수, 처형, 처제, 고모.
• 여자 : 시어머니, 백부, 시이모, 외손녀, 고모. 재성이 강하면 침대를 뜻한다(도화살과 같음).

7 7코드 : 나를 극하는 오행 일명 법, 족쇄, 간섭

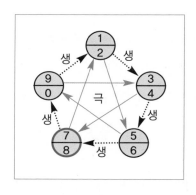

사주 안에서 나(일간)를 극하는 오행을 만났을 경우를 7코드 또는 8코드라 한다. 음양이 같으면 7코드이고 다르면 8코드이다.

아래 도표와 같이 일간이 갑일 경우는 경 또는 신, 을일 경우는 신 또는 유, …, 임일 경우는 무 또는 진 또는 술, 계일 경우는 기 또는 축 또는 미가 있으면 7코드이다. 나를 극한다는 뜻으로 자식, 직업, 명예라고 한다.

일간 7코드	갑	을	병	정	무	기	경	신辛	임	계
천간	경	신 辛	임	계	갑	을	병	정	무	기
지지	신 申	유	해	자	인	묘	사	오	진 술	축 미

《키워드》 명예 추구, 강압적, 일방적, 승부욕, 의욕, 의협심, 카리스마, 리더십, 승부 근성, 보스기질, 정의감, 통솔력, 사회공헌, 사회봉사, 사회 공익, 필연, 이름값, 만렙(게임에서 최대 레벨을 의미).

《특성》 7코드는 법조계에 많이 종사한다. 범죄를 다스리는 의미로 준법정신이 깃들어 있다. 7코드를 타고난 사람은 법(法)과 질서를 내세워 1◦2코드가 재물을 뺏으려고 하는 것을 보호하고 지켜준다.

- 공공의 안녕을 위해 바른 생각과 바른 행동으로써 그들을 물리치는 게 타고난 의무다. 조금이라도 사심을 가지면 질서가 무너진다.

- 7코드는 도적들, 범법자들을 잡아서 일간을 보호해야 한다. 그래서 이 코드를 두고 육모방망이 든 포도대장이라 칭한다. 정의감 때문에 뺑소니 범을 직접 잡으려 한다. 나름 배짱도 있다.

- 사주의 천간에 7코드가 딱 하나 있으면 일위귀격(一位貴格)이라 하여 비범하며 부귀를 누린다.

- 명예욕이 강하고 말한 것에 대한 책임을 진다. 꾸밈없는 진술형이며, 야당 운동가다. 타협을 모른다. 혼자보다는 회사·조직 등을 등에 업고 힘을 발휘한다.

- 공격형이나 뒤끝은 없다. 의리 있고 성질이 급하고 의지가 강하다.

- 회계·경영에서 돈을 훔치려는 도적들을 감시하며, 서로에게 이익이 돌아가도록 힘쓴다. 청렴결백하고 근면하고 성실하다.

- 사적인 일보다는 공적인 일을 먼저 생각한다. 개인적인 일보다는 가족들이 바라는 방향으로 계획을 잡고 동행하며, 예전에 즐기던 취미생활은 포기하게 된다.

- 7코드를 다른 말로 칠살이라 한다. 말 그대로 살인 명부, 즉 데스노트라고 하여 살생부를 손에 쥔 것과 같다. 배수진을 치고, 죽음에 맞서려는 사람의 결연한 의지가 보인다.

- 여자는 남자의 성폭력을 피하기 위해 도망간다거나, 은장도를 꺼내 자신의 결연한 의지를 보이는 형국이다.

- 업무 수행 능력, 책임감, 자기편을 위한 명예나 공적인 유대감을 앞세워 희생을 요구한다.

- 의리를 강조하며 자기 세력을 구축하려 하고, 돈을 관리하며, 막강한 권력을 갖고 협박한다거나, 냉정한 검사가 사회 기강을 잡기 위해 도적들을 응징하려는 모습이다. 그들의 행동을 증오하고 일망타진하여 엄벌에 처하려는 것을 뜻한다. 극한 대치 사항들은 이 코드에 해당한다. 겉으로는 강하지만 속으로는 누구보다 인정 많고 속정이 깊다.

- 저돌적이며 맺고 끊고를 확실히 하며 정의감이 있다. 밀어붙이는 힘이 있고, 직선적이며 리더십 있고 카리스마 있다. 초지일관하며 누군가에게 인정받고 싶다. 성급하다.

- 정의감이 있어 불의를 못 참는다. 남의 눈치 안 본다. 소신과 의지를 갖고 불가능도 가능하게 하는 능력의 소유자다. 성질이 있어 욱하기는 하지만 5분도 채 안 간다.

- 법을 잘 지키는 사람도 있지만, 교묘히 이용하며 어기는 사람도 있다. 날카롭고 직선적이기 때문에 반발심을 일으킨다.

- 서두르려는 성향이 있으므로 음주운전, 과속을 주의하고 위험한 일은 피해야 한다.

- 7코드는 신의가 있다. 한번 뱉은 말은 지키려 한다. 선거철에 공약을 많이 하는데 7코드를 가진 사람은 공약을 지키려 한다.

- 제복(경찰·군인)이 자신의 가치를 높인다 생각한다. 남들보다 바르게 살려고 한다.

- 누가 시킨 것도 아닌데 휴가철에 사건 사고가 일어나면 순간적으로 몸을 사리지 않고 바로 행동에 옮기는 사람들이 바로 7코드 소유자다. 가족들도 가장의 그런 모습에 듬직함을 느낀다. 본인도 사명감을 갖고 일하며 자부심이 있다.
- 7◦8코드의 특성 중 하나가 의리다. 누가 뭐라고 해도 한번 믿음이 가면 상대를 배신하지 않으려 한다. 비록 당장은 손해 보는 한이 있더라도 묵묵히 참고 기다린다.
- 자신의 영역 안에 선 넘는 것을 제일 꺼린다. 그럴 경우 방어하기 위해 상대를 멀리한다.
- 7코드의 특성상 질서정연함을 유지하려 하고, 남에게 신세를 지면 두고두고 갚으려 한다.

《부정적인 경우》 여자에게 7◦8코드가 혼잡되면 남자들이 끊임없이 추파를 던진다. 하나의 진실을 두고 갈등을 겪으며, 서로를 탓하며 진실 공방을 한다.
- 양날의 검과 같아서 너 죽고 나 죽자는 식이다. 난폭운전, 보복운전, 시시비비, 개혁가 등에 해당한다. 서로의 약점을 들춰내어 흠집 내고, 언론 플레이를 통해 이득을 챙기려 든다.
- 당당해 보이던 사람이 검찰의 출석을 앞두고 극단적인 선택을 하는 것도 여기에 속한다.
- 하격은 폭행, 과실치사, 강도, 절도, 전과자, 상습적으로 법을 어기려는 투기범, 악당, 문제아, 사기 전과범, 보이스피싱범, 깡패와 관

련이 있다.

- 요령이 없어 답답하다. 경직된 사고방식이 주위 사람들을 힘들게 한다.
- 7∘8코드를 가진 사람의 나쁜 특성은 굽힐 줄 모르고, 타협하려고 하지 않는다는 것이다. 살살 달래도 기를 쓰고 더 대든다. 여자의 경우 남자와 싸울 때 좋게 말하면 제 풀에 꺾일 텐데, "때려. 더 때려봐." 하며 폭력을 유발하다가 남자가 폭력을 쓰면 "아이고, 나 죽네." 하며 고함지른다.

《조합》 여자의 경우는 7코드가 3∘4코드를 만나면 나쁘다. 즉 3∘7, 3∘8, 4∘7, 4∘8이 같이 있으면 부부간에 애로가 많다.

- 7코드가 제대로 쓰이면 보스, 우두머리의 소리를 듣는다. 이때 7∘8코드가 가장 꺼리는 코드가 바로 3∘4코드이다.
- 여자인 경우 7∘8코드와 3∘4코드가 동시에 있으면 남자를 깍듯이 모시려 하지 않는다. 이익이 된다면 비위를 맞추려고 하겠지만, 상대가 방심하는 순간 숨겨진 발톱(3∘4코드)으로 7∘8코드에게 덤벼든다. 성격이 드세서 두 번 다시 같이 보고 싶지 않은 유형이다. 이런 사람은 상대와 계속 다투고 이기려 하기 때문에 대화 자체가 불가능하다.
- 여자인 경우 7코드가 약하고, 3∘4코드나 2코드까지 겸해서 타고 나면 남자를 자기 아래로 본다. 잔인하고 폭력적이며 극단적인 면이 많다. 옛날로 치면 백정, 요즘으로 치면 육류가공 기술자다. 의료인

들도 여기에 해당한다.

- 여자가 7·8코드가 섞여 있고, 3·4코드가 약할 경우 다른 이성에게 끌린다.
- 7·8코드가 있고 사주에 9·0코드까지 있으면 정신 분야, 학자, 교수 등으로 한 분야에 두각을 나타낸다. 거의 그 분야에서 일인자 대접을 받고 명성을 누린다.

《경험담 1》 7·8코드 가진 사람이 "자신은 자기를 강하게 이끌어주는 분에게 충성을 다할 준비가 되어 있다."고 했다. 자신을 보호해주면 그 사람을 위해 몸과 마음을 다 바치겠노라는 뜻이다. 그런 사람 중에 떠오르는 사람이 있다. 전두환의 측근인 장세동 씨. 그는 병자생 기해월 병신일이다. 년, 월에 있는 자(子)와 해(亥)가 바로 7·8코드에 해당한다.

《경험담 2》 30세 때 처음 간판을 내건 곳이 대구의 자갈마당(사창가) 건너편이었다. 제자가 빈대떡집을 했는데, 빈방 하나를 내준 것이다. 그 당시 창녀들은 7·8코드가 많았다. 그중 한 사람이 애인을 사귀어 결혼을 했지만 다시 업소로 되돌아왔다. 성욕 때문에 "남들처럼 평범한 가정을 이루고 싶어요. 큰 욕심도 없어요."라고 했던 그녀가 다시 돌아온 것이다.

그녀는 솔직하고 평범해 보이는 사람이어서 더 충격적이었다. 이런 사람의 사주를 보면 거의 7·8코드(관살혼잡)가 섞여 있거나 지지 암장되어 있다. 심하면 자신의 행동에 양심의 가책을 느끼지도 않으며, 집안도 돌보지 않아서 쓰레기장이 되기 쉽다. 일반적으로는 비슷한 사람과 눈이 맞아 사랑하고 연애하지만, 이 경우 단지 욕정을 푸는 것이다. 가정도 지키고, 욕구도 풀려고 하는 게 이 코드가 지닌 특성이다.

- 세상에는 겉으로 드러나지 않는 일들이 지지의 암합을 통해 비일비재하게 일어난다. 예전 같으면 상상하지 못했던 일들이 남녀 사이에 일어난다.
- 여자 입장에서 7코드는 애인도 되므로 아무 남자, 신분도 모르는 남자, 제비족, 호스트바에서 만나는 남자에 해당한다.

《**직업**》 감사관, 건설노무자, 도살장, 건축업자, 국회의원, 기자, 경찰, 트럭 운전사, 수사관, 사무장, 세무 상담사, 사육사, 조련사, 철도 역무원, 침구사, 장의사, 정육점, 조선업, 정치, 중장비업, 체육관, 청부업, 운동코치, 야당 기질, 야망이 큰사람, 일수놀이, 외과 의사, 한의사, 간호사, 행정 공무원, 해외근로자, 해외파병 군인, 무기 공학, 불법주차 단속원, 법원집행관, 변호사, 흉폭자, 강도, 집달리 등이 해당한다.

《**육친**》
- 남자 : 자식, 고조부, 매부, 외조모, 애인(첩)의 자식.
- 여자 : 남편, 애인, 시누이, 시동생, 증조모.

⑧ 8코드 : 나를 극하는 오행 일명 준법 모범생

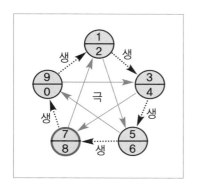

사주 안에서 나(일간)를 극하는 오행을 만났는데, 일간과 음양이 다르면 8코드이다.

아래 도표와 같이 일간이 갑일 경우는 신 또는 유, 을일 경우는 경 또는 신, …, 임일 경우는 기 또는 축 또는 미, 계일 경우는 무 또는 진 또는 술이 있으면 8코드이다.

8코드＼일간	갑	을	병	정	무	기	경	신辛	임	계
천간	신辛	경	계	임	을	갑	정	병	기	무
지지	유	신申	자	해	묘	인	오	사	축미	진술

《키워드》 의리, 충성, 존경, 분별, 예의, 사명감, 명예, 자존심, 윤리, 책임감, 직책, 규칙, 통제, 조절, 지시, 명령, 양심, 군기, 공적인 업무, 준법정신, 강박관념, 합리주의, 대의명분.

《특성》 7·8코드는 1·2코드를 억제, 통제 혹은 관리한다. 옳게, 바르게 다스린다는 의미로 법과 질서를 뜻한다. 국가나 사회를 다스리고, 작게는 동네 이장, 통반장, 집안을 다스린다.

- 원리 원칙대로 한다는 생각이 있어서 앞뒤가 꽉 막혔다. 상대를 숨 막히게 한다. 완장을 차고, 나를 억누르고 조직을 위해 희생한다. 대신 조직이 나를 보호 관리해 주기를 바란다. 타인의 돈을 지켜주 려는 능력, 보관하는 능력, 힘의 근원이기도 하다.
- 8코드는 고지식하다. 나름 정의파로서 남들보다 정직하게 살려고 노력한다. 가업을 후대에 이어준다.
- 8코드는 돈보다 명예를 많이 따진다. 자신의 이름을 더럽히려 하지 않는다. 신용을 생명처럼 여기고, 품행을 단정히 하려고 애쓴다.
- 한 가지를 파고들면 뿌리를 뽑으려 한다.
- 서로 든든한 버팀목이 되는 사람, 돈이 많은 사람, 권력 있는 사람 들과 어울리기를 바란다.
- 이 코드는 대중에 군림하려 든다. 관성 운이 좋을 때는 이상하게도 일이 잘 풀린다. 관성이 좋은지 나쁜지에 따라 결과가 달라진다. 좋 으면 가족 간에 화목해지고, 아들이 승진하고 손자까지 보는 등 겹 경사가 생긴다. 직장에서도 상사로부터 인정받는다. 원하지도 않았 는데 중책을 맡게 된다.
- 하는 일이 두 배로 늘어나니 딴 생각할 시간조차 없다. 감투를 쓰고, 명예와 직책이 한 단계 올라가니 자동으로 월급도 오른다. 힘을 조 금만 써도 성과가 오르고, 과거 자신에게 등 돌린 사람조차도 도움 을 주려 한다.
- 정의감, 책임감이 누구보다 강하고 명예가 따른다.

《부정적인 경우》 7∘8코드가 사주에 많을 경우, 여자는 일부종사를 하기 힘들다.

- 8코드가 있어서 힘이 있더라도, 9∘0코드가 없으면 허울 좋은 직책만 있지 진짜 권력을 갖기 어렵다. 명예회장 정도다. 동네 모임의 회장님, 조기 축구 회장, 무슨 종친회 회장 등 돈이나 실권과는 거리가 멀다.

- 고지식하며 융통성이 없고 수동적이다. 하루의 일과를 짜놓은 스케줄대로 움직인다. 아부를 못한다. 보수적이며 깔끔한 편이고 가정적이다. 성실하나 게으른 면도 있다. 이럴 때는 경쟁자를 의식하는 등 자극을 받으면 일을 더 잘한다.

- 8코드는 자신의 상식을 벗어나면 신(神)의 존재도 부정한다. 냉정하다 못해 냉혹하여 인간미가 없으며, 모든 것을 자기 잣대로 판단해서 스스로도 힘들게 산다. 세상을 자기 잣대로 봐서 틀리면 틀렸다고, 남을 싹 무시한다〔트럼프〕.

- 갑목일 경우 8코드가 있으면 성격이 자로 잰 듯 피곤하다. 자기 딴에는 합리주의자라고 주장한다. 타인이 볼 때는 너무 고지식하여 주위 사람들이 모두 힘들어한다.

- 갑목일주가 8코드와 4코드를 만나면, 극과 극이기 때문에 항상 갈등의 연속이다. 어제의 생각과 오늘의 가치관이 달라 앞뒤가 맞지 않는 궤변을 늘어놓는다.

- 자신에게 이익이 안 되면 절친이라도 언제든 안면몰수하며, 토사구팽하는 이중인격자이기 때문에 경계해야 한다. 뇌물을 받거나 법을

어길 경우 관재를 당하기도 한다.

- 밤마다 악몽에 잠을 설친다. 요상한 꿈에 시달리는데, 정신이 사납고 아침에 일어나면 이불에 땀이 젖을 정도다. 자신도 모르게 잠결에 고함도 지르고 안 하던 짓을 하기도 한다. 요사스러운 꿈에 시달릴 때도 있어 일어나면 영 뒷맛이 찝찝하다.
- 몸이 항상 무겁고 피곤하며, 뚜렷한 병명도 없는데 슬슬 아프고 두통에 시달린다.

《운에서 만나면》 운이 나쁠 때는 원하지 않는 일을 억지로 하게 되니 능률도 안 오르고 실수투성이다.

- 주위에서 나를 두고 수군거리며 거리를 둔다. 있지도 않은 이야기로 헛소문이 나돌지만 정작 나만 모른다. 사람들이 슬슬 내 눈치를 보고 경계하는 분위기를 감지한다. 결국 중상모략으로 누명을 뒤집어쓰고 구설에 휘말린다. 특정인이 그렇게 한다면 명예훼손 혐의로 따지겠지만 불특정 다수라 대처하기도 애매하다.
- 나쁜 운에는 감사를 받거나 경위서까지 내는 수모를 겪는다. 급기야는 직장에서 퇴직을 권유받는다.
- 가끔 억울한 옥살이를 한 사람들이 여기에 속한다.
- 이런 운에는 부부간에 이별할 수도 있다.

《조합》 8코드가 있으면 적당히 3◦4코드가 있어야 좋은데 하나도 없을 경우 혼자 똑똑한 체하고, 주위 사람들이 따르지 않아 노후를 쓸쓸히 보낸다.

• 8코드가 사주에 하나 정도 있고, 5∘6코드가 있어서 5∘6이 8코드를 도울 경우는 헛짓하지 않고 열심히 가정을 지킨다.

〔경험담 1〕 필자가 아는 신사일주의 여자분은 부부궁에 8코드가 있어서 알뜰하며, 서로 존중하고 화목하게 산다.

〔경험담 2〕 배우 배용준의 아내 박수진 씨가 을축생 정해월 경오일주다. 배우자궁이 8코드다. 을미년에 되자 을경합 오미합해서 아들, 딸 낳고 잘 산다. 여자가 부부궁인 일지에 이 코드를 가지고 태어나면 안정되게 산다.
• 반대로 7∘8코드가 복잡하게 섞여 있으면 도화살 작용을 한다. 야간 업소에 일하며 이성으로 인한 구설이 끊이지 않고, 피곤한 삶을 살아간다.

〔경험담 3〕 여자의 사주에 8코드 하나가 있는데 또 사주 어딘가에 7∘8코드가 하나 더 있으면 시집을 한 번 더 간다. 필자의 생모가 계미일주인데 무토(8코드)가 천간에 있어서 23세(을미년)에 결혼했다. 부친이 모친 나이 32세(갑진년, 4·8코드) 때 첩을 얻는 바람에 평생 남편에 대한 원망과 한을 품고 힘들게 살다 56세 무진년(8코드)에 중령으로 예편한 분과 만나 잘살고 있다.

〔경험담 4〕 여자 사주에 8코드(남편)가 하나 있는데, 그것이 백호(白虎)에 해당할 경우, 배우자와 생이별 또는 사별하기도 한다. 남자가 계유일주인데 무진(진이 8코드)이 있으면 공직자를 뜻한다. 이때 공망이나 망신이 든 재물

이 8코드와 합을 하거나, 암합할 경우 십중팔구 뇌물을 먹거나, 색정이나 기타 불법, 비리 등에 휘말려 망신당한다.

《직업》 변호사, 판사, 검사, 노조 관련, 운동 코치, 모임의 간사, 상담사, 보건 의료직, 사회복지사, 정치 외교, 경찰대, 행정 대학, 기계 제작, 군수산업, 관급공사, 직장인, 공무원, 교직.

《육친》
• 남자 : 자식, 고조부, 매부, 외조모, 애인(첩)의 자식.
• 여자 : 남편, 애인, 시누이, 시동생, 증조모.

《7◦8코드가 많으면...》
직장이나 직업이 자주 바뀐다. 한군데 오래 있지 못한다. 사업도 진득하게 이끌어가지 못하며, 사업 아이템도 자주 바뀐다.
7◦8코드는 나를 극하는 코드다. 매번 자기 뜻대로 안 되면 불같이 화를 낸다. 따라서 성격도 급하고, 아집도 강하다. 화를 내지만 금방 풀어진다. 자기가 자기 성질을 이기지 못하고 자학한다. 금방 지쳐서 포기한다. 비밀이 없고 직설적인 대화를 원한다. 아파도 고집이 세서 선뜻 병원에 가지 않고 병을 키운 다음 뒤늦게 후회한다.

⑨ 9코드 : 내가 생하는 오행 일명 사상, 정신, 학문, 신비

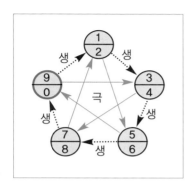

사주 안에서 나(일간)를 생해주는 오행을 만났을 경우를 9코드 또는 0코드라 한다. 음양이 같으면 9코드이고 다르면 0코드이다.

아래 도표와 같이 일간이 갑일 경우는 임 또는 해, 을일 경우는 계 또는 자, …, 임일 경우는 경 또는 신, 계일 경우는 신 또는 유가 있으면 9코드이다. 9코드는 나를 낳아주신 생모가 아닌 새어머니, 이모, 유모를 뜻한다.

일간 9코드	갑	을	병	정	무	기	경	신辛	임	계
천간	임	계	갑	을	병	정	무	기	경	신辛
지지	해	자	인	묘	사	오	진술	축미	신申	유

◀◀키워드▶▶ 학문, 정신세계, 교양, 종교, 장인 정신.

◀◀특성▶▶ 학문과 정신세계, 교양과 종교를 의미한다. 영감이 발달하여 신기(神氣)가 있다. 예지몽도 꾼다. 언행이 신중하며 고독한 천재다.

• 9코드는 한 분야에서 일인자 소리를 듣는다. 유명 종교 철학자 중에 9코드가 많다. 영적 능력이 발달하여 우주 저 멀리 보이지 않는 상

상의 나라로부터 메시지를 받아 현실에 적용하는 특수한 능력의 소유자이다. 신비한 체험을 많이 한다. 사생활 노출을 극히 꺼린다. 가끔은 신비주의자 행세를 하지만 어느 정도 시간이 흘러 경계심이 사라지면 자신을 알아주는 사람에게 몽땅 다 퍼준다.

- 9코드는 물질에 집착하지 않고 정신적, 철학적인 부분에 깊이 사색하며 심오한 감성 표현을 한다.

- 일반인은 감히 생각지도 못하는 깊은 생각을 한다. 그 내면 깊은 곳에 슬픈 추억이 담겨 있다. 자신 속에 숨겨진 자아를 찾으려 한다.

- 돈을 추구하지 않아 돈 안 되는 일만 한다. 돈벌이가 될 만하면 딴 짓 한다. 남들의 경조사는 잘 챙기면서 정작 자신은 부조금을 안 받으려 한다. 이런 남편을 둔 부인의 마음은 거의 보살이다.

- 공개적으로 인정받지 못해도 한 분야에서 두각을 나타낸다. 주로 편업(偏業)에 종사한다. 정식으로 허가받지 못하거나, 사회에서 외면하는 분야를 뜻한다. 그래서 외골수들이 많다.

- 특수 분야에서 일하며 장인의 경지까지 이른다. 미개척지에서 선두 주자로 각광받는다. 긍지를 가지고 묵묵히 일하며. 그런 지식을 바탕으로 재산 가치를 높게 인정받는다.

- 예의 없는 사람을 싫어한다. 이미 아는 것이 많지만 학구열이 높아 늦은 나이에도 배우기를 좋아한다.

- 게으르고 감정적이다. 분위기 파다. 자연을 가까이하고, 옛것을 좋아한다. 한 번 기억한 것은 절대 잊지 않는다. 가까운 사람들이 그

런 기억력을 보며 소름 돋는다고 한다. 한번 섭섭한 게 있으면 오랫동안 기억한다. 분노와 배신감, 절망감을 표출하지 못하고 마음 깊은 곳에 꼭꼭 숨겨서 혼자 삭이려 하니 속병이 생긴다.

- 예의범절 잘 따지고, 조상을 잘 섬긴다. 현대극보다 사극을 즐긴다. 꾸준함과 끈기는 알아준다.

- 윗사람으로서 포용력과 아량을 많이 베푼다. 지식도 베푼다. 적선도 한다. 자비심도 강하다. 고생을 사서 한다. 신비를 추구하여 세속의 일을 떠나 조용히 살고 싶어 한다. 당장은 힘들지만 꾹 참고 그날이 오기를 기다린다.

- 느긋하지만 의외로 부지런한 사람이 많다. 상상력이 풍부하다. 좋아하는 사람에게 특히 어머니, 선생님에게 관심 끌기 위해 질투심을 유발하며 잘 토라진다.

- 임기응변이 좋다. 인내심이 강하고 노력형이다. 아이디어가 풍부하여 창의적인 분야의 직업이 좋다. 이별, 방랑, 모험정신이 강하여 남이 선뜻 안 하는 분야에서 이름을 날린다.

- 자신의 마음을 알아주기를 바란다. 혹 그런 사람을 만나면 조건 안 따지고 다 베푼다.

- 미래비전 기획 부분, 미래 첨단 기술, 해박함, 배려심, 탐정, 새 출발, 미래지향적, 즉흥적, 순발력, 비현실적인 부분, 신비한 것 등을 뜻한다.

- 아날로그 점수는 100점이지만 디지털 점수는 0점이다. 하지만 자기 전공 분야, 엔지니어 분야에서는 탑(명장)이다.

《부정적인 경우》 불치병, 불신, 경계심, 의식불명, 비몽사몽, 불투명, 불가능, 촌철살인, 자괴감, 어눌함, 위선자, 파렴치함, 엉큼한 속내, 은둔형, 내연관계, 불분명, 과도기, 과잉, 삶을 포기하는 것과 관련된다.

• 음흉해서 속을 잘 안 보인다.

• 9코드는 한마디로 궁상맞다. 남들은 다 행복하게 살고 있는데 나만 혼자된 기분이다. 공허하고 절망감에 빠져 표정이 늘 어두워 보인다. 이런 이유 중 하나는 과거 트라우마 때문이다. 피치 못할 사정으로 부모나 배우자와의 이별, 사별, 이혼 등으로 인해 자신이 버림받았거나 소외되었다는 것에 대한 마음의 상처가 남아 있다. 시간이 흘러도 좀처럼 그 상처를 지울 수 없다. 조금만 마음에 안 들면 시무룩해지고 금방 표정이 굳어진다.

• 간혹 말이 없어 상대를 답답하게 한다. 입이 까다롭다. 생모 말고 다른 어머니 밥을 먹기도 한다(하숙집, 구내식당).

• 이 코드를 가진 사람들은 말 못 하는 마음의 병이 있다. 과거 아픈 상처로 인해 마음을 숨기고 살아간다. 그래서 그런지 어두운 그림자가 살짝 엿보인다.

• 업무, 공부, 시험 등 과도한 스트레스로 정신적, 육체적으로 힘들다. 그래서 약물이나 알코올 등에 자꾸 의존하려 한다. 거기에 자꾸 중독되어 가면 걷잡을 수 없이 통제 불능 상태가 된다. 조용히 혼자만의 시간을 가지도록 휴가라도 가길 바란다.

• 어린 아이인 경우 부모가 지나치게 과잉보호하다 보니 문제가 생긴다. 따끔하게 혼을 내며 키워야 하는데 울고불고 떼쓰면 다 들어주

니 버릇이 나빠진다.

- 하격은 비관, 자살, 청승맞은 짓만 한다. 술 한 잔 먹으면 말끝마다 일찍 죽어야지 한다. 도둑, 도박꾼, 약물 중독자, 불구자, 비관 자살 시도, 정신병자, 공황 장애 환자 등이 있다.

- 9코드는 불치병, 암 환자, 해리성 장애, 수면 장애, 희귀난치병, 조현병, 기억상실, 정신장애, 환청, 환각, 선천성 장애, 의심, 이별, 외로움, 쓸쓸함, 향수병, 불안, 초조, 불신, 악전고투, 번뇌, 갈등을 뜻한다.

- 9코드가 많으면 친모와 인연이 없고, 새어머니나 양모 밑에 자란다. 체질도 약하고 면역성이 떨어져 잔병치레를 많이 한다.

- 9코드가 많으면 자식과 인연이 약하여, 남의 자식을 내 자식인 양 정성 쏟으며 키운다. 요즘은 시험관 아기, 대리모 등 최첨단 의술로 아이를 가지기도 한다.

- 9코드가 많으면 남편과도 시댁과도 사이가 안 좋다. 여성은 아이를 낳으면 남편이 무능력해지기 쉬우므로 남편 대신 죽기 살기로 돈을 벌어야만 한다.

- 인덕이 없어서 배신 아닌 배신을 당하고 다시 굳은 표정으로 외톨이가 된다. 자신을 배반하지 않는 애완동물을 가족같이 대하며 위로받는다. 독신자들이 많다. 사람에게 상처받고 그 아픔을 예술로 승화시킨다. 그래서 9코드를 가진 사람들이 표현하는 글이나 노래 등 창작품은 그런 아픔이 녹아 있어 심금을 울리기도 한다.

《조합》 여자의 경우 9나 0이 너무 많으면 자식궁이 안 좋다. 3∘9, 3∘0, 4∘9, 4∘0코드가 있으면 건강에 적신호다. 특히 자궁근종이나 자궁암, 유방암 등을 조심해야 한다. 남자도 혈액순환 장애, 전립선, 순환기 등의 질환을 조심해야 한다.

- 9코드의 문제점은 가장 풍요로운 3코드를 극한다는 것이다. 예를 들어 갑의 3코드는 병(丙)인데 9코드 임(壬)이 있으면 수극화로 불이 꺼진다. 꺼진다는 것은 밥그릇을 뒤엎어버린다는 것이고, 심하면 사망까지도 간다는 말이다.
- 3코드는 음식을 뜻하는데, 9코드가 있으면 맛을 내는 3코드를 극하므로 음식 맛이 변질되어 맛이 없다.
- 9코드가 7코드를 만나면 부와 귀를 겸한다. 매우 독창적인 두뇌의 소유자로서 매우 비범하다. 몇 십 년 앞서간다. 타임머신이라도 타고 미래에 갔다가 온 것처럼 생각이 독특하다. 그래서 엉뚱하며, 괴짜라는 소리를 종종 듣는다.

《직업》 역사학, 유교학, 한학, 한의학은 옛날 것을 추구한다.
- 예술가, 창작활동, 방송연예인, 배우, 시인, 서예가, 만화가, 기능공, 요식업, 이·미용업, 유모 역할, 대리모, 비서.
- 발명가, 학자, 고고학, 고고 인류학, 동양의학, 동양학, 조류연구가, 역학, 풍수, 사상연구가, 비영리 사업가.
- 프로파일러, 정신분석가, 명상, 요가, 최면술사, 예언가, 해몽가, 단학, 기공치료사, 초능력자, 퇴마사, 목사, 신부, 타로, 관상, 수상, 점

성술, 예지력이 뛰어난 사람, 토속 무속인.

- 해외 장기출장, 승무원, 등대지기, 오지 탐험가, 해외전도사, 관광 서비스업, 레저, 비인기 스포츠, 캠핑사업.

- 의약 관련 직업, 간호사, 마약 환자 치료사, 웃음 치료사, 장애인 단 체 운영, 호스피스 자원봉사자, 심리상담 치료사.

- 도매업, 중개사, 부동산, 변호사,

- 광산업, 청부업, 하청업, 심부름센터, 고리대금업자, 딜러, 무기밀 매상, 보따리 장사, 로비스트, 기타 공식적으로 인정하지 않는 분야 에서 일하는 직종들이 대부분이다.

- 9코드가 좋은 역할을 하고 상격에 속하면 명성이 높은 스님, 성직 자, 예술가, 학자로 이름을 날린다.

◀육친▶

- 남자 : 계모, 이모, 유모, 외숙, 조부, 장인, 생모, 증손자, 외손자, 숙모, 양부모.

- 여자 : 어머니, 계모, 이모, 유모, 손자, 사위, 조부, 할아버지, 시조모, 양부모.

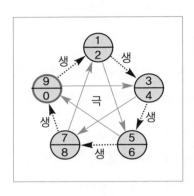

사주 안에서 나(일간)를 생해 주는 오행을 만났는데, 음양이 다르면 O코드이다.

아래 도표와 같이 일간이 갑일 경우는 계 또는 자, 을일 경우는 임 또는 해, …, 임일 경우는 신 또는 유, 계일 경우는 경 또는 신이 있으면 O코드이다. 나를 낳아 주신 나의 모친이며, 나를 먹여주고 가르쳐주시는 선생이며, 은인이 된다.

일간 O코드	갑	을	병	정	무	기	경	신辛	임	계
천간	계	임	을	갑	정	병	기	무	신 辛	경
지지	자	해	묘	인	오	사	축 미	진 술	유	신 申

《키워드》 이해심, 양반, 고집통, 보수적, 선생 타입, 교양미, 학구열, 느림, 여유, 체면치레, 지식에 대한 동경, 모성애, 희생정신, 인색함, 배고픈 선비, 계획, 능력, 실력, 지식, 이론, 장기계획, 이상적, 이론적, 보수적.

《특성》 O코드는 나의 몸을 낳아주신 어머니이자, 나의 정신을 살찌우는 스승이다.

- 유명 교수나 박사, 시인, 작가 등 지식인 중에 0코드를 가진 사람들이 많다. 공개적으로 인정받는다. 자격증, 임명장, 논문, 학위, 권력, 인사권은 나의 신분을 보장받는 별이다. 그래서 고급지식층이 많다.
- 남들이 볼 때 피곤할 정도로 생각이 깊다. 매사 진지하다.
- 7코드처럼 박진감은 없어도, 끈질기게 파고드는 학구열은 타의 추종을 불허한다. 잡다한 지식이 많아서 별명이 만물박사.
- 이론가다. 마음은 뻔한데 선뜻 실천하지 못한다. 배우기를 좋아해서 전공 외 부전공으로 공부를 더 한다.
- 다방면으로 새로운 지식을 습득하려 한다. 그동안 번 돈을 공부하는 데 아낌없이 투자한다.
- 닥치는 대로 좋은 스승을 만나 새로운 지식을 배우려는 열정으로 가득하다.
- 자비심. 신을 숭배한다. 교육문화 공부의 코드이다. 공부에 재미를 느껴 밤늦도록 책에 빠진다. 혼자 글을 쓰고, 그 지식으로 평생 먹고 산다. 책 욕심이 많아서 온갖 서적이 즐비하다.
- 학자, 작가들에게 많다. 나이에 비해 조숙하다. 한 방면에 최고가 되고 싶고, 자신이 최고라는 자부심이 강하다. 교만하지 않도록 자기 수양이 필요하다.
- 심성이 착하고, 양보심도 강하다. 외국어에 능하다.
- 상식적, 이성적으로 행동한다. 평화주의자이므로 함부로 적을 만들지 않고, 편파적이지 않아 중립을 지키려고 노력한다. 문관이다.
- 좋은 사람을 만나면 속마음을 있는 그대로 표현하는 편이고, 한 바

퀴 돌려 표현하는 게 도리어 불편하다.

- 자상하게 하나하나 잘 챙겨 준다. 사랑꾼이다.
- 새로운 지식을 항상 갈구한다. 늦깎이 공무원, 늦깎이 학생, 할머니
  가 늦게 한글을 배우는 것도 다 여기에 해당한다.

《부정적인 경우》 여자의 경우 9나 0이 많으면 자식궁이 안 좋다.

- 아는 게 병이다. 성격도 느긋하여 결정적인 타이밍에서 한 박자 놓
  치고 후회한다.
- 경진일주에는 진이 9코드인데 또다시 사주에서 0코드를 만나면 자
  식으로 인해 눈물 흘린다. 배우자와도 자식 낳자마자 이별, 사별 등
  을 반복한다.
- 자기 마음 같은 줄 알고 잘 대해주다 쓰라린 배신감을 맛본다. 순수
  해서 그렇다. 제자들에게도 잘 당한다(논문 표절 등).

《조합》 0코드가 3◦4코드나 5◦6코드를 만나면, 시댁과 사이가 나쁘다.

- 7◦8코드는 5◦6코드의 생을 받아야 좋은데 반대로 9◦0코드가 많으
  면 기운을 빼앗기므로 안 좋다. 또 자식을 뜻하는 3◦4코드는 9◦0코
  드가 바로 극한다.
- 9코드가 사주에 9◦0코드가 많으면 자식 때문에 눈물 흘리고, 남편
  하고도 헤어지는 것은 어쩔 수 없는 현상이다.

《경험담 1》 갑목일주가 계유월이면 0코드인 계가 학문을 뜻하므로 월급 받는 선생님들이 많다. 그릇이 크면 교수, 박사, 연구원이 되고 교육, 문화, 예술, 언론 등에 종사한다.

《경험담 2》 여자인데 무술생 계해월 을사일 임오시다. 중학교 국어 교사로 정년퇴직했는데 아들, 며느리 둘 다 의사다. 그녀가 을목일주인데 월의 '해'가 0코드이므로 학문을 나타낸다. 하루도 빠짐없이 성실하게 교직생활을 했고, 현재는 자식들 잘 키우고 웃으며 노후를 보내고 있다.

단점은 변화를 싫어한다. 자기만의 공간에서 화목하게 순리대로 살아가기를 원한다. 큰 발전이 없고 독특한 생각을 안 한다. 답답하지만 정작 본인은 이런 삶을 좋아한다.

누가 뭐라고 해도 지나간 세월을 후회하지는 않는다. 큰마음 먹고 동남아 여행이라도 가자고 졸라도 그냥 집이 좋단다. 방구석을 벗어나면 무슨 큰일 나는 줄 안다.

《경험담 3》 필자에게 처음 사주를 지도해 주신 선생님의 사주이다. 계유생 갑인월 정묘일 임인시다. 그녀는 47세에 이혼한 후 혼자였다. 0코드(인)가 월과 시에 있으므로 전형적인 선생님이다. 목(木)이 많으므로 자식인 토가 탈이 난다. 임신하여 아이를 낳으면 자꾸 죽었다. 젊은 청년을 양자처럼 들여서 돌봐주었는데, 건설 현장에서 일하다가 불의의 사고로 불구가 되었다. 이처럼 0코드가 왕하면 남편에 해당하는 7·8코드(임·계)가 모두 목을 생하느라 기운을 다 빼앗긴다.

《경험담 4》 0코드를 극단적으로 보여주는 여성이 있다. 기미생 기사월 경자일이다. 년(기미)과 월(기)에 0코드가 있다. 늦은 나이가 되도록 결혼은 생각조차 안 하고 조카를 마치 친자식인 양 돌봐준다. 밤 늦게 불 꺼진 쓸쓸한 방에 들어가기 싫어서 온갖 학원이나 취미활동을 하면서 밤늦게야 들어가는 것이다.

《경험담 5》 "요즘 들어 뭐가 안 풀려서 밤에 잠이 안 와요. 예전에는 숙면을 취했는데, 잠을 제대로 못 자는 바람에 식욕도 없고, 심장이 옥죄이면서 숨이 막혀와 미칠 것만 같아요. 제가 남들보다 최고가 되어야 하는데, 그렇지 않은 모습에 스스로 화가 나요.
한창 잘 나갈 때 나를 넘보지 못했던 친구나 지인이 나보다 높은 위치에 있는 걸 보고 자존감이 뚝 떨어졌어요. 저는 남들보다 아는 것이 많다고 자부했어요. 얼마 전만 해도 가장 먼저 성공하여 주위 사람들을 깜짝 놀라게 해주고 싶어서, 제가 가진 모든 역량을 끌어올려 각종 지식과 정보들을 내 것으로 만들어서 한층 업그레이드 시키려고 최선을 다 했어요.
지금은 지인들이 저의 안부를 물어보는 것도 싫어요. 현재 제 상황을 말하기 싫어서요. 그래서 전 속으로 다짐했어요. 기필코 저의 능력을 보여주고 말리라고요. 그래서 사람들의 콧대를 납작하게 눌러주려고 속으로 다짐하며 노력중이에요.

사실 저는 남들이 어렵다는 걸 한 번 보면 척 보면 다 알 수 있고 수월하게 다 이루었어요. 그런데 최근 저의 고민은 '도대체 난 누구이며 어떤 삶을 살아야 성공할까?' 하는 점이예요."

실제 위 상담자는 0코드를 추구하고 있고, 그걸 반드시 이뤄야만 했기에 충분한 상담을 하고 남들보다 더 많은 노력을 하라고 당부했다.

《직업》 말을 잘하고 설득력이 있어서 웅변, 대변인, 방송인, 상담사, 방문 지도사, 학원, 교습소, 강사, 남을 가르치는 직종 등이 좋다.

《육친》

• 남자 : 계모, 이모, 유모, 외숙, 조부, 장인, 생모, 증손자, 외손자,
　　　　　숙모, 양부모.

• 여자 : 어머니, 계모, 이모, 유모, 손자, 사위, 조부, 할아버지,
　　　　　시조모, 양부모.

《9·0코드가 많으면...》

나를 생하여 주는 코드다. 매매가 늦어진다. 지루하고 느리다. 대중들과 논리를 펼 때 자기주장만 내세운다. 같은 내용을 반복하니 남들이 시큰둥하고 지루한 지식 정보만 가득하여 금방 싫증을 낸다.

오래된 지식, 책, 서류, 정보만 가득 쌓여서 버리지 못하고 있다.

글자들이 나를 생하여 주니, 대중들이나 이성들이 나만을 사랑하고 알아주기를 바라지만 인기가 시들하다.

매사 자기중심적이며 이기적이다. 오로지 자기 자신밖에 모른다. 마마보이들이 많다. 독립심이 적으며 항상 누가 도와주기만을 바라며 공짜 심리가 있다.

정작 전공은 써먹지 못하고 의외의 직업을 갖고 산다. 비현실적인 생각이 많아서 현대사회에 발 빠르게 대처하는 데 아쉬움이 있다. 하루빨리 고루한 생각에서 탈피하지 않으면 스스로 좌절을 맛본다.

1 인반수의 원리

인반수는 필자가 명칭을 지은 것이다. 하늘을 뜻하는 '天', 땅을 뜻하는 '地', 그 사이에 제일 중요한 것이 사람이므로 '人'을 적용하여 인반수라고 명칭을 정한 것이다.

인반수를 정의하자면, 한마디로 자합이다. 자합(自合)이란 '스스로 합하는 것'을 의미한다. 60간지로는 천간과 지지가 합·충을 하는 것이다. 지장간까지 포함하여 보기 때문에 더 범위가 늘어난다.[3]

모든 물질에는 원소기호가 존재하듯이, 타고난 사주에도 각각의 원소가 작용하여 서로 밀접한 상호작용을 통해 행불행을 좌우한다.

---

[3] 136쪽의 '암장(지지 안에 있는 천간)'과 관련이 있다.

인반수 공식을 말하기 전에 자연의 현상과 대비해서 설명해 보겠다. 자연계에서 혼자 독립적으로 존재하는 것은 하나도 없다. 예를 들어 갑자부터 계해까지 60갑자가 존재하지만 각각 음양은 배합을 이루고 있으며, 서로에게 끌리는 강도에 따라 상호 작용한다. 여자와 남자를 각기 음과 양이라고 할 수 있는데 신이 인간을 창조할 때 서로 끌리도록 만들었다. 이것의 음양의 법칙이다. 그래서 둘이 합하면 자손이 생기고, 이를 수없이 반복하여 인류가 이어져 온 것과 같은 이치라 보면 된다.

시야를 우주로 넓혀 보아도 아주 작은 초미립자, 나노 물질 단위로 좁혀 보아도 마찬가지이다. 우주의 구조는 크거나 아주 작은 것에서도 똑같은 형식으로 구성되어 있고 그런 일은 반복된다. 지구를 포함한 태양계와 우주계는 이런 원칙을 벗어나지 않고 규칙적으로 움직이며, 그 속에서 탄생과 죽음을 무한반복한다. 인간도 마찬가지이며, 이런 모든 것들이 상호작용을 통해 서로 밀고 당기고 하면서 보이지 않는 어떤 작용을 한다.

질문 왜 이런 어려운 과학용어까지 인용하면서 오행을 설명하려는 건지요?

대답 그 오행이 상호 작용에 의해 서로 합하기도 충하기도 하는데, 이때 상호 간에 유효거리가 있어요. 서울에 있는 사람과 미국에 있는 사람은 어떠한 힘을 주고받기에는 거리가 멀어 큰 문제가 생기지 않아요. 둘이 근접거리에 있을 때 어떠한 힘을 주고받을 수 있어요. 이것이 결국 사건 사고와 길흉화복으로 이어져요. 가령 나쁜 인연을 만났을 경우, 서로 갈등으로 인해 강력한 감정이 폭발해요. [4] 그것이 강하면 강할수록 그 기운은 더욱 강렬하게 작용해요. 감정을 주체하지 못해 데이트 폭력, 살해까지 이어지는 경우가 이와 같아요.

어떤 원소를 분열시키면 엄청난 에너지가 생성되어, 합과 충의 작용이 생기거든요. 이때 약한 것은 강한 힘에 의해 파괴되거나 압도당해요. 자연계에서 일어나는 현상도 이와 같다고 보면 돼요. 이런 모든 것을 통틀어 오행으로 기호화한 것이 60갑자예요.

하늘, 땅, 사람 중에서 사람의 운명을 결정짓는 것이 인연이고요. 서로 미워하고, 사랑하고, 죽고, 사는 모든 것이 오행의 합과 충으로 인해 생기는 거예요. 이것을 분석하는 학문을 '명리학'이라 하고, 연구하는 사람을 역술인이라고 해요.

과학자들이 서로 다른 주장을 하면서 결국 하나의 진리에 도달하듯이, 지금 제가 공개하는 '인반수 공식'이 많은 분들의 검증을 통해 하나의 통일된 '역학 공식'으로 자리 잡기를 원합니다. 이해를 돕기 위해 이 책을 내는 거고요. 관심이 생기는 분들은 후속편을 보시면 도움이 되리라 봐요.

---

4)예를 들면 분노, 증오심, 저주, 반항, 살기, 광폭, 평소와 달리 제정신이 아님, 악성민원, 원한, 복수심, 저항, 폭동, 자폭, 자살, 분신, 목을 매고 자살, 투신, 동반 자살, 악성댓글, 학교 폭력, 강간, 친족 살인, 데모, 격돌, 흥분하여 감정을 주체 못함, 음욕이 발동하여 성추문이 나서 일순간 몰락 등.

② 인반수에 대한 질문과 대답

인반수에 관해 질문과 대답을 통해 궁금증을 풀어보겠다.

질문 인반수가 인간의 운명에 어디까지 적용 가능하며, 진짜 사주 풀이에 잘 맞을까요?

대답 인반수가 전적으로 사주풀이에 맞다고 함부로 단정하는 것은 아닙니다. 많은 임상경험을 통해 자신만의 것으로 소화시킨 후에 결론을 내려도 늦지 않다고 봐요. 과학계나 기타 학계에서 어떤 학설이나 공식이 나오면 수많은 데이터와 검증을 거치고 난 후 신중히 일상생활에 적용하듯이, 인반수 공식도 천천히 검증한 후 사주풀이에 적용해야 해요.

질문 인반수를 자합이라고 하셨는데, 좀 더 구체적으로 알려주세요.

대답 천간에는 합과 충이 있어요. 합은 서로 좋아하는 것, 충은 싫어하는 것을 뜻해요. 좋아하는 것끼리 끌어당겨서 합하는 것을 육합이라고 해요. 갑·을·병·정·무로 시작하여 6번째 글자 기토와 합을 한다고 하여 육합이라고 해요. 남자와 여자가 끌리면 서로 좋아서 죽고 못 살잖아요. 보고 또 보고 싶고, 그러다가 사랑하면 아이가 생겨 집안을 이루고, 이런 일들이 수없이 반복되어 지금의 인류가 된 거고요. 하나의 약속된 공식, 부호, 시그널, 원칙 등으로 이해하시면 돼요.

질문 그럼 이 인반수는 누가 최초로 주장했고, 누가 창안했으며, 무엇을 근거로 하는 건가요?

대답 인반수는 필자가 천문 김병석 교수님을 만난 병인년(1986년)부터 연구하기 시작했어요. 짧은 명리 지식에 알쏭달쏭하던 차에 한학을 연구하던 천문 선생을 만난 것이죠.

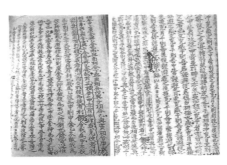

『계의신결』 필사본의 일부

위 사진에는 갑오미 자합, 즉 인반수 공식 내용이 담겨 있어요. 어느 날 천문 선생의 친구가 『계의신결』 책을 빌려 달라고 하자, 위의 두 장을 빼고 복사해 주었다고 들었어요. 그만큼 중요하기 때문이죠. 필자는 이 내용을 근거로 현재까지 계속 연구하는 중입니다. 제가 올해 68세이므로, 40년 만에 인반수 공식을 처음 공개하는 것입니다.

질문 그 천문 선생이라는 분은 어떤 분인가요?

대답 그냥 한학자라고 보면 돼요. 전문적으로 사주 봐주는 역술인이 아녜요.

고전을 통해 해박한 지식을 습득하였고, 그중 수기로 내려온 『계의신결』이라는 책으로 필자가 배웠어요. 그분은 대학교수로서 학생들을 지도하다가 생을 마감했어요.

질문 전통적인 방법인 격국용신은 적용하지 않나요?

대답 격국용신으로 푸는 건 이미 오랜 세월 많이 알려져 있어요. 대다수가 그런 방식으로 사주를 풀고 있고요. 누군가 격국용신을 떠나 사주를 풀려고 하면, 마치 이단자 취급을 받는 게 현실이고요. 새로운 학설을 편다는 게 결코 쉬운 일이 아네요. 저도 처음 인반수 공식을 공개하기 전까지 많은 고민을 했어요.

질문 인반수가 기존학설보다 더 낫다는 건가요?

대답 천만에요. 천 년 이상 내려온 학설을 능가할 수는 없어요. 단지 인반수 이론이 풀리지 않는 부분을 푸는 데 어느 정도 일조할 수 있을 거라는 생각은 들어요.

질문 인반수의 합의 공식과 충의 공식을 간단하게 설명해 주세요.

대답 말 그대로 합과 충입니다. 기존 오행에서도 천간의 합과 충이 있고, 지지에서도 합과 충이 있어요. 마찬가지입니다. 그 작용 또한 별다를 게 없고요. 자세한 내용은 책을 보시면 됩니다. 유명 인사들을 비롯하여 다양한 사례를 통해 어떻게 인반수 공식이 활용되는지를 설명했어요.

질문 인반수 공식이 30가지인 것은 알겠는데, 그 나머지 66가지 공식은 뭔가요?

대답 기존 오행에 널리 알려진 합과 충을 그렇게 표현한 것일 뿐 특별한 이론은 아닙니다. 같은 것을 보기 좋게 분류한 거죠.

질문 예시 중에 본 남편과 해로 못하고, 첫 애인이 음독자살하였고, 또 재가하여 남편과 사별했다고 적혀 있던데, 사람의 운명은 실제 존재하는 건가요?

대답 인반수 공식 중 무섭고 소름끼치는 것 중 하나가 바로 이런 부분입니다. 필자도 아직 연구 중이라 선뜻 단정하지 못해요. 인반수 공식을 계속 검증하고 있는 중입니다.

질문 한 번 더 여쭐게요. 인반수를 이용하면 어느 정도 사주 풀이가 가능합니까?

대답 그건 마치 방금 탐사선을 쏘아 올리고, 우주 전체의 비밀을 다 풀 수 있는지 묻는 것과 같아요. 근래 들어 사주 오행을 조금만 알아도 마치 도사가 된 것처럼 단정하듯이 말하는 분들이 많이 있어요. 일반인들은 자신의 운명을 알 수 있을 거라는 기대감으로 그들을 찾아가요. 어쩌다 하나만 적중시키면 그의 말을 전적으로 믿고 따르고, 믿음이 강할 수록 문제는 점점 더 커져요. 가령 "사별, 재혼, 사고" 등 부정적인 말을 했다고 칩시다. 그러면 고객은 어떻게 해야 하냐고 묻고, 그 사람들(도사님+작명가)은 기다렸다는 듯, 미리 막으려면 비용이 든다고 금전적인 것을 요구해요. 스토리가 너무 뻔해요. 지금 이 시각에도 똑같은 일들이 계속 벌어지고 있고요.

결론을 내자면 이래요. 한 사람이 다른 사람의 운명을 좋게, 혹은 나쁘게 할 수 없어요. 마치 처방(개명 혹은 살풀이)만 잘하면 액운이 사라지고 팔자가 필 것이라고 장담하는 사람들은 그저 자신의 이익을 챙기려는 거예요. 그런 말에 속는 사람이 더 어리석죠.

질문 그럼 인반수는 어느 정도 위력이 있나요?

대답 쉽게 말한다면 기존 오행 이론과 상식을 뛰어 넘는다고 보시면 됩니다. 물론 모든 사주에 동일하게 적용되지는 않아요.

예를 들어 볼게요. 갑자월에 태어난 기토 일주인 경우 남편이 갑목인데, 갑목은 지지에서 생을 받는데 왜 이별과 사별을 할까요? 임신월에 태어난 정미일주인데, 남편인 임수를 신금이 금생수를 해주고 있는데도 왜 독신으로 살까요? 이는 마치 보이지 않는 어떤 기운이 작용한다고 말할 수밖에 없어요. 그래서 오행 상식을 능가한다고 감히 말씀드리는 겁니다.

❸ 맹파의 자합

요즘 역학계에서 돌풍을 일으키는 맹파명리의 『간지오의』에서도 자합이 언급되어 있다. 이 책의 401쪽을 보면 정해자합 무자자합 기해자합 신사자합 임오자합 계사자합 총 6개의 자합이 적혀 있다. 그것도 책의 가장 마지막 부분에 공개되어서 매우 놀랐다. 물론 동시에 반갑기도 했다. 필자는 오랫동안 『계의신결』에 있는 것만 연구했는데 같은 내용이 『간지오의』에 적혀 있으니 얼마나 반가웠겠는가?

원래 이 학문의 성격이 하나같이 비결 운운하며 구전으로만 전해 내려오는 것이기에 서적으로 접했을 때 그 기분은 매우 묘했다. 하지만 곧 실망으로 돌아왔다. 기껏 6개의 자합만 공개하고, 사례도 하나만 올리고 바로 407쪽으로 마쳤으니 말이다.

실제 자합의 비밀을 잘 모르는 분들이야 무슨 말을 하는지조차 모르겠지만, 오랜 세월 이것만 연구한 필자의 입장에서는 아쉬움이 컸다. 그래서 이번 기회에 자합의 나머지 공식, 즉 합 15개, 충 15개 총 30개의 자합으로 이뤄진 공식을 발표하게 된 것이다. 얼마 전 대유학당에서 강좌를 했고, 그것이 계기가 되어 책으로 출간하게 되었다.

④ 최초로 공개되는 인반수의 원리와 공식

　세상이 이미 알려진 충합의 공식이 있는데, 그 외에도 많은 것이 존재한다. 필자는 그것을 총 96가지로 분류했다. 다른 것은 몰라도 이 내용은 사주풀이를 할 때 반드시 암기해야 한다.
　1~15번까지는 합의 공식이고, 16번~30번까지는 충의 공식이다. 예를 들면 갑오자합이라면 '갑'이 '오' 중의 '기토'와 합을 하는 것을 말한다. 아래 도표를 보며 천천히 익혀보기 바란다.

　천간은 갑기합 을경합 병신합 정임합 무계합을 한다. 이 천간합은 지지와도 합을 하는 것을 말한다. 충도 마찬가지 원리이다.

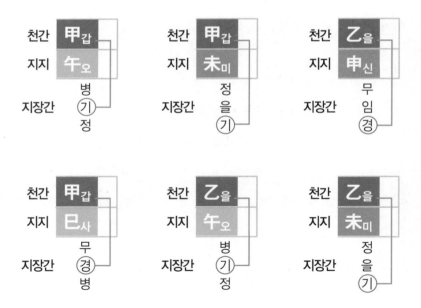

◈ 합과 충

1	甲午자합
2	甲未자합
3	乙申자합
4	丙酉자합
5	丙戌자합
6	丁亥자합
7	戊子자합
8	戊丑자합
9	己寅자합
10	庚卯자합
11	庚辰자합
12	辛巳자합
13	壬午자합
14	壬未자합
15	癸巳자합

16	甲巳자충
17	乙午자충
18	乙未자충
19	丙申자충
20	丁酉자충
21	丁戌자충
22	戊亥자충
23	己子자충
24	己丑자충
25	庚寅자충
26	辛卯자충
27	辛辰자충
28	壬巳자충
29	癸午자충
30	癸未자충

◈ 합의 원리

자합의 경우 천간 갑이 오중 기토와 합을 하는 것이다. 나머지도 지장간의 천간과 합을 하는 구조로 되어 있다.

1	甲午자합	甲午자합 – 갑이 오 중 기토와 합
2	甲未자합	甲未자합 – 갑이 미 중 기토와 합
3	乙申자합	乙申자합 – 을이 신 중 경금과 합
4	丙酉자합	丙酉자합 – 병이 유 중 신금과 합
5	丙戌자합	丙戌자합 – 병이 술 중 신금과 합
6	丁亥자합	丁亥자합 – 정이 해 중 임수와 합
7	戊子자합	戊子자합 – 무가 자 중 계수와 합

최초로 공개되는 인반수의 원리와 공식

8	戊丑자합	戊丑자합 – 무가 축 중 계수와 합
9	己寅자합	己寅자합 – 기가 인 중 갑목과 합
10	庚卯자합	庚卯자합 – 경이 묘 중 을목과 합
11	庚辰자합	庚辰자합 – 경이 진 중 을목과 합
12	辛巳자합	辛巳자합 – 신이 사 중 병화와 합
13	壬午자합	壬午자합 – 임이 오 중 정화와 합
14	壬未자합	壬未자합 – 임이 미 중 정화와 합
15	癸巳자합	癸巳자합 – 계가 사 중 무토와 합

◆ 충의 원리

자충의 경우 천간 갑이 사중 경금과 충을 하는 것이다. 나머지도
지장간의 천간과 충을 하는 구조로 되어 있다.

16	甲巳자충	甲巳자충 – 갑이 사 중 경금과 충
17	乙午자충	乙午자충 – 을이 오 중 기토와 충
18	乙未자충	乙未자충 – 을이 미 중 기토와 충
19	丙申자충	丙申자충 – 병이 신 중 경금과 충
20	丁酉자충	丁酉자충 – 정이 유 중 신금와 충
21	丁戌자충	丁戌자충 – 정이 술 중 신금와 충
22	戊亥자충	戊亥자충 – 무가 해 중 임수와 충
23	己子자충	己子자충 – 기가 자 중 계수와 충
24	己丑자충	己丑자충 – 기가 축 중 계수와 충
25	庚寅자충	庚寅자충 – 경이 인 중 갑목과 충
26	辛卯자충	辛卯자충 – 신이 묘 중 을목과 충
27	辛辰자충	辛辰자충 – 신이 진 중 을목과 충
28	壬巳자충	壬巳자충 – 임이 사 중 병화와 충
29	癸午자충	癸午자충 – 계가 오 중 기토와 충
30	癸未자충	癸未자충 – 계가 미 중 기토와 충

1번부터 30번까지는 지금껏 공개되지 않았던 최초의 인반수 공식이다. 31번부터 96번까지는 누구나 다 알고 있는 내용으로 사주를 볼 때 적용할 수 있도록 정리하였다.

31~35번은 천간끼리의 합, 36~45번은 천간끼리의 충, 46~51번은 지지의 합, 52~57번은 지지의 상충, 58~63번은 육해, 64~65번은 자합, 66~69번은 지지의 암합, 70~78번은 지지의 육파, 79~82번은 삼합, 83~84번은 삼형, 85~96번은 이합이다.

31	甲己합토	48	卯戌합화	65	己亥자합	82	巳酉丑삼합
32	乙庚합금	49	辰酉합금	66	子巳암합	83	丑戌未삼형
33	丙辛합수	50	巳申합수	67	卯申암합	84	寅巳申삼형
34	丁壬합목	51	午未합화	68	午亥암합	85	子辰합
35	戊癸합화	52	子午충	69	寅丑암합	86	子申합
36	甲庚충	53	丑未충	70	子酉파	87	申辰합
37	乙辛충	54	寅申충	71	丑辰파	88	寅戌합
38	丙壬충	55	卯酉충	72	寅亥파	89	寅午합
39	丁癸충	56	辰戌충	73	子卯파	90	巳酉합
40	戊壬충	57	巳亥충	74	巳申파	91	酉丑합
41	己癸충	58	子未해	75	午酉파	92	午戌합
42	甲戊충	59	丑午해	76	戌未파, 형	93	巳丑합
43	乙己충	60	寅巳해	77	丑戌파	94	亥卯합
44	丙庚충	61	卯辰해	78	午卯파	95	亥未합
45	丁辛충	62	酉戌해	79	申子辰삼합	96	卯未합
46	子丑합토	63	申亥해	80	寅午戌삼합		
47	寅亥합목	64	乙巳자합	81	亥卯未삼합		

이처럼 공식에는 합과 충이 항상 공존하고 있다. 이것이 음양의 이치다. 항상 강조하는 말이지만 합이라고 다 좋은 것이 아니고, 충이라고 다 나쁜 것이 아니다.

합이 되어 나한테 유리하면 좋지만, 나쁘게 작용하면 그로 인해 더 안 좋은 결과가 생기는 경우를 많이 본다.

또 충이라고 무조건 나쁘게 볼 게 아니다. 충이 나에게 유리하게 작용한다면, 오히려 더 좋아질 수도 있다는 말이다.

대개 큰 인물들을 보면 합보다는 충으로 작용하여 성공을 이룬다. 하지만 이는 반드시 희생이 따르게 마련이다. 부자라고 모든 것이 다 행복하지 않다는 뜻이다. 반대로 가난하다고 모두 불행하다고 보면 안 된다.

5 인반수 공식은 수학공식

필자는 인반수를 알고서 오랫동안 축적한 임상자료를 놓고 하나하나 조각 맞추듯이 검증을 마쳤다. 현재까지도 그 작업은 계속되고 있다.

"갑 말고 을, 병까지 다 있나요?"
"네, 다 있죠."
"그럼 합(合)말고 충(沖)도 있나요"
"당연히 있죠. 갑−사충이 바로 그 예입니다.'
"합도 무섭지만 충(沖)의 위력도 강력합니다."

일일이 사례를 들자면 밤을 새워야 할 것이다.

이처럼 하늘 천간과 지지 12글자의 오묘한 배합으로 구성된 자합(自合)과 자충(自沖)의 이치를 모르고 사주를 푼다는 것은 마치 장님이 어두운 밤에 낯선 길을 찾아가는 것과 같다. 자기 갈 길도 모르는 사람이 길을 찾아준다면서 엉뚱한 길을 일러주는 꼴이다. 이런 이치를 모르고 사주 공부를 하면 평생 헛걸음이다.

사실 초면인 고객을 상담하면서 미래를 적중시키는 것은 거의 불가능에 가깝다. 그 이유는 현재 명리학에 이정표가 없어서 그렇다.

하지만 하나의 공식이 있으면 누구나 동일한 답을 얻을 수 있다. 다음에 나오는 사례들처럼 쉽고 간단명료하다. 요점만 지적하면 끝난다. 그 외 부수적으로 고객의 얘기를 들어주고, 인반수 이론만 검증하면 된다.

코드를 활용하기 위해 알아야 할 내용

앞에서 코드에 대해 배웠는데, 좀더 잘 보기 위해서는 여러 가지 이론이 필요하다. 여기에서는 궁과 성을 보는 것을 비롯하여 실제 이 책에서 다루는 예제에 쓰이는 이론들을 정리하였다. 이 내용은 시간을 두고 천천히 익히기 바란다.

1 천간과 지지, 양의 세력, 음의 세력 구분

1 천간과 지지

천간은 10개, 지지는 12개이다. 천간 10개는 '갑·을·병·정·무·기·경·신·임·계'이며, 지지 12개는 '자·축·인·묘·진·사·오·미·신·유·술·해'이다. 아무리 공부를 조금만 한다고 해도 이 천간과 지지 22개는 외워야 한다.

천간과 지지를 음양으로 나누어 보면 다음과 같다. 양은 능동적이고 음은 수동적인 성향을 가지고 있다.

갑은 양(+로 표시), 을은 음(−로 표시)으로 표시하고, 오행은 색으로 구분했다. ■색은 목, ■색은 화, ■색은 토, ■색은 금, ■색은 수이다.

정리해 보면 천간에서 +로 표시한 양은 '갑·병·무·경·임'이고, −로 표시한 음은 '을·정·기·신·계'이다.

지지에서 양은 '자·인·진·오·신·술'이고, 음은 '축·묘·사·미·유·해'이다. 홀수 번째 천간과 지지는 양이고, 짝수 번째 천간과 지지는 음인 것이다.

양은 양끼리 음은 음끼리 모아 놓으면 다음과 같다.

② 양세력과 음세력

하지만 이는 일반적으로 음·양을 구분한 것이다. 실제로 사주를 풀 때는 위의 방법대로 보지 않는다. 양의 작용을 많이 하는 양의 세력과 음의 작용을 많이 하는 음의 세력으로 구분해서 푼다. 오행 (목화토금수)을 음양으로 나누는 것이다. 오행 중 목과 화는 양에 해당하고, 금과 수는 음에 해당한다. 이렇게 오행을 음양으로 나누었기 때문에 양세력을 목화세력이라 하고 음세력을 금수세력이라고도 부른다.

이렇게 세력을 나누어서 보는 데는 이유가 있다. 내가 사주의 강한 세력을 이용하여 약한 세력을 취할 수 있는지 보려는 것이다. 만약 한쪽 세력이 더 커서 상대세력을 잡을 수 있다면, 그 목적을 이룰 수 있다고 보는 것이다.

다음을 보자. 천간 중 양에 해당하는 '갑·을·병·정·무'는 오행 중 목화의 세력이 강하므로 '목화세력'이라 부르고, 음에 해당하는 '기·경·신·임·계'는 금수의 세력이 강하므로 '금수세력'이라고 부른다.

지지를 보자. '인·묘'는 목, '사·오'는 화이므로, '인묘사오'는 목화세력이다. '신·유'는 금, '해·자'는 수이므로, '신유해자'는 금수세력이다.

또 양세력의 중간에서 융합하고 조정하는 역할을 하는 토(진술축미)를 나누어 보자. 목의 고장지[5]인 '미'와 화의 고장지인 '술'은 목화세력에 해당하고, 금의 고장지인 '축'과 수의 고장지인 '진'은 금수세력에 해당한다.

결론적으로 천간의 '갑·을·병·정·무'와 지지의 '인·묘·사·오·미·술'은 목화세력이고, 천간의 '기·경·신·임·계'와 지지의 '신·유·해·자·축·진'은 금수세력이다. 이를 도표로 요약하면 다음의 표와 같다. 목화세력으로 금수세력으로 10간 12지를 나눈 것이다.

■색과 ■색은 양, ■색과 ■색은 음이며, ■색만 구분하면 된다.

---

5) 목은 미토에서 성장을 멈추고 열매를 맺는데 힘쓰므로 미토를 '고장지'라고 부른다. 고장지는 창고나 묘지를 뜻해서 '죽는다, 멈춘다, 가두어 둔다'는 의미이다.

③ 예제로 풀어보는 양세력과 음세력

예제를 가지고 세력을 구분해 보겠다.

《 다단계 사기범 》			
시주	일주	월주	년주
壬임 2	癸계 1	辛신 9	庚경 0
戌술 8	卯묘 3	巳사 6	申신 0
5·6		공망	

'이그나토바' 라는 이 사람은 5조 넘는 암호화폐 다단계 사기범으로, 현상금만 70억이다.

《풀이》

① 사주에 '임·신·경·신'이 모두 음세력이다.[6] 그러므로 음이 3개밖에 없는 양(술, 묘, 사)을 먹으려고 하는 것이다. 그런데 하필 먹으려는 재물(巳, 6코드)이[7] 공망이다. 巳가 공망이면 戌로 巳가 들어감으로 공망으로 본다. 이때 戌을 재고(財庫)라 한다.

② 재가 공망이 되면 불법적인 돈을 먹으려는 것이 되며, 이로 인해 쫓기는 운명이 되었다.

③ 인반수 15번 공식 癸巳자합에 속한다. 눈만 뜨면 공망인 巳를 자합으로 취하려 한다.

---

6) 일간 '계'도 음이지만, 세력으로 볼 때 일간은 포함시키지 않는다.
7) 코드는 뒤에서 다루므로, 여기서는 세력을 중심으로 보자.

이번에는 반대로 양이 음을 먹는 사례를 보자.

《 배우 김희선 》			
시주	일주	월주	년주
丙병	己기	丙병	丁정
寅인	亥해	午오	巳사

배우 김희선의 사주이다.

《풀이》

① '병·병·정·인·사·오'가 모두 양세력이고, 오로지 일지의 해 (亥)만 음세력이다.[8]

② 음에 해당하는 '亥'를 사주에 있는 양세력인 巳(사해충), 午(오해 합), 寅(인해합)을 이용하여 가질 수 있다. 이때 중요한 것은 대운이 된다. 양세력이 먹을 수 있는 음세력이 오는 것이 좋다. 따라서 목화 운보다는 금수운이 와야 좋은데, 다행히 그녀는 60년간 금수대운으 로 잘 흘러서 좋다. 목화의 기운이 지금처럼 강하면, 음이 오는 대운 을 모두 내 것으로 만들 수 있으므로 목화대운보다는 금수대운이 좋 다는 뜻이다. 또 木火를 쓰는 사람들은 대체적으로 밝게 산다.

---

8) 앞의 예제와 같이 일간 '기'는 음이지만 세력을 나눌 때 포함시키지 않는다. 그래야 7개를 가지고 어느 쪽이 양인지 음인지를 구분할 수 있다.

② 궁과 성

사주를 풀 때 제일 난해하고 어려운 문제가 바로 궁과 성이다. 그래서 궁은 무엇이고 성은 무엇인가를 명확하게 짚고 넘어가지 않으면 안 된다.

궁(宮)이란 집을 뜻한다. 즉, 남녀 사이에 사랑을 나누는 장소라고 보면 된다. 일지를 의미하는데, 이하 배우자궁으로 통일하겠다. 사주를 풀 때 성보다 궁을 제일 먼저 봐야 한다.

다음 성(星)이 있는데 이는 육친을 나타낸다. 남자에게 여자는 5·6코드, 여자에게 남자는 7·8코드이다.

가령 내가 甲일 때 甲己合하는 己土는 남자 기준으로 나의 여자는 6코드이며, 재성이라 한다. 재성(財星)이란 여자나 재물을 뜻한다. 앞으로 재물, 여자라는 명칭을 5코드, 6코드라 하겠다.

여자 입장에서 관성(官星)이라 함은 7·8코드인데, 편관은 7코드라 하고 애인, 남편을 말한다. 정관은 8코드라 하는데 역시 남자, 정식 배우자를 뜻한다. 따라서 관성하면 남자의 성(星)이라고 보면 된다. 궁과 성을 따질 때 위와 같은 내용이 함축되어 있다.

주의할 점은 7·8코드가 없는 경우에는 5·6코드나 9·0코드, 그것도 없다면 다른 코드로 대체해서 봐야 하는데 상황에 따라 민감한 내용이므로 속단하지 않기를 바란다.

◈ 궁과 성을 찾는 예시 ①

시주	일주	월주	년주
《 독신으로 사는 남자 》			
		성	궁
	庚경 1	甲갑 5	癸계 4
	子자 4	子자 4	卯묘 6
	궁	궁	성

《풀이》 ① 배우자궁은 일지의 자(子)가 된다. 그러므로 자(子)와 같은 오행은 모두 배우자궁이 됨으로 子, 子, 癸가 궁이다.

쉽게 코드로 본다면 4◦4◦4코드가 배우자궁이 된다.

② 그리고 여자와 돈을 뜻하는 5◦6코드를 찾아보니 월간의 甲과 년지의 卯가 재성(財星)에 해당한다.

③ 코드로는 5◦6코드인 재성인 卯가 배우자궁인 일지 자(子)로 들어와야 결혼을 할 수 있다. 하지만 일지와 월지에 있는 자(子)가 년지와 子卯破를 하므로 인해 궁으로 들어오지 못한다.

이렇게 되면 결국 혼자 외롭게 살 수밖에 없다.

④ 하지만 궁이 子, 子, 癸로 3개나 되면 많은 이성을 만난다. 궁〔침대〕이 많으면 도화와 같다고 보기 때문이다.

⑤ 수중로월(水中撈月:물가에 비친 달을 보고 그것을 가지려 한다는 뜻) 형국이다〔상사병, 이룰 수 없는 짝사랑〕.

《 김혜수 》			
시주	일주	월주	년주
		성	
丙병 9	戊무 1	甲갑 7	庚경 3
辰진 1	子자 6	申신 3	戌술 1
5◦6	궁		9◦0

배우 김혜수의 사주이다.

《풀이》 ① 배우자궁은 일지의 자수(子水)이고, 남편성은 월간의 갑 (7코드)이다. 7코드인 甲木이 일지로 들어가려고 하니, 년간의 庚金이 월간의 甲을 甲庚沖하여 甲이 깨져버렸다. (코드 3◦7, 7◦3)

② 배우자궁 子水는 월지 申과 申子 준삼합이 되어 水기운이 많으므로 도화가 된다. 水가 많음으로 인해 인기가 있는 원인이 되지만 결혼하는 데는 방해요소가 될 뿐이다.

③ 더구나 갑(甲)은 12운성으로 월지의 신(申)의 절지(絶地)에 해당하여 나쁘다.

부연설명을 하자면 남자인 甲은 뿌리가 있어야 하는데, 지지에 寅木이나 卯木이 없다. 즉, 나무인 甲木은 죽은 나무에 속한다.

사목(死木)에 물을 주면 나무가 썩는데 배우자궁에서 자(子)가 있어서 배우자궁에 나쁜 작용을 한다. 따라서 지금까지 독신으로 산다.

《 모리 바야시 겐진 》			
시주	일주	월주	년주
		궁	궁
癸계 1	癸계 1	己기 7	己기 7
亥해 2	巳사 6	巳사 6	未미 7
	궁/성 무경병	성	궁

일본의 남자 성인(AV)배우, 독신

《풀이》 ① 배우자궁(宮)이란 안방과 침대를 뜻하므로 사랑을 나누는 장소는 일지인 '巳'다. '巳'는 '癸' 일주로 봐서 재성이다. 재성(財星)은 돈·여자인 6코드를 말한다. (인반수 공식 15번 癸巳자합)

② 사(巳)의 암장에는 무경병(戊庚丙)이 들어 있다 [136쪽 암장 참조]. 즉, 궁(宮) 속에 무(戊)라는 토가 들어 있으므로 사주 안에 또 토가 있는지 찾아보는 것이다. 그의 사주에 토(土)를 찾아보니 己, 己, 未가 있다.

③ 또 궁과 같은 글자 巳, 巳도 2개 있다. 즉, '己, 己, 未, 巳, 巳' 총 5글자가 모두 궁에 해당한다. 이것을 궁(宮)이라 하고, 성(星)은 여자인 재성, 즉 병(丙)을 뜻하는데 성(星)은 '巳, 巳' 2개다.

④ 결국 사주 8글자 중에 궁(宮)은 5개+성(星)이 2개다. 사주에 배우자궁과 성이 많으면 도화살로 본다. 46세일 때 총 만번 넘는 촬영을 한 배우이다. (눈만 뜨면 癸巳자합을 반복하는 운명)

◈ 궁과 성을 찾는 예시 ④

<table>
<tr><td colspan="4">《 남자 스님_종교인, 독신 》</td></tr>
<tr><td>시주</td><td>일주</td><td>월주</td><td>년주</td></tr>
<tr><td>壬임 4</td><td>辛신 1</td><td>辛신 1</td><td>辛신 1</td></tr>
<tr><td>辰진 0</td><td>酉유 1</td><td>丑축 9</td><td>卯묘 5</td></tr>
<tr><td>3◦4</td><td></td><td colspan="2">공망 1◦2</td></tr>
</table>

地支의 辰戌丑未는 위처럼 2가지를 같이 적기로 한다.

즉 辰은 3◦4코드, 丑은 1◦2코드로 본다. [9]

《풀이》 ① 巳酉丑은 삼합인데 축(丑)은 모든 금이 모이는 창고다. 즉, 신(辛), 신(申), 경(庚), 유(酉)의 금은 자동으로 金의 창고인 축(丑)이 공망이 되면 창고문이 활짝 열려 있다는 뜻이므로 축고(丑庫)로 다 들어간다. 다시 축(丑)은 진(辰)으로 들어가는 특성이 있다. 진고(辰庫)는 특이하게 다른 고(庫)를 다 수용하는 특별한 능력이 있다.

② 배우자궁(宮)은 유(酉)이므로 같은 신(辛), 신(辛), 유(酉)가 궁이다. 3개의 금은 모두 축(丑) 창고로 들어간다.

③ 다시 축(丑)은 시지의 진(辰)으로 들어간다. 결국 궁(宮)인 유(酉)가 진(辰)으로 들어가자마자 辰酉合으로 닫혀버렸다. 닫혔다는 것은 안방의 궁을 스스로 잠근다는 말이다. 이러면 혼인할 의사가 없음을 뜻한다.

---

9) 辰은 신자진 水이며 丑은 사유축 金이므로 겁재 2코드로 본다.

◆ 궁과 성을 찾는 예시 ⑤

《 정다은_아나운서 》			
시주	일주	월주	년주
	庚경 1	庚경 1	癸계 4
	午오 8	申신 1	亥해 3
	궁		

정다은 아나운서의 명이다. 조우종 아나운서와 25세 丁亥년(2017)
에 결혼했다.

《《풀이》》

① 배우자궁은 일지에 있는 오(午)다. 배우자 성도 8코드로 같은 자리
에 있다.

② 궁과 성이 형충파해를 당하지 않아서 깔끔하다.

③ 丁亥생 딸을 낳고 알콩달콩 재밌게 살고 있다.

④ 丁亥년에 결혼한 것은 정(丁)이 8코드인데다가 배우자궁인 午와
丁亥년의 亥와 午亥合을 했기 때문이다.

《이파니》
임 신
진 묘
년 대운

《이파니》			
시주	일주	월주	년주
			궁
	丙병 1	己기 4	乙을 0
	寅인 9	丑축 4	丑축 4
	궁		

모델이자 배우인 이파니의 명이다. 22세 병술년(2006)에 한국 플레이보이 모델선발대회에서 1위를 차지했다. 그해 9월에 조리사와 결혼 후 2년만인 24세 戊子년(2008)에 이혼했다. 28세 壬辰년에 재혼하여 현재 잘 살고 있다.

《풀이》

① 배우자궁에는 있는 인(寅)이 남편이므로, 년간에 있는 乙木도 같은 木에 해당하므로 배우자궁이 된다.

② 22세는 卯대운에 속하므로 배우자궁이 들어온 것으로 본다. 결혼을 한 해는 丙戌년이어서 대운이 卯와 년운이 같이 卯戌合이 되어 결혼했다. 23세에 아들을 낳았다.

③ 아들을 낳은 후 얼마 되지 않아 이별하는 것을 두고 생자이별이라 한다. 이유는 월주 己丑이 4·4코드이면, 남편인 자(子)인데 8코드가 오자마자 4·8작용을 하여 강하게 남자를 밀어낸다. 자(子)인 남자 水

는 土의 극을 받으면 같이 살기 힘들다.

④ 28세 壬辰년에 다시 재혼을 했는데, 壬대운이다. 壬의 록은 해(亥)이다. 그래서 궁인 인과 寅亥合을 이뤄서 결혼했는데, 壬辰년인 그해는 남자성인 임(壬)이 7코드에 해당한다.

⑤ 딸의 이름은 '서이브' 인데 마라탕후루라는 노래로 인기를 끌고 있다. 임진생(2012) 壬子월 壬子일로 자(子)는 8코드이고, 병(丙)일간 기준으로 이파니가 남편인 자(8코드)와 子丑合을 이뤄서 딸과 잘 맞음을 뜻한다.

⑥ 위 ③의 내용 중에 己丑이 4∘4코드면 남편 자(子) 8코드와 4∘8작용해서 나쁘다 했는데, 나쁜 4코드 丑을 딸이 子丑合으로 그 작용을 막아주니 정말로 좋은 인연임에 틀림없다.

⑦ 그 반대로 자식 인연이 부모에게 나쁜 영향을 끼치면 부모가 자식으로 인해 서로 헤어지는 사례가 종종 있다.

◈ 궁과 성을 찾는 예시 ⑦

《 박수진 》			
시주	일주	월주	년주
		궁성	
	庚경 1	丁정 8	乙을 6
	午오 8	亥해 3	丑축 0
	궁/성		

탤런트 박수진의 명이다. 배용준과 23세인 2015년 7월 27일 결혼했다. 아들이 丙戌생이고, 딸은 戊子생이며 재산만 1,000억에 달한다.

《풀이》

① 배우자궁은 일지에 있는 오(午)다.

② 안방에 남편인 8코드가 있고, 남편성을 뜻하는 정(丁)도 월간에 있다. 즉, 배우자궁과 배우자성이 8코드로 같은 경우다.

③ 배우자궁과 성이 형충을 받지 않으면 살면서 별문제가 없다.

④ 월간의 8코드가 월지의 해(亥)와 정해자합을 한 것을 다시 일간의 8코드인 오(午)와 午亥合을 이루었다는 것은 부부금실이 좋음을 뜻한다.

❸ 음양의 이해, 방위합과 사계절

음양에 대해 여러 이론이 있겠지만, 여기서는 음은 정적인 기운이고 양은 동적인 기운이라는 점만 언급하고 넘어가고자 한다.

앞에서 천간과 지지를 음양으로 나누어 보았다. 실제 사주에는 양과 음을 아래와 같이 나누어 본다는 이야기도 했다.

자연의 모든 것을 음과 양으로 계속 구분시켜 보는 것이 오행을 푸는 기본 열쇠 중 하나이다. 기초가 중요하듯이 주변의 모든 사물을 관찰하면서 음과 양으로 구분하는 연습을 해야 한다. 봄·여름은 양이고, 가을·겨울은 음에 해당한다.

봄 따뜻하고 초목이 생동하니 동풍이 많이 불어 인묘진을 동방 목(木)이라 해서 춘(春)이라 한다.

여름 덥고 열이 많으면 화기가 성해 뜨거운 열풍인 남풍이 많이 부니, 사오미 남방 화(火)를 하(夏)라 한다.

가을 서늘하고 숙살지기가 있어 모든 초목의 생장을 막는 서늘한 기운이 강하고 차가운 서풍이 부니, 신유술 서방 금(金)을 추(秋)라 한다.

겨울 차가운 수기가 대지를 얼게 하고 혹독한 눈보라가 몰아치는 북풍이 불어오니, 해자축은 북방 수(水)라 하여 동(冬)이라 한다.

◆ **방위합과 사계절**

봄 : 인묘진 여름 : 사오미 가을 : 신유술 겨울 : 해자축

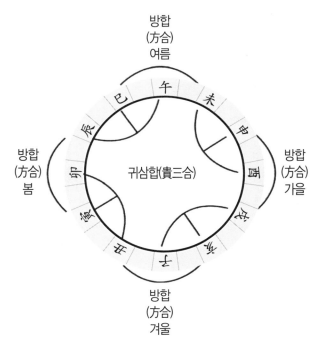

방합과 귀삼합

🄴 오행

① 상생과 상극

오행의 성정은 아래와 같다.

木 나무, 굵고 곧다, 뻗어나간다, 의욕, 성장, 명예

火 불, 타오르고 솟아오른다, 열정, 자신감

土 땅, 중재, 포용, 안식, 고집, 끈기

金 쇠, 강하다, 절제, 단단함

水 물, 스며든다, 흘러간다, 지혜, 욕망, 본능

오행은 생을 하거나 극을 하면서 변화가 생긴다.

오행의 상생/상극

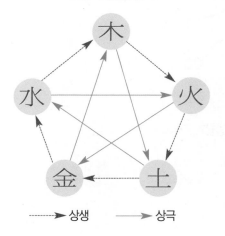

◉목 생 화 ↔ 목 극 토
◉화 생 토 ↔ 토 극 수
◉토 생 금 ↔ 수 극 화
◉금 생 수 ↔ 화 극 금
◉수 생 목 ↔ 금 극 목

----▶ 상생   ──▶ 상극

生(생) 생이란 도움을 주려는 것이고, 서로 이익이 되는 관계로 밀어주는 것이다. 생이라고 해서 무조건 좋은 것은 아니다.

尅(극) 제압하고, 억누르는 것이지만 도리어 상극이 더 큰 이익을 주기도 한다. 극이라고 다 나쁜 것이 아니기 때문이다.

이 내용은 반복하여 나오므로 숙지하기 바란다.

어려운 신살, 수백 가지의 살, 백호살, 역마살 등을 외울 것이 아니라 여기에 나오는 10개의 코드는 외워야 한다. 마치 구구단을 외우듯 반복하여 복습하는 길이 사주 해석하는 지름길이다.

② 천간의 합과 충

천간 합은 자신으로부터 6번째 해당하는 천간과 합하게 된다. 이는 마치 남자와 여자가 서로 짝을 이루는 것과 같다. 예를 들어 갑은 6번째 뒤인 기와 합하게 된다. 천간의 열 개가 모두 이런 식을 자기 짝을 이루며 6코드라고 한다.

천간합 순서	갑 기 1 6	을 경 2 7	병 신 3 8	정 임 4 9	무 계 5 10
음양	양 음	음 양	양 음	음 양	양 음
합해서 나온 오행	토	금	수	목	화

① 갑기합　② 을경합　③ 병신합　④ 정임합　⑤ 무계합

반대로 천간이 7번째 천간과 만나면 충을 한다. 일명 칠살(七殺)이라 하여 나를 극하는 살성(殺星)이며 7코드라고 한다.

천간충	갑 경 1 7	을 신 2 8	병 임 3 9	정 계 4 10
관계	금극목	금극목	수극화	수극화
음양	양 양	음 음	양 양	음 음

① 갑경충   ② 을신충   ③ 병임충   ④ 정계충

오행이 양은 양끼리 음은 음끼리 강하게 극을 하고, 충돌한다고 하여 칠살(七殺)이라 한다. 이 살은 충돌뿐만 아니라 파괴와 분열, 소송, 극단적인 일, 폭파, 폭격, 교통사고, 질병, 수술, 이별, 불의의 사고 등을 의미한다.

이 외에도 지장간의 충까지 살펴보면 아래와 같이 6개의 충이 더 있다.

⑤ 갑무충   ⑥ 을기충   ⑦ 병경충   ⑧ 정신충   ⑨ 무임충   ⑩ 기계충

③ 지지의 합과 충

◈ 육합

지구는 자전하는데 지축이 기울어져 있어 사계절의 현상이 생긴다. 합도 약간 기울어진 형태를 띠고 있다.

- 땅을 의미하는   자축은 합해서   토가 되고
- 봄을 의미하는   인해는 합해서   목이 되고
- 여름을 의미하는 묘술은 합해서   화가 되고
- 가을을 의미하는 진유는 합해서   금이 되고
- 겨울을 의미하는 사신은 합해서   수가 되며
- 하늘을 의미하는 오미는 합해서   화가 된다.

◈ 삼합

삼합은 12운성을 셋으로 나누면 장생과 제왕, 묘로 구성된다.

- 인오술은 화국   • 해묘미는 목국
- 사유축은 금국   • 신자진은 수국

재미있는 것은 삼합의 중간 글자의 성질이 곧 삼합의 성질이 된다. 인오술의 중간은 오화이므로 합이 되어 화가 되고, 사유축의 중간이 유금이므로 합이 되어 금이 되고, 해묘미의 중간은 묘목이므로 합이 되어 목이 된다. 사주 풀이할 때 요긴하게 쓰인다.

◈ 지지(地支) 충(沖)

점성술에서도 180° 각도를 이루면 흉하다고 하는데, 사주도 똑같이 본다. 이는 폭격, 교통사고, 쿠데타, 지진, 화산 폭발, 질병, 수술, 이별, 소멸, 사고, 반역, 배신, 암살, 태풍, 재난의 뜻이 있다.

서로 대칭이 되어 대등한 세력을 이루면서 항상 충돌을 하려 한다. 비등한 힘으로 서로를 노려보다가 언제든 충돌이 일어난다. 언제일까? 그것은 세운이나 대운에서 한쪽에 힘을 실어주는 해에 발생한다. 그것을 "움직인다, 동(動)한다."라고 한다.

대부분 충을 무서워하는데, 배우자 궁이 합으로 닫혀 있다면 충을 해줘야 혼인이 가능하다,

그리고 지지에는 진술축미 4개의 창고가 있는데, 충을 해주면 보물창고가 열려서 금은보화를 모두 내 것으로 취할 수 있다. 태어난 시가 자식 자리인데, 닫혀 있으면 충을 해주는 띠가 나의 자식 인연이다.

《경험담》 필자는 丑시에 태어났다. 어느 날 만세력을 달달 외우는 맹인 역학자를 찾아 갔더니 대뜸 "양띠 아들을 둘 것이요." 했다. 그곳은 주로 자식 인연만 봐주는 곳인데, 진짜 2년이 지난 1991년도에 첫 아들을 두었다. 필자가 丑시인데 丑未沖으로 자식이 양띠인 것을 맞춘 것이다. 매우 놀라웠다. 지금이야 다 아는 내용이지만 그 당시는 신기했다.

◈ 지지의 파

'파' 는 한자로는 '깨트릴 파(破)' 이다. '충돌하여 깨진다' 는 의미를 가진다. 파는 두 글자가 만나서 작용한다. 예를 들어 子와 酉가 만나면 파가 된다.

자유파, 자묘파, 축진파, 축술파, 인사파, 인해파, 묘오파, 사신파, 미술파, 미진파, 오유파, 신해파 등 12지가 있는데 공통점은 4칸 건너 만난다는 것이다. 합이 되었다가 파가 되는 경우가 있는데 그 위력이 다소 약하다. 사신파, 인해파가 그런 예이다.

◈ 지지의 해

'해(害)' 는 '해롭게 한다, 방해한다' 의 의미로 '천(穿)' 과 통용한다. 여기서는 해라고 하자.

쉽게 설명해서, '午未合' 으로 둘이 합하고 있는데 子가 와서 午를 충으로 둘 사이를 갈라버리면 子와 未 사이는 철천지원수가 된다. 이것을 '子未害' 라고 부른다.

마찬가지로 '寅亥合' 을 이루고 있는데 申이 와서 寅을 충으로 둘 사이를 갈라놓으면 亥는 申과 원수가 되어 '申亥害' 가 된다. 그렇게 자미해, 축오해, 인사해, 묘진해, 신해해, 유술해 총 6가지가 있다.

5 암장(지지 안에 있는 천간)

월률 장간표
(괄호 안의 숫자는 해당하는 날수)

월	인	묘	진	사	오	미	신	유	술	해	자	축
여기	무 (7)	갑 (10)	을 (9)	무 (7)	병 (10)	정 (9)	무 (7)	경 (10)	신 (9)	무 (7)	임 (10)	계 (9)
중기	병 (7)		계 (3)	경 (7)	기 (10)	을 (3)	임 (7)		정 (3)	갑 (7)		신 (3)
정기	갑 (16)	을 (20)	무 (18)	병 (16)	정 (10)	기 (18)	경 (16)	신 (20)	무 (18)	임 (16)	계 (20)	기 (18)

위 지장간 표에서 보듯이 지지에는 여기, 중기, 정기가 있다.

여기(餘氣)란 지난달 오행의 기운이 다음 달로 넘어가서 작용하는 것을 의미한다. 이는 기차가 급제동할 경우 관성의 법칙에 따라 그 운동량이 더 진행한 후 정지하는 것과 같은 이치인 것이다. 즉, 지난달의 정기(正氣)가 甲木이 寅月이면 卯月인 2월에도 甲木이 넘어와 작용한다는 뜻이다.

또 중기란 여기와 정기 중간에 위치하여 가운데 시기의 기운이다. 정기(正氣)란 그 달 원래 지지 오행을 뜻한다.

재미있는 것은 중기인데 그 성질이 모두 삼합, 즉 午가 중기인 경우 寅午戌의 午이므로 火의 성질을 가진다는 뜻이다(나머지도 같다).

◈ 모든 지지의 12글자는 본래 오행 외에 다른 오행을 지장간에 내포하고 있다.

왜 그런가 하면 천간은 말 그대로 하늘을 의미하고 지지는 땅을 의미하는데, 땅에서는 하늘의 정기를 받아 그 기운을 땅 속에 축척하여 온갖 생물을 자라게 하는 기운이 축적되어 있다.

음양의 이치는 하늘은 천간을 그대로 보면 되지만, 땅은 변화무쌍하여 지지의 속에는 천간의 기운을 그대로 받아 다양한 기운을 여러 개 품고 있다.

초심자들은 지지 속에 또 다른 천간의 오행이 내포되어 있다고 하면 선뜻 이해하지 못하는 것이 당연하므로 다음 예로서 이해를 돕고자 한다.

한여름에 땅 속이 더 시원한 것은 왜 그럴까?

겨울에 땅 속에서 더운 김이 나오는 것은 왜 그럴까?

그만큼 지지인 땅 속은 하늘의 기운이 축척되어 지구상의 동식물이 생명을 유지할 수 있도록 조절하고 있다는 뜻이다.

지구라는 생명체가 마치 자동 온도조절기와 같다. 오행 자체가 고분자원소와 같아 유용하게 사용하면, 심오한 학문으로 발전할 수 있다.

戌월이면 양력으로 10월~11월에 해당한다.

술
신 (9)
정 (3)
무 (18)

그럼에도 땅 속에서는 신·정·무, 즉 정화가 중기(中氣)에 머물러 있다.

이는 戌土가 寅午戌의 화고(火庫)여서 한여름의 뜨거운 기운을 내포하고 있기 때문이다. 이 丁火로 인하여 한겨울에 종자 씨인 신금(辛金)을 얼지 않게 하여 무사히 봄에 싹틔울 수 있는 역할을 한다.

지지의 글자는 그 자체 오행만으로 해석하면 안 된다. 반드시 숨어 있는 오행을 찾아 비교 분석하고 난 후 판단해야 한다.

⑥ 같은 오행이 지지에 같은 오행을 만나면 록이라 한다

오행	갑	을	병/무	정/기	경	신	임	계
록(지지)	인 +	묘 -	사 +	오 -	신 +	유 -	해 +	자 -

갑목(천간)과 인목(지지)은 성질이 같으므로 돈이 된다. 이것을 '록(祿)'이라고 부른다.

'병'과 '무'의 록은 '사'이며, '정'과 '기'의 록은 '오'다. 이 의미는 '오(午)' 안에는 '병·기·정'의 천간이 들어 있으므로 기토를 화의 성분으로 보는 것이다.

록은 모두 1코드인데, 오와 기는 같은 성질로 봐서 1코드로 본다는 뜻이다. 정(丁)과 기(己)는 록이 되어서 같은 성질이다.

예제로 들어 설명해 보겠다.

◆ 록의 예 ① 배우 김수현

甲辰년에 성동구 주상복합아파트 '갤러리아포레'를 구매하여 총

3채의 집을 보유하였다. 갑진년 시세로 300억 가치에 달한다.

《풀이》

① 월간 甲의 록은 인(寅)이다. 즉, 강한 월지에 튼튼하게 뿌리가 있다는 뜻이다.

② 그것을 寅丑合으로 나에게 끌고 왔다. 辛丑의 丑은 9코드로 나를 생하여 준다. 9라는 것은 문서를 뜻하고 축토(丑土) 자체가 土이므로 부동산을 말한다.

◆ 록의 예 ② 18세 사망

《 문흥진_문선명 아들 》			
시주	일주	월주	년주
丁정 3	乙을 1	戊무 6	丙병 4
亥해 0	卯묘 1	戌술 6	午오 3

위 사주는 통일교 문선명의 아들로, 1984년 1월 2일 미국에서 교통사고로 18세에 사망했다. 이후 1962년생인 발레리나 문훈숙님과 영혼결혼식을 올려 세간에 널리 알려졌다.

《풀이》

① 일간 자신인 乙의 록은 卯木이므로 일지에 뿌리는 내렸다. 그래서 살아있는 나무에 해당하며 생목(生木)이라고 부른다. 생목은 뿌리가 상하거나 천간에 금이 와서 나를 극하거나 합하면 안 좋다.

② 18세는 경(庚)대운에 속한다. 金이 와서 나와 합하니 나쁘고, 사고가 난 癸亥년 甲子월에 子卯破가 되어서 卯木의 뿌리를 파(破)했으니 乙木 자신이 도저히 살 수가 없다.

◆ 록의 예 ③ 세 번 결혼

《 이원발_탤런트 》			
시주	일주	월주	년주
		배우자궁	배우자궁
壬임 4	辛신 1	戊무 0	戊무 0
辰진 0	巳사 8	午오 7	戌술 0
	배우자궁		

탤런트 이원발의 사주이다. 남자배우인데, 2번의 이혼 후 2022년에 3번째 결혼을 했다.

◀풀이▶

① 무(戊)의 록은 사(巳)이므로 일지의 사가 배우자궁이다.

② 월간과 년간의 戊, 戊도 사(巳)와 같으므로 배우자궁이 된다.

③ 즉, 혼인하는 방이 총 3개라는 뜻이다.

④ 65세 乙대운 壬寅년 무속인을 아내로 맞아 행복한 노후를 보내고 있다.

◆ 록의 예 ④ 건륭제

《 **건륭제**_청나라 6대 황제 》

시주		일주		월주		년주	
丙병	7	庚경	1	丁정	8	辛신	2
子자	4	午오	8	酉유	2	卯묘	6

청나라 6대 황제인 건륭제의 사주다. 제위기간이 60년이며, 전성기를 이룬 황제이다.

《풀이》

① 임금도 공무원이므로 정관이나 편관을 타고나야 한다.

② 丁의 록은 午火이므로 월주의 8코드 정(丁)은 일지의 오(午)와 동일하다. 그 관을 바로 내 밑에 깔아서 명예, 직책이 모두 내 것이 되었다.

◈ 록의 예 **⑤** 갑부

《 에스트 》

시주	일주	월주	년주
庚경 4	己기 1	辛신 3	甲갑 8
午오 9	卯묘 7	未미 1	子자 5
록			

타이타닉 호의 침몰로 사망한 갑부의 사주이다. 1912년 4월 14일
에 침몰했으며, 49세 丙子대운 壬子년의 일이다.

◀풀이▶

① 기(己)의 록이 '오(午)'이므로 시지에 록이 있다.

② 록(祿)이라는 말은 자신의 뿌리를 말한다. 자기와 한 몸인데 극을
받아서 깨진다는 것은 자신의 몸이 망가지거나 다친다는 것을 의미
한다.

③ 49세에 丙子대운이 와서 시의 午와 子午沖, 壬子년이 와서 또 시의
午와 子午로 충을 한다.

④ 두 번이나 강하게 충을 하여 오(午)가 파괴되었다는 것은 결국 일
간인 기(己) 자신이 사망한 것임을 알 수 있다, 그는 죽기 전 부인에게
자신의 장갑을 던져주었으며, 그 부인은 그 사고에도 목숨을 건질 수
있었다.

《 이주빈_탤런트 》

시주	일주	월주	년주
	辛신 1	癸계 3	己기 9
	巳사 8	酉유 1	巳사 8

탤런트 이주빈의 사주이다. 甲辰년(2024)에 마동석이 나오는 〈범 죄도시4〉에 출연 후 주가가 계속 올라가는 중이다.

《풀이》

① 일간인 자신의 록은 월지의 유(酉)다. 신(辛)과 월지의 유(酉)는 동 일하다.

② 일지와 월지가 巳酉合을 하여 내 것으로 가지고 오고 있다. 8코드 는 명예, 인기를 말한다.

③ 또 甲辰년의 '辰'과 辰酉合을 했더니 천간에 '갑(6코드)'이 같이 붙어 오는 바람에 수입도 늘어났다. 오랜 무명시간을 벗어나서 그녀 스스로가 "다 때가 있나 봐요."라고 했다.

이 책 뒷부분에도 나오는 사주이다. 본 부인과 이혼 후 재혼하였
는데, 35세 辛未대운 戊辰년에 부부싸움을 하다가 아내를 목 졸라
살해했으며 무기징역으로 복역 중이다.

◀풀이▶

① 무(戊)의 록은 사(巳)이므로 월간의 '戊'와 일지의 '巳'는 동일한
것이다.

② 월간의 戊가 나 자신과 합하여 8의 지배를 받고 산다는 것인데, 일
과 시까지 사(巳)이므로 평생 '사'와 연관이 된다는 것은 무기징역
으로 복역함을 뜻한다.

③ 내 몸인 계(癸)가 계사자합을 한다는 것은 평생 관인 8코드와 연관
이 된다는 의미다.

이처럼 사주를 풀 때 록(祿)과 일간의 관계는 뗄 수 없는 관계이다.
다시 한 번 강조하지만 甲의 록은 寅이고, 乙의 록은 卯이고, 丙과 戊

의 록은 巳이고, 丁과 己의 록은 午이고, 庚의 록은 申이고, 辛의 록은 酉이고, 壬의 록은 亥이고, 癸의 록은 子이다.

사주를 볼 때 록이 되는 '병' = '무' = '사', '정' = '기' = '오'를 꼭 기억하고 풀어야 한다. 록은 곧 자기 자신이며, 1코드이다.

7 2코드는 양인

양인은 자신의 힘을 믿고 강하게 남을 제압하거나, 자기 성질을 이기지 못해 스스로 감정조절이 안 되는 것을 뜻한다.

《특성과 심성》

- 사람이 태어나서 힘 없고, 백도 없다면 타고난 사주에라도 양인이 있어야 좋다. 그래야만 큰일을 할 수 있다. 이런 사람은 추진력이 있어서 목적이 생기면 자기 스타일대로 밀어붙인다. 자신감이 있어서 탱크 형이다.
- 통 크고, 담대하며, 용감무쌍하지만 흉폭하고, 표독스럽고, 자기 영역을 누구에게 뺏기는 것을 꺼린다.
- 남의 것을 공짜로 먹으려고 한다. 입이 거칠다. 남에게 경제적 손해를 입힌다.
- 앞뒤 결과는 생각하지도 않고 거저 먹으려 한다.
- 돌아서면 뒤도 안 돌아보고, 다시는 안 본다.
- 부부관계도 별로다(쇼윈도 부부).

《실제 이야기》 예전에 모 언론인을 만나 이 부분(양인의 특성)을 이야기했더니, 싱긋이 웃으면서 직원들을 향해 "야, 다들 와서 애기 한번 들어봐." 해서 그분들과 담소한 기억이 난다. 그리고 시간이 흘러 직원의 작은 실수로 인해 큰 손실이 생기자 전 직원이 사표 쓰고 그 팀

이 해체된 일이 벌어졌다. 그분은 탱크 형에 걸맞게 단호하게 처신했고, 그 위기를 그렇게 넘기고 고향으로 돌아갔다. 이분 같은 경우 양인의 기질을 가져서 맺고 끊음이 정확했다.

양인을 강조하다 보니 마치 부정적인 부분이 부각되었는데, 실제 각 분야에서 성공하신 분들을 보면 대개 양인이 있다. 이런 분들은 삶의 목적이 뚜렷하여 누가 함부로 이래라저래라 한다고 흔들리지 않는다. 우직하게 자신의 목적을 위해 가다가, 아니다 싶으면 과감히 포기할 줄도 안다. 옆에서 지켜보는 사람은 무모하다고 생각하지만 이게 바로 양인의 특성이다. 기면 기고 아니면 절대 아니다.

양인처럼 힘이 있어야만 아랫사람이 믿고 따르지 흐리멍텅하면 다 곁을 떠나간다. 정치나 동물 세계도 이와 똑같다. 여왕벌을 양인이라 보면 쉽게 수긍하리라 본다. 그래서 조금은 잔인하고 폭력적이고 극단적인 면이 많다.

《물상》 총, 칼, 병기, 무기, 미사일, 무장 병력, 수술대, 정치범, 법으로 집행함, 나의 신체, 육체, 헬스장, 육체미, 체육관, 권투장, 레슬링 등.

《양인을 쓰는 사람들1》 의료인들에게서 많이 보인다. 예를 들면 해부학, 검안의(검시관, 부검의), 장의사, 동물병원에서 사체 만지는 직업, 그 외 소·돼지·닭·염소 등을 취급하는 요리사, 참치회를 잘 뜨는 주방장, 눈만 뜨면 칼이나 도구를 사용하여 살아있는 생물들을 접하는 직업, 공동묘지의 묘지기, 화장장 종사자, 시체를 놓고 화장해주는 분 등 일반인들은 도저히 엄두를 못 내는 일들을 능수능란하게 하는 분들이 여기에 속한다.

그 외 동물원의 뱀을 다루는 조련사, 평범하지 않은 파충류들만 수집하는 분들도 양인이 있다.

《양인을 쓰는 사람들2》 자신의 힘을 바탕으로 남들을 제압하려고 한다. 압도적, 극대화, 위협적, 위압적, 군인, 경찰, 법을 집행하는 판검사들, 형사, 운동선수, 무술인, UFC선수 등이 여기에 속한다.

《양인의 부정적인 현상》 반대로 양인을 제대로 못 쓰면 도둑이 된다. 즉 날강도, 소매치기, 산적, 조폭, 살인청부업자, 흥신소 사설탐정, 불법으로 업소를 운영하는 사람들, 보이스피싱범, 다단계 판매, 강간범 등이 여기에 속한다.

《코드를 보면》 양인은 도둑 겁재를 잡아주는 경찰관인 7·8코드를 좋아하며, 다시 겁재(2코드)보는 것을 제일 꺼린다.

양인(2코드)들은 인맥이 남들보다 좋지만 한 번 수가 틀리면 용서하지 않는다. 영화에서 배신자를 잔인하게 처단하는 장면을 본 적 있을 것이다. 이는 양인만이 하는 짓이다.

《양인고(庫)란》 자기 세력이 왕(旺)하면 모두 양인으로 본다.

- 甲이 卯나 乙을 만나는 경우를 겁재를 본다 하고, 甲이 未를 보는 경우는 겁재고를 만났다고 하는데 둘 다 양인에 해당하므로 겁재고 나 양인고는 결국 같은 뜻이 담겨 있다.

병술 일주 사례를 보자.

《 남자 》			
시주	일주	월주	년주
戊무 3	丙병 1	戊무 3	庚경 5
	戌술 3		
	1·2 양인고 신 정 무		

- 丙일간이면 지지 戌은 양인고이다. 술(戌)에서 투간된 무(戊)가 옆에 金이 있으면 토생금으로 식신생재하면 그 분야에서 최고가 된다. 이때 무(戊)는 강당, 무대, 칠판, 화면, 공연의 뜻이 담겨 있다. 병(丙)인 나를 둘러싸고 시(時)까지 이어지면 그 분야의 최고가 됨을 뜻한다.
- 양인을 지녔기에 겉으로는 부드럽고 유순하여 조용조용하게 말하지만 속으로는 힘 있고 단호하다. 즉, 외유내강의 스타일이다.

술(戌)의 특성상 깨거나 형·충·파·해를 해줘야만 발전이 있다.

예를 들자면 戌을 沖하는 진(辰)생, 진(辰)일을 만나면 최상이다.

반면에 자고이므로 대운이나 세운에서 형충파해를 받게 되면, 내 몸의 창고인 戌이 깨짐으로 인해 돈은 벌지 몰라도 구설이 생기거나 신체적으로 건강의 문제가 뒤따른다.

> 갑은 묘 · 을 · 미(양인고) / 을은 갑 · 인 · 미(양인고)
>
> 병은 오 · 정 · 술(양인고) / 정은 병 · 사 · 술(양인고)
>
> 무는 오 · 정 · 술(양인고) / 기는 무 · 사 · 술(양인고)
>
> 경은 신(辛) · 유 · 축(양인고) / 신(辛)은 경 · 신(申) · 축(양인고)
>
> 임은 계 · 자 · 진(양인고) / 계는 임 · 해 · 진(양인고)

◆ 양인 예 ① 20세에 스스로 자살한 가수

《 배우 , 가수 》			
시주	일주	월주	년주
	戌무 1	戌무 1	丁정 0
	午오 0	辰진 1	未미 2
	양인	5·6	7·8

일본 가수 오카다 유키코의 명이다. 활동을 열심히 하고 사랑받은 아이돌인데, 데뷔한 지 3년만인 20세에 자살하였다.

양인 | 20세에 스스로 자살한 가수

• 1986년(丙寅) 도쿄의 소속사 건물에서 뛰어내렸다. 공연 준비 중에 과로로 입원하였는데, 아직 성장기임에도 새벽 3시까지 연습을 해야만 했다고 한다. 너무 지친 상태였던 것 같다. 투신 당일에도 2번의 자살시도가 있었는데 누군가 그녀의 행동을 보고 '독한 년'이라고 적었다. 그게 바로 양인의 특성이다.

◆ 양인 예 ② 노인과 부녀자 등 20명 살해

《 살인범 남자 》			
시주	일주	월주	년주
戊무 1	戊무 1	庚경 3	庚경 3
午오 0	辰진 1	辰진 1	戌술 1
양인	5◦6	5◦6	9◦0 양인고

살인범의 사주이다. 양인 하나만 가지고 독하다고 판단해서는 안된다.

• 진은 많은 여자를 뜻한다. 년지의 술은 진을 충한다. 술은 양인고인데, 양인고가 배우자궁을 충을 한다는 뜻은 강압적으로 자기 힘을 이용하여 제압했다는 것이다.

◈ 양인 예 ③ 재산이 많은 사람

《 여자_ '술'은 돈창고 역할을 한다 》			
시주	일주	월주	년주
庚경 9	壬임 1	己기 8	癸계 2
子자 2	戌술 7	未미 8	巳사 5
양인	재고5◦6	3◦4	

로레알 창업자의 손녀인 푸랑수아즈 배탕쿠르 메이예의 사주다.
재산이 무려 128조이다. 시지의 양인이 그 만큼 중요하다.

● 여기서 일의 술(戌)은 寅午戌 화국이어서 큰 돈을 쌓는 보물창고이
  며, 미(未)는 亥卯未 목국이어서 끊임없이 목생화해주는 원동력이
  다. 그리고 그것은 부모 자리에 있어서 상속을 받는다.

◈ 양인 예 ④ 방탄소년단 정국과 일타강사 이지영

방탄소년단 정국이 태어난 날이 丙午일이라서 양인이다.
역시 일타강사 이지영도 丙戌일이어서 양인고에 해당한다.
그래서 자기 능력을 발휘하고, 돈을 많이 번다.

8 자고(自庫)

자고는 丙戌처럼 戌土가 화국의 무덤인데, '병'이 '술(戌)'로 빠지기 때문에 '스스로 입묘'한다고 해서 '자고'라고 한다. 자기 자신을 깎아먹는 뜻이 내포되어 있다. 틀에 박힌 고정관념에서 벗어나 혁신적이고 창의적인 삶으로 전환이 필요하다. 자고는 '乙未, 丙戌, 辛丑, 壬辰' 총 4가지가 있다.

각 천간이 辰戌丑未의 土 오행으로 빠지는 것이다.

_자고(自庫 : 1◦2)
_식상고(食傷庫 : 3◦4)
_재고(財庫 : 5◦6)
_관고(官庫 : 7◦8)가 있게 된다

앞에서 예를 든 '丙戌'은 식상고에 해당한다.
- 일간이 丙火인데 戌土가 지지에 있으면, 지지는 식상고(3◦4코드)가 된다. 그래서 丙戌일주면 식신(3◦4코드)이 무덤에 들어가므로 '자신의 신체, 생각, 자유'를 '스스로 박탈'하는 뜻이 담겨 있다.
- 예를 들면 교도관, 구둣방 사장, 한 평 남짓한 공간에서 도장 파는 분처럼 스스로 자신을 그곳에 가둔다는 의미가 있다.
  고지식하고 성실하고 의무감과 책임감이 투철하여 그렇다.

• **자학**(스스로 자신을 학대하는 것)을 뜻하며 자폐증, ADHD, 주의력 결핍증, 틱장애 등의 증세가 있다. 그 외 스스로 자기 몸을 학대하여 자살 소동을 한다든가 위험을 무릅쓰고 험난한 일에 종사하는 스턴트맨, 심해 잠수부, 탐험가, 번지 점프 등을 즐긴다.

_목의 자고(1◦2)는 미(해묘미=1◦2)토 자고로는 을미
_목의 관고(7◦8)은 축(사유축=7◦8)토 관고로는 을축

_화의 자고(1◦2)는 술(인오술=1◦2)토 자고로는 병술
_화의 재고(5◦6)은 축(사유축=5◦6)토 재고로는 정축
_화의 관고(7◦8)은 진(신자진=7◦8)토 관고로는 병진

_토의 재고(5◦6)은 진(신자진=5◦6)토 재고로는 무진
_토의 관고(7◦8)은 미(해묘미=7◦8)토 관고로는 기미

_금의 자고(1◦2)는 축(사유축=1◦2)토 자고로는 신축
_금의 재고(5◦6)은 미(해묘미=5◦6)토 재고로는 신미
_금의 관고(7◦8)은 술(인오술=7◦8)토 관고로는 경술

_수의 자고(1◦2)는 진(신자진=1◦2)토 자고로는 임진
_수의 재고(5◦6)은 술(인오술=5◦6)토 재고로는 임술

을미, 을축, 병술, 정축, 병진, 무진, 기미, 신축, 신미, 경술, 임진, 임술의 간지는 '고' 의 의미가 있으니 사주를 풀이할 때도 참작해 봐

야 한다.

　자고는 자기 스스로 창고(庫)·묘지(墓)에 빠지는 것이라서 스스로 아집과 고집으로 인해 발전하지 못하는 것이며, 자기만의 굳센 신념이 있는 것이다. 뒤에 나오는 양인은 자고와 달리 기질이나 성향이 강한 것을 말한다.

《 김새론 》
乙6　辛2
巳7　巳7
년　대운

시주	일주	월주	년주
庚경 1	癸계 4	庚경 1
寅인 5	未미 0	辰진 9

- 그녀가 교통사고를 낸 해는 壬寅년 乙巳월이다. 내가(庚) 乙庚合을 했더니 巳(7)가 붙어와서 관재수가 생겼다. 辰생은 寅을 만나면 역마에 해당한다. 그녀의 이름에서도 5◦9◦7＝역마가 가중되며, 개명한 이름은 9◦3이 들어 있어서 수명성인 3코드를 9코드가 끄고 있다 〔229쪽 9◦3코드 참조〕.

庚 79155　　79339

김새론　　김아임

辰 57933　　57117

《요점》 70쪽 7코드 내용 중에 편관＝7코드는 칠살(七殺)이라 하여 나를 극하니 흉한데 巳＝7대운, 巳년 24세에 요절했다.

⑨ 역마(驛馬)

《정의》 아래 삼합 중에 서로 충하는 것을 역마로 본다.

보통 12지지 중에 인신사해를 역마로 보는데, 인신충과 사해충만 역마로 봐서는 실제로는 적중률이 떨어진다.

인오술 삼합과 신자진 삼합 중에 서로 한 글자만 연관되어도 무조건 역마로 본다. 예를 들어 인과 신이 역마인데, 인이 자를 만나면 신자진 중의 자를 역마로 본다.

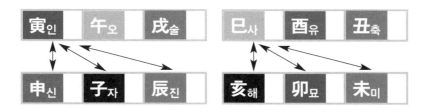

사유축과 해묘미 삼합 중에 서로 한 글자만 연관되어도 무조건 역마로 본다. 예를 들어 사와 해가 역마인데, 사와 묘도 역마로 봐야 한다.

《특성》 여기저기 각지를 다닌다. 전 세계를 누빈다. 임기응변이 능하고, 신임을 얻어 이름을 날린다. 주거 이동이 많으며 해외 이민 가서 사는 분도 많다. 해외 주재원으로 나간다던가, 군인들이 여기에 속한다. 격이 높은 사람은 외교, 무역, 쇼핑몰, 유튜브, 통신, 인터넷, 전자, 운수계통으로 재물이 생긴다.

◈ 역마 예 ① 세계 각지에서 활동하는 조수미

《 조수미_성악가 》

시주		일주		월주		년주	
丙병	7	庚경	1	壬임	3	壬임	3
戌술	9	寅인	5	子자	4	寅인	5

《풀이》 조수미님은 인(寅)생이므로 월지에 '자'가 역마이다.

35년간 67개국을 다닌 프리마돈나 조수미. 그녀는 비행거리 100만 마일 이상에게만 주어지는 밀리언 마일러 카드가 별도로 있을 정도로 많이 다녔다.

◈ 역마 예 ② 미국 국무장관 토니 블링컨

《 토니 블링컨 》

시주	일주		월주		년주	
	甲갑	1	甲갑	1	壬임	9
	申신	7	辰진	5	寅인	1

《풀이》 블링컨님은 인(寅)생이므로 일지의 '신'이 역마이다.

가자지구와 이스라엘 전쟁으로 인해 토니 블링컨 미국 국무장관만큼 바쁘신 사람은 없을 것이다.

◈ 역마 예 ③ 몸이 열 개라도 부족하신 대표님

《 여자 》

시주	일주	월주	년주
	庚경 1	戊무 9	庚경 1
	辰진 9	寅인 5	戌술 9

《풀이》 위의 사주는 술(戌)생이므로 일지 '진'이 역마이다.

하는 일이 많아서 몸이 열 개라도 감당하기 어려운 사람이다. 甲辰년이 되면서 해외출입이 잦다. 그 이유는 庚戌생이면 申子辰되는 해가 역마이면서, 태어난 날도 진(辰)일이라 역마가 강하다.

태어난 날이 역마인데 역마년이 오게 되면 무조건 멀리 해외로 움직이는 게 좋다. 그러면 진(辰)이 열려서 사업 운도 열린다.

서울 부산 정도 가는 건 작은 역마고, 유럽이나 미국 등 멀리까지 가는 것은 큰 역마다. 마치 자신의 영역을 표시한 것과 같아서 넓은 지역까지 모두 자신이 차지한다는 것을 의미한다.

사람들은 자신이 행위자인 것 같아도 우주 법칙에 따라 움직인다. 고전에도 '순천자는 존(存)이요 역천자는 망(亡)'이라는 말이 있다. 하늘을 순종하는 사람은 보존되고, 하늘을 거스르는 사람은 망한다는 말이다. 그래서 되도록 멀리 떠나는 게 좋다.

필자가 丁酉생인데 癸亥년에 우연찮게 제주도행 비행기를 탄 적이 있다. 역마년은 희한하게 멀리 떠난다.

역마가 있어 67개국 다닌 조수미

🔟 공망

인반수 공식으로 사주를 풀기 전에 먼저 공망에 대한 이해가 필요하다. 5◦6코드(재)가 공망인 사람들의 특징은 허망한 재물을 추구하려다 보니 남들에게 투자를 미끼로 허풍떨고 사기 치는 경향이 있다. 속이는 사람이나 그런 말에 속는 사람 모두 재물에 공망이 들면 그런 일을 겪는다.

◈ 간단하게 공망을 설명하자면 다음과 같다.

천간은 '갑·을·병·정·무·기·경·신·임·계' 총 10개의 간지(干支)로 구성되었고, 지지(地支)는 '자·축·인·묘·진·사·오·미·신·유·술·해' 총 12개로 구성되었다. 천간과 지지 사이에 짝을 맞출 경우 2개가 반드시 빈다. 그 2개를 공망이라고 한다.

	1	2	3	4	5	6	7	8	9	10		
천간	갑	을	병	정	무	기	경	신	임	계	○	○
지지	자	축	인	묘	진	사	오	미	신	유	술	해

총 60개의 갑자~계해가 있다면 공망은 총 12개이다.

_갑자순 중에는   술해가   공망에 해당한다.

_갑술순 중에는   신유가   공망에 해당한다.

_갑신순 중에는 오미가 공망에 해당한다.

_갑오순 중에는 진사가 공망에 해당한다.

_갑진순 중에는 인묘가 공망에 해당한다.

_갑인순 중에는 자축이 공망에 해당한다.

갑자순	천간	갑	을	병	정	무	기	경	신	임	계	○	○
	지지	자	축	인	묘	진	사	오	미	신	유	술	해
갑술순	천간	갑	을	병	정	무	기	경	신	임	계	○	○
	지지	술	해	자	축	인	묘	진	사	오	미	신	유
갑신순	천간	갑	을	병	정	무	기	경	신	임	계	○	○
	지지	신	유	술	해	자	축	인	묘	진	사	오	미
갑오순	천간	갑	을	병	정	무	기	경	신	임	계	○	○
	지지	오	미	신	유	술	해	자	축	인	묘	진	사
갑진순	천간	갑	을	병	정	무	기	경	신	임	계	○	○
	지지	진	사	오	미	신	유	술	해	자	축	인	묘
갑인순	천간	갑	을	병	정	무	기	경	신	임	계	○	○
	지지	인	묘	진	사	오	미	신	유	술	해	자	축

매우 중요 — 공망

이해를 돕자면 '갑진·을사·병오·정미·무신·기유·경술·신해·임자·계축'에는 갑진이라는 아버지와 을사라는 어머니 사이에 '병오·정미·무신·기유·경술·신해·임자·계축'이라는 8명의 자식을 둔 것과 같다. 그러므로 그다음에 오는 천간 갑을에 해당하는 2글자가 공망이다. 즉, '갑인 을묘'는 우리 '갑진 을사'의 가족이 아닌 나머지 두 글자이므로 그것을 공망이라고 보면 이해가 쉽다.

공망의 원리는 간단해 보이지만 실제 임상에서는 아주 유용하게 쓰인다. 공망을 바로바로 떠올리는 연습을 수없이 반복해야 한다.

쉽게 외우는 방법은 갑진의 바로 앞 2글자, 혹은 계축의 바로 뒤 2글자가 공망이다. 공망은 년으로도 보고 태어난 일(日)을 기준으로도 본다.

◈ 공망 재를 추구 – 무기 로비스트 린다 킴

《 린다 킴 》			
시주	일주	월주	년주
	壬임 1	癸계 2	癸계 2
	午오 6	亥해 1	巳사 5
	공망	겁살	

《풀이》

① 이상하게도 재(5·6코드)가 공망이 되면 고위층이든 상류층이든 지위고하를 막론하고 공금을 횡령한다던지, 분식회계를 통해 회사자금을 빼돌리거나, 정상적이 아닌 방법을 통해서 자신의 이익을 챙기려는 것을 많이 본다.

② 정당한 방법이 아닌 불법으로 취하는 재물은 언제든 시비구설이 뒤따라온다.

◈ 공망 재와 3◦5코드를 추구 – 가수 정준영

《남자》
경 계
자 해
년 대운

	시주	일주	월주	년주
《 정준영 》				
		壬임 1	丙병 5	己기 8
		子자 2	寅인 3	巳사 5
			공망	

◀풀이▶

① 월에 있는 丙寅 재(3◦5코드)가 공망이다. 3◦5코드처럼 좋은 것을 타고 나면, 자신의 노력으로 그것을 성취해야 한다. 반대로 힘 안들이고 쉽게 5코드를 취하려 할 경우 반드시 그 대가를 치른다.[10]

② 공망이라 함은 상대가 무기력한 상태를 뜻하는데, 공망인 5코드를 욕심내면 반드시 관재구설이 뒤따른다.

③ 더구나 나의 자유와 식복을 뜻하는 3코드가 제일 두려워하는 9코드를 만나면 최악이다. 32세 庚子년의 경(庚), 구속된 甲申월의 신(申), 구속 당일 庚戌일의 경(庚), 자그마치 9코드가 3개나 연관된 날 구속되었다. 그만큼 9◦3코드는 무섭다. 이런 운에는 감옥 안이 더 안전하다. 집안 욕실에서 미끄러져도 9◦3코드가 겹치는 운에는 사망까지 이른다.

---

10) 가수 정준영은 2019년 '버닝썬 게이트'가 불거진 후, 2020년 구속 수감되었다가 2024년 3월 19일 만기 출소했다.

④ 또 대운 癸亥 자체가 망신에 해당한다. 망신인 해(亥)가 3코드인 인(寅)과 합을 한다는 것은, 인(寅)인 내가 행하는 것이 3코드이므로 내 몸 스스로 그런 일을 하여 망신스러운 일을 겪는다는 뜻을 말한다. 임(壬) 록이 해(亥)이므로 1코드인 壬과 亥는 같은 것으로 본다.

◈ 공망 재로 인해 전과자가 됨

《전과 2범》
갑오년 구설
子 : 공망

《전과 2범》			
시주	일주	월주	년주
丙병 9	戊무 1	戊무 1	乙을 8
辰진 1	子자 6	子자 6	卯묘 8
5◦6	공망	공망	

직접 상담한 분인데, 자신의 명조를 공개한 후 상담을 원했다.

《풀이》

① 戊子일인데 戊土인 자신이 무자자합을 하고 있는데, 하필이면 재물코드인 6코드가 공망에 해당한다.

② 공망이 재물(6코드)이어서 허욕을 부리게 되고, 법을 어기면서까지 재물을 취하다 보니 관재구설이 생기는 것은 너무 당연한 결과다.

11 코드의 변환표(특수한 예)_매우 중요함

이 내용은 좀 더 고급 단계에서 다루어져야 할 내용이다. 코드끼리 변환되어 상호작용을 하는 것을 말하는데, 사주를 풀다 보면 왜 그런것인가를 알 수 있다(92년도 필자의 작명보감 348쪽).

> 0=3(3=0), 0=4(4=0) / 정인과 식상
> 3=9(9=3), 4=9(9=4) / 식상과 인성 = 인성으로 가르침
> 3=7(7=3), 3=8(8=3) / 식신과 관성
> 4=7(7=4), 4=8(8=4) / 상관과 관성 = 법을 지키거나 어기거나
>
> 서로 상호 교환 작용을 한다.

하나의 예를 들면 갑목이 정화를 보면 상관 4코드다.

반대로 갑목이 계수를 보면 인성 0코드에 해당한다.

그런 0=4(4=0)의 공식에 따라 4와 0의 기운이 동시에 작용한다. 4를 통해 0을 얻는 것이다. 즉, 인성(0)을 써서 학생(4)들을 가르치는 교수님으로 보면 된다. 3=9(9=3)도 비슷하여 유아원 원장이나 학원 강사에 해당한다.

4=7(7=4)인 경우 법을 어기려는 4코드와 법을 지키려는 7코드의 배합인데 상격이면 법조계의 판검사들이 많으며, 하격인 경우 범죄자들이 많다.

12 12운성 도표 및 해설

이 부분은 매우 중요하니 반드시 숙지해야 한다.

천간의 10개 글자가 지지의 12글자를 만날 경우 천간의 글자가 기운을 얻거나 잃는 과정을 나타낸 것이다. 인생의 생로병사와 연관하여 일목요연하게 정리했다. 사람이 갓 태어나서, 부모의 보살핌으로 자라, 어른으로 성장한 후, 나이가 들어 죽음을 맞는 과정을 12단계로 설명한 것이다.

12운성 : 장생 · 목욕 · 관대 · 건록 · 제왕 · 쇠 · 병 · 사 · 묘 · 절 · 태 · 양이다.
다른 말로 12포태법이라고도 한다.

사람이 한평생 살아가는 과정을 생로병사와 같이 어머니 몸에서 잉태되어(태), 어머니의 자궁에서 영양 공급을 받아(양) 태어나고(장생), 씻기고 닦아주고(목욕), 옷을 입히고(관대), 커서 정장으로 갖춰 입고(건록), 세상에 나아가 직장을 잡고 성공하고(제왕), 그런 일생이 다 지나간 후(쇠), 늙고 약해지고 병들고(병), 죽어(사) 무덤으로 들어가면(묘) 한 사람의 인생이 끝이 난다(절)는 것을 묘사한 내용이다.

◈ 일간을 중심으로 본 12운성 도표

운성 일간	장생	목욕	관대	건록	제왕	쇠	병	사	묘	절	태	양
갑	해	자	축	인	묘	진	사	오	미	신	유	술
을	오	사	진	묘	인	축	자	해	술	유	신	미
병·무	인	묘	진	사	오	미	신	유	술	해	자	축
정·기	유	신	미	오	사	진	묘	인	축	자	해	술
경	사	오	미	신	유	술	해	자	축	인	묘	진
신	자	해	술	유	신	미	오	사	진	묘	인	축
임	신	유	술	해	자	축	인	묘	진	사	오	미
계	묘	인	축	자	해	술	유	신	미	오	사	진

◈ 12운성의 의미

__장생 사람이 세상 밖으로 나옴.

__목욕 목욕하고 점차 자라는 과정

__관대 사춘기와 청년기를 지나 성년이 되어가는 과정.

__건록 직업을 갖고 사회생활을 하는 과정.

__제왕 가장 활동이 왕성하고 꿈을 이루는 시기.

__쇠 왕성한 활동이 점차 줄어들고 쉬는 시기.

__병 나이 먹고 병드는 시기.

__사 죽음에 접어드는 시기.

__묘 죽은 후 묘(墓), 즉 무덤 속에 있는 시기.

__절 아무것도 없는 무의 상태, 즉 영혼이 육체와 완전히 분리된
　　상태.

__태 죽은 사람이 다시 엄마의 몸에 잉태되어 어머니 자궁에 착상
　　하는 시기.

__양 엄마의 뱃속에서 열 달 동안 자라는 시기.

◆ 12운성의 해설

__태 기와 체가 결합하여 다시 나타나는 상태다.

• 자궁 속에 아기가 잉태됨을 말하니 임신을 뜻한다. 새로이 시작
　되다는 의미이다 보니, 마음이 어린아이처럼 초조하고 불안하며
　근심과 걱정이 많다. 폭력을 가장 싫어한다. 의타심이 많고 동성
　끼리 좋아한다.

• 양육과 보호를 받는 시기이며, 미래 희망과 발전을 기대하고 남
　들에게 인정받고 싶고, 기대고 싶고, 도움 받고 싶으며, 누군가에
　게 의지하고 싶고 동업을 원한다.

• 어린 생명을 귀여워한다. 산부인과, 탁아소, 어린이집.

__양 여유 만만하고 긍정적적이며, 천하태평이고 교양미가 있다.

• 마음이 착하여 누구에게나 친절하다. 항상 남을 위해 봉사하며,
　나를 낮추어 나보다 어려운 이웃을 돌보려 한다.

• 실질적으로 혼자 뭘 하기에는 아직 추진력이 약하다. 우물쭈물하
　고 우유부단하다. 마음이 여려서 맺고 끊는 것을 잘 못한다. 누가

돈을 빌려 달라고 하면 선뜻 거절을 못한다.

• 상속의 별이라 유산도 받는다. 부모의 직업이나 부(富)를 이어 받아 계승 발전한다. 양로원, 요양원, 사육장, 양어장 등.

___장생　사람이 태어나면 마치 콩이 싹을 틔우듯 아무것도 없는 상태에서 시작하는 모습이고 자라나는 모습이다.

• 매사 두루뭉술하고 원만하며, 언행이 온화하고 남들과 융화력이 좋다. 인덕이 좋으며 부부 운이 좋다.

• 사회적으로 발전하며, 삶에 있어 절정의 시기이고 완성의 시기여서 거칠 것이 없다. 겉보기에도 안정감을 주어 호감형이고 장수의 별이다.

___목욕　도화이다. 새싹이 파릇파릇하게 피어나는 모습이다.

• 어린 아이가 발가벗고 장난치는 모습처럼 순진무구하고 철이 없기에 구설의 연속이다. 힘이 넘치고 부끄러움이 없다. 사랑이라면 물불 안 가리고 덤빈다. 스스로도 넘치는 정열을 주체 못한다. 천방지축이라 누가 자기를 붙잡아주기 바란다.

• 폭풍 같은 사람의 열정이 식기를 기다릴 뿐이다. 자기 멋대로 기분과 감정에 치우치고 혼자 성질냈다가 곧바로 풀어진다. 일일이 그 기분을 상대하면 둘 다 피곤해진다. 한쪽에서 묵묵히 지켜보는 수밖에 없다.

• 감정 기복이 심하며, 분위기에 따라 극과 극이다. 풍류를 즐기고

유행에 민감하여 유행이 지난 옷은 안 입는다.

- 이성문제로 시끄럽다. 나의 끼, 남보다 더 잘 보이고 싶은 생각, 사치로 인해 저축은 생각도 못한다. 뭐든지 일을 먼저 벌이고 본다. 곧 후회하고 좌절하고 끈기가 부족하다.

- 부부나 연인 간에 조용할 날 없이 티격태격하다 결국 헤어진다.

__관대__ 아이가 자라 옷을 걸쳐 입고, 허리에 혁대를 찬 모습이다. 육체는 성장했으나 정신적으로는 아직 미숙하다.

- 고집 세고, 세상 넓은 줄 모른다. 고집을 위한 고집을 부리며 손해 안 보려 한다. 없어도 없는 티 안 낸다.

- 안하무인이다. 자신이 최고라는 자부심이 대단하다. 굽실거릴 수 없어 힘들어도 혼자 다 해결하려 한다. 강한 자에게는 굽신거리고 약한 자에게는 억압적이다. 그러다 보니 안티들이 많다.

- 내 멋에 산다. 실업가, 종교인, 사상가 등.

__건록__ 청년시기를 지나 성인이 되었다. 직장을 얻어 안정된 삶을 찾는 시기다. 타고난 성질이 온화하다.

- 이미 정신적으로나 육체적으로도 성인이 되니 주위에서 인정도 받고 도움도 많이 받는다. 혼자가 아니고 다 같이 협력하려고 한다. 겸손해져서 공동체를 원한다. 둘째라도 첫째 역할을 도맡아 한다.

- 고도의 지식이나 설계, 전문분야에서 타의 추종을 능가한다.

- 원리, 원칙주의자여서 바른 소리 잘 하며 자신에게 주어진 일만 큼은 확실하게 하려고 노력한다. 권세나 힘으로 누가 나를 지배 하려는 걸 꺼린다.
- 자식들에게 신세 안지고 나름 멋있는 인생을 살려고 노력한다.
- 공적인 업무. 지휘관, 본부장, 기획담당, 충성스런 심복, 일인자 를 보필하는 사람, 공무원 등이 해당된다.

__제왕 성인 시기를 지나 몸과 마음이 가장 성숙한 단계다.

- 자기밖에 모르며 이기적이고 안하무인이다. 겸손을 미덕으로 삼 아야 하는데 누구의 간섭도 거부한다. 오로지 자신이 가는 길이 바른 길이라 생각한다. 충언을 거부하며 아첨을 좋아하니 스스로 고립되어 간다.
- 수완과 경험이 풍부하며 능수능란하다. 무엇이든 일인자가 되어 추앙을 받고 싶어 한다. 당장 굶어죽어도 끙끙 앓은 소리 안한다. 남 밑에서 잔소리 듣기 싫어한다. 강자에게는 이유 없는 반항심 이 생겨 적대감을 갖는다.
- 수완가이다. 도살업자, 재단사, 요리사, 이발, 미용, 투쟁가, 선동 가, 숙련자, 달인, 일인자, 명장, 의사 등.

__쇠 왕성한 때는 다 지나가고 온 몸의 힘이 다 빠졌다. 육체는 쇠하지만 정신력은 강하다. 정년퇴직자와 같다.

- 모든 일에 소극적이고 멋, 유행에는 뒷전이다. 헌신적이고 신중

하고 노련하며 보수적이다. 남자는 여자 입장에서 0점, 여자는 주부로서 100점이다. 지나간 세월만 추억하며 세상의 물욕을 다 물리치고 뒤쪽으로 물러선다.

- 차고 넘치던 열정은 다 어디가고 이제는 좀 쉬고 싶다. 그동안 하지 못한 취미 생활과 전원생활하며 지낸다.
- 연구가, 발명가, 사색가, 시인 등.

__병　몸도 쇠하고 정신도 쇠(衰)한 상태다. 자식에게 의지하고 싶다. 사람이 보고 싶다. 나를 위로해주는 사람, 첫 사랑을 기다리고 향수를 그리워하며 시간을 보낸다.

- 매사 비관적이고 감성적이며 우울하다. 마치 죽음을 앞둔 시한부 인생처럼 체념하고 하루하루 보낸다. 모든 의욕이 사라진 상태다.
- 기적같이 좋은 인연을 만나 새로운 삶을 되찾고 싶어 한다. 하지만 세상의 이치가 하나를 받으면, 하나는 줘야 서로 공평한데 몸이 쇠하고 힘이 없다 보니 내 것을 선뜻 남 주기에는 아까워한다. 생각하는 게 이기적이어서 받으려고만 하니 누군가 자기에게 베풀어주기를 바라고 먹는 거, 맛있는 거 공짜 좋아하고, 선물 좋아하고, 애인 좋아하고, 남들과 대화하는 거 좋아한다.
- 생각은 많은데, 실천력이 부족하여 살면서 뚜렷이 뭐하나 이룬 게 없다.
- 상담사, 간호사, 보모, 약사, 선생, 작가, 예언가 등.

__사 병들어 죽음에 이르는 때다.

- 아무런 움직임도 없고 모든 게 공(空)이다. 육체는 죽었으나 도리어 정신은 왕성하다. 고요하고 사색적이며 나름대로 자기만의 소신과 취미생활을 누린다.
- 정직하고 근면하며 노력하는 타입이다. 매사 남들과 타협하고 순종한다. 인자하며 타인의 아픔에 귀 기울이며 동정심을 베푼다.
- 기술자, 효자, 학자, 상담사, 종교인 등.

__묘 추수를 하고 나면 곡식도 창고에 저장하듯이, 죽은 육체도 무덤 속으로 들어간다. 묘지에 들어가 있으니 꼼짝 못하고 그저 때만 기다릴 뿐. 하염없이 다음 생을 기다리는 것과 같다.

- 정적이며 고요한 상태다. 육체를 움직일 수 없어 누워 있는 상태다. 매사에 침착하여 갑작스럽게 일이 벌어지는 상황에서도 침착하게 대처를 잘한다.
- 안정적인 것을 원하며 고정 임대업, 봉급생활, 부동산 투자 등 허례허식을 피하고, 건전한 투자, 내실 다지는 삶을 원한다.
- 구두쇠의 표본이다. 소금보다 짜다. 근검절약, 금고지기, 은행가, 고리대금업, 장의사, 종교인, 창고 보관업, 전당포 등.

__절 생명이 모두 끊어진 상태다. 기와 체가 분리된 상태여서 12운성 중에 가장 약하다. 가령 갑신이면 갑목이 신(申)에 절(絕)했다고 본다.

- 세상 이치가 무에서 유를 만드는 현상이다. 절처봉생이다. 완전

히 끝난 줄 알았는데 이제부터 시작이다.

- 분리된 탓인지 몰라도 여기 저기 정처 없이 떠돌아다닌다. 안 다니는 데 없이 방방곡곡 누비며 다닌다.

- 유혹에 잘 넘어간다. 귀가 팔랑 귀라서 남의 말에 잘 속는다.

- 모질지 못하고 뒤끝이 없다. 변덕쟁이다.

- 기껏 모은 재산은 먼저 본 사람이 임자다. 돈 빌려주면 사람 잃고 돈 잃는다. 그렇게 당하고도 정신 못 차리고 누가 아쉬운 말을 하면 또 빌려준다.

- 이성 관계에 있어서도 개방적이다. 헤어진 연인인데도 친구로서 잘 지낸다. 만나고 헤어짐이 자연스럽고 쿨하다. 남녀 모두 호색가다. 매우 특이한 타입이다.

- 달콤한 말에 순정을 빼앗긴다. 성폭행, 성추행의 표적이다.

- 업소 근무, 서비스업, 교육, 종교, 학자 등.

코드와 인반수로

풀어낸 실전 예제

MBTI로는 풀지 못하는 나의 사주 코드

사주…코드로 풀다

I부에서 공부한 내용을 가지고 실전 예제를 풀 것이다.

여기에 나온 예제들은 세 가지 방식으로 풀 것이다. 첫 번째 코드를 사용, 두 번째 인반수, 세 번째는 오행을 생극을 가지고 풀 것이다. 그 외에 공망, 12운성.

이제 처음 사주명리를 공부하신 분들에게는 어려운 내용일 수 있다. 사주를 공식처럼 풀게 하고 싶어서 이 책을 쓴 것이므로 너무 어렵게 생각하지 말고 가볍게 읽어 갔으면 좋겠다. 2~3번 반복해서 읽다 보면 이치를 깨닫게 될 것이다.

1 세 번 결혼하고도 남편복 없는 여자 [11]

기일간의 경우 갑목이 관성이다. 관성은 여자에게 남편에 해당한다. 갑이 천간에 있는데 지지에 ⓞ나 ⓜ가 있으면 마치 블랙홀에 빨려 들어가는 것처럼 강한 기운이 작용한다. 그렇게 되면 해당 육친에 문제가 생긴다.

《 여자 》

시주	일주	월주	년주
甲갑 8	己기 1	丁정 9	壬임 6
子자 5	卯묘 7	未미 1	申신 4
	안방	7∘8	

11) 사주첩경 2권 193쪽.

《풀이》

① 갑미자합 : 甲 남편이 未를 만나 블랙홀로 들어간 것처럼 사라졌다. 이 여인은 세 번 시집갔다.

己卯일주는 남편인 甲木을 시지 자수(子水)가 水生木해주고 있는데도 왜 세 번이나 시집을 갔을까?

이 사주는 己卯일생이므로 일지에 卯木, 未 중 乙木, 시상 甲木으로 관이 3개인데 제어하는 것은 申金밖에 없다. 木을 제압하는 힘이 약해서 세 번이나 결혼하였다.

② 甲은 未에서 12운성으로 묘궁(墓宮)이 된다.[12] '묘'라는 것은 남자인 갑(甲)이 무덤으로 들어간다는 말이다.

③ 묘미합 : 미(未)는 亥卯未의 木 성분이 모이는 木의 창고이며 木의 집합체이다. 즉, 기(己)일간 기준으로 7·8코드가 많다는 뜻이다. '未'가 나의 배우자궁인 卯와 합을 이룬다는 것은 여러 남자와 연관됨을 말하는 것이다.

---

12) 기(己)일간 기준으로 시의 갑이 8코드인 남자인데, 미(未)는 묘궁(墓宮)이 된다(155쪽 참조).

② 첫 애인은 음독자살, 남편과는 사별

남편이 죽거나 이별하는 사주이다. 이 사주는 未월(실제로는 午월임)[13] 未일로 지지가 모두 火局을 이뤄 土가 바짝 마르고 火가 너무 강해졌다. 처녀 때 첫 애인이 음독자살하였고, 이후 결혼했지만 남편과 사별한 사주다.

《 여자 》
궁이 미
미는 무덤

《 여자 》			
시주	일주	월주	년주
甲갑 8	己기 1	甲갑 8	辛신 3
戌술 2	未미 1	午오 9	未미 1
9◦0	7◦8		7◦8

◀《풀이》▶

① 갑오자합, 갑미자합 : 甲 남편이 未를 2번 만나니, 남자가 죽거나 아니면 이별한다. 배우자궁인 미토는 남자의 무덤이다. 미토가 있으면 남자 복이 없다.

② 물기가 없는 사막 사주 : 위의 己未일주는 물기가 없는 사막에 비유된다. 사막에 하필이면 남자를 뜻하는 甲木이 두 개나 투간되었다.

---

13) 참고로 사주첩경 2권 195쪽에 나오는 원본 예시는 갑오월이 아닌 을미월로 나오지만, 컴퓨터 만세력으로 정확히 보니 소서 절기가 5일 후 갑자일 오시에 들기에 갑오월이 정확하다.

둘 다 뿌리가 없고, 인반수 갑오자합, 갑미자합에 의하여 午, 未에 스르
륵 빨려 들어간다. 오행을 색으로 칠해 놓았는데, 신금(辛金)을 제외
하고 모두 목화세력이다.

③ 배우자궁이 관성의 묘지 : 역시 태어난 일에 묘(墓)가 있어서 남자인
갑(甲)이 무덤으로 들어간다는 말이다. 역시 인반수 공식 2번에 해당
한다. 이 경우 평생 독신으로 사는 편이 좋을 텐데 현실은 정반대로,
남자들이 불나방처럼 달려든다. 지 죽을 줄도 모르고…. 명 짧은 남
자 같으면 이 여인을 하룻밤만 품에 안고 자도 이 세상을 하직할 수
있을 정도로 무섭다.

③ 실컷 고생하고도 남 좋은 일만 한다

연태희 선생님의 책에 나온 예제[14]이며, 아래는 해설을 간단히
줄인 것이다. 관(7◦8)이 많은데 관에 입고(창고로 들어감)하여, 관고
(7◦8의 창고)가 열리지 않으니 기생팔자다.

원국에 재(5◦6)가 있어도 戊癸合으로 겁재(2)가 모두 가져가니 기
생을 해도 돈이 없다.

《여자》
경 신 임 계
술 해 자 축
대운

《 여자 》			
시주	일주	월주	년주
癸계 5	己기 1	甲갑 8	戊무 2
酉유 3	未미 1	寅인 8	午오 9
	7◦8		

《풀이》

① 갑오자합, 갑미자합 : 실컷 고생하고도 남 좋은 일만 한다. 초년 대운
이 癸丑 壬子 辛亥 庚戌로 계속 금수대운이다.

월에 甲寅이 뿌리를 내려 관성이 강해도 갑오자합, 갑미자합에 걸리
면 나쁜 운명을 벗어나지 못한다.

---

14) 연태희, 『수암 실전명리』, 고급 2편.

② 배우자궁이 관성의 묘지 : 게다가 배우자 자리인 태어난 날의 未는 관고(7 8의 창고)라 하여 남자들의 무덤을 뜻한다. 독신 명조에 많다. 앞의 사례처럼 태어난 일에 묘(墓)가 있어서 남자인 갑(甲)이 무덤으로 들어간다.

③ 갑오자합으로, 나의 관성을 년의 戊午에게 다 **빼앗기는** 형국이다. 항상 강한 관(갑인=8코드)이든 인성(화=9코드)이든 내 것이 안 되면 소용이 없다. 결국 자신이 열심히 이루어낸 것이 갑오자합으로 들어가니, 정작 己土 자신은 고생하고 남 좋은 일만 시킨 꼴이 된다.

④ 戊癸合 : 인덕이 없다 보니 무오(겁재=2코드)에게만 좋은 결과가 되었다. 시의 癸酉가 재(5코드)인데 년의 戊土 겁재(2코드)가 戊癸合으로 가져간다. 나의 재물은 겁재의 것이 되었다.
이번에는 戊午를 다시 갑오자합으로, 모두 남자인 甲이 가져간다. 그런 바람에 힘들게 번 돈을 기둥서방이 모두 다 가져간다.

④ 돈 복도 없고 여자 복도 없다

영화배우 최무룡의 사주이다. 3번 결혼했으며, 배우 최민수의 아버지이다. [15]

《 최무룡 》			
시주	일주	월주	년주
庚경 8	乙을 1	乙을 1	戊무 6
辰진 6	卯묘 1	卯묘 1	辰진 6
9◦0			9◦0

《풀이》

① 위 사주는 거의 비겁과 재성으로 이루어져 있다. 비겁(1◦2)과 재성(5◦6)이 만나면 돈 복이 없거나 부인 복이 없다. 결국 이혼과 사별을 반복한다. 1◦5, 1◦6, 2◦5, 2◦6이 여기에 해당한다.

② 비견(乙·乙·卯·卯 : 1코드)이 재성(戊·辰 : 6코드)을 만나면 처궁도 산란하고 돈 복이 없다. 그러므로 사업에 손을 대면 손실을 볼 수밖에 없다.

---

15) 1처_ 강효실 27세~36세 무오대운(1954년 결혼~1963년 이혼)
　　　강효실의 아들 : 최민수, 62년 3월 27일생
　　2처_ 김지미 36세~42세 기미대운(1963년 결혼~1969년 이혼)
　　　36살 기미월 간통혐의로 거액의 위자료를 김지미가 지불
　　3처_ 차금자

③ 卯辰害 : 배우자궁과 년지에서 묘진해(卯辰害)를 하고 있다. 이는 안방에 있는 1코드(묘)가 6코드(배우자)를 해친다는 것이다. '乙'과 '卯'는 같은 것으로 나 자신을 말한다. 결국 내가 여자를 해(害)한다는 것을 의미한다.

④ 안방에 卯가 배우자궁이므로 같은 오행인 '乙·乙·卯·卯'는 모두 여자들이 들어오는 안방과 같다. 궁도 많고 여자를 뜻하는 6코드도 많다. '戊·辰·辰'이 모두 6코드이다.

사기를 당하여 재산을 몽땅 다 날린 사주이다.

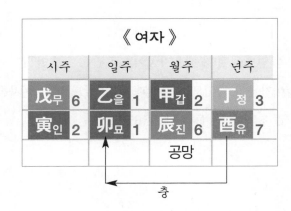

《여자》
경오년 사별
辰재 공망
무인=갑진

《여자》			
시주	일주	월주	년주
戊무 6	乙을 1	甲갑 2	丁정 3
寅인 2	卯묘 1	辰진 6	酉유 7
		공망	

충

◀**풀이**▶

① 경오년 오묘파, 경묘자합 : 34세 未대운 庚午년에 남자와 사별한 후 우울하게 살았다. 庚午년은 배우자궁이 午卯破로 파괴되었다. 남편을 상징하는 '경(8코드)'이 경묘자합이 되어 궁인 卯로 들어가서 사별했다. 午卯破는 심장마비다〔午=피, 卯=혈관〕.

② 2코드 도둑 : 己酉대운 중 49세 乙酉년 사기를 당하여 집을 홀라당 날렸다. 월간 '甲'과 시지 '寅'은 6코드(내 돈)를 2코드(도둑)가 노리고 있는 형세다. 딱 봐도 6코드(戊土와 辰土)를 노리는 1·2코드(도둑=甲=寅)가 보인다.

己酉대운에 己土(5코드)가 나타나니까 사주의 戊와 辰도 덩달아 움직인다. 결국 이 대운에 전 재산을 날리고 말았다.

③ 한동안 우울증으로 외출조차 안 했는데, 지금은 툭툭 털고 홀가분하게 주방에서 재밌게 일하고 있다. 기분이 좋으면 늘 하는 말이 있다. "세상 돈이 다 제 거 같아요. 차곡차곡 쌓이는 통장을 보면 웃음이 절로 나와요." 이 사주처럼 내 몸인 1코드를 이용하여 6코드를 먹는 사람은 자신의 몸을 써야 하므로 땀을 흘려 힘들게 돈을 번다.

④ 卯辰害 : '卯'가 배우자궁에 있는데, 6코드(재물) '辰'을 방해한다. '卯'와 '乙'은 1코드로 같은 것이므로 자신이 재물을 내 발로 걷어 찬 것과 같다. 앞의 최무룡님과 유사하다.

⑤ 卯酉沖 : 남자와 인연도 없다. 배우자궁에서 년지의 7코드(남자)를 卯酉沖으로 배우자궁으로 들어오지 못하게 하니 남자 복이 없는 것이다.

6 사라진 것은 윤정희가 아니라 거액의 돈

배우 윤정희님의 사주이다. 비겁이 많다. 남편 백건우 씨는 "사라진 것은 윤정희가 아니라 거액의 돈"[16]이라고 말했다. 이 사주는 79년에 처음 알게 되었는데 이분 사례를 놓고 겁재가 중중하니, 돈을 겁재에게 빼앗길 거라고 배웠던 게 기억난다. 한창 젊을 때 그런 말을 들으니, 별로 가슴에 와 닿지도 않았다.

《여자》
겁재의 위력
진 : 돈 창고

《 윤정희_배우 》			
시주	일주	월주	년주
戊무 2	己기 1	癸계 5	乙을 7
辰진 2	丑축 1	未미 1	酉유 3
5◦6	3◦4	공망 7◦8	

《풀이》

① 무자자합(64세 때), 무축자합 : 월간에 있는 5코드(재물) 계수는 시간의 2코드(무토)와 戊癸合이 된다. 시의 戊土는 무축자합으로 己丑이 깔고 있는 丑 중 癸水와 합을 한다. 역시 2코드(도둑)에게 5코드(재물)

---

16) 사주첩경 113쪽에 나온다. 73세에 알츠하이머 치매 진단 받음.
32세 병술대운 술대운 병진년 3월 14일 백건우와 결혼.
36세 정해대운 백건우 연주 대금을 윤정희 여동생이 관리했다.
60세 기축대운 기대운 갑신년에 3억이 인출되었다.
64세 기축대운 축대운 무자년 18억 인출, 총 21억원이 빠져나갔다.
78세 신묘대운 신대운 임인년 계축월 정축일 사망했다.

를 빼앗기는 격이다〔182쪽의 기생 사주와 유사함〕.

② 무축자합 : 己丑대운 甲申년에 3억이 戊(동생)에게 인출되고, 그녀 나이 64세 己丑대운 戊子년(2코드)에 재차 18억이 戊(동생)에 의해 인출되었다. '丑'은 나의 활동인 3◦4코드(식상)를 입묘시킨다. 겁재가 시에 있으므로 나보다 어린 사람, 즉 동생을 뜻한다. 진(辰)은 나의 전재산을 말한다. 丑대운은 정작 자신은 기축자충이라 손도 못 쓴다. 시의 戊土만이 무축자합으로 丑 중 癸水와 합이 가능하다.

③ 무자자합 : 戊子년은 확실하게 2코드(戊)가 5코드(子)와 합을 하는 게 한눈에 보인다. 인반수 무자자합 공식이 확실하게 입증된 셈이다. 총 21억이라는 돈이 모두 戊(동생)에게 빠져나갔다. 겁재인2코드(戊)가 그녀에게 작용한 결과다.

2코드는 정말 무섭고 잔인하다. 1년운이든 10년 대운이든 그냥 지나가는 법이 없다. 크든 작든 반드시 작용한다고 보면 된다.

④ 필자도 戊戌년 겁재년(2코드)에 대출자금을 갚느라 큰돈을 썼다. 그 돈을 안 빼앗기려고 바동거리면 대신 수명이 짧아진다. 속은 쓰려도 그냥 하늘의 운에 맡기고 초연하게 사는 게 좋다. 필자가 아는 어느 분이 돈을 사기 당해 화병에 걸리고 말았다. 그로 인해 자기 몸에 독소를 배출하고, 급기야 급성 암으로 작년에 돌아가셨다. 돈이 뭐라고? 오래 살고나 볼 일이지.

⑦ 기해자합과 기인자합의 차이

갑을 기준으로 보면, 12운성으로 해(亥)는 '장생'이며, 인(寅)은 '건록'에 속한다. 장생은 '갓 태어난 아기', 건록은 '힘이 넘치고 나무에 뿌리를 내려 튼튼함'을 의미한다〔167쪽 12운성 도표〕.

그럼 기해자합과 기인자합을 비교해 보자.

갓 태어난 해(亥에서 장생) 중의 甲木이 있는데, 어린 아이가 늙은 己土와 기해자합을 한다면 아이가 생길까? 그것은 마치 갓난아이가 유모와 합방을 한다는 것과 같다. 그래서 기해자합의 위력은 기인자합에 비해 조금 약하다.

반대로 기인자합은 힘이 넘친다. 그 이유는 甲木이 건록을 놓은 寅木과 己土와 기인자합을 할 경우 볼 것도 없이 자합의 강도가 매우 강하다는 것을 알 수가 있다.

이를 바탕으로 다음 사례를 살펴보자.

◈ 예 ① 본처와 이별 후 3번 결혼

《남자》
기 = 자신
갑 = 여자
사 = 처궁

《 남자 》

시주	일주	월주	년주
丙병 0	己기 1	甲갑 8	丙병 0
寅인 8	巳사 0	午오 9	寅인 8
	홀애비살		

《풀이》 ① 사주에 5·6코드(재성)가 없으면 사람들은 당황한다.
도대체 여자를 뭐로 봐야 하지? 오행은 흐르려고 하는 성질이 있다.
5·6코드(재성)가 갈 길은 관성이 되며, 재성 수는 水生木을 하려고
할 것이다. 당연히 水生木하는 7·8코드(갑목)가 여자에 해당한다. 여
기까지 이해가 가면 이제 쉽게 풀린다.

② 먼저 년의 寅木과 기인자합으로 일찍 결혼한다(丙申대운 28세 癸巳
년). 43세 戊戌대운 戊申년에 헤어지고(인신충으로), 두 번째 월의 甲
木과 甲己合으로 재혼한다. 합을 한다는 것은 결혼을 의미한다.

③ 재혼한 여자는 애를 낳다가 사별하고[17] 노후에 다시 시의 寅木과
기인자합하여 3번째 결혼을 하게 된다. 그나마 다행인 것은 자식들
의 효심이 깊어서 부모를 깍듯이 대해준다는 것이다. 그 이유는 시가
자식 자리인데 木生火, 火生土로 己土 자신을 生해주기 때문이다.

---

17) 사별한 이유는 2가지이다. 첫째, 갑오자합이 되어서 그렇고 둘째, 갑사자충으로 배우자 자리인 일의
사가 갑사자충이 되어 그렇다. 46세 무술대운 신해년이 되면서 재성인 해(亥) 6코드가 일지 궁인 사
(巳)와 사해충이 되어 깨져버렸다.

◈ 예 ② 전형적인 공무원을 뜻하는 8코드

《 남자 》

시주	일주	월주	년주
壬임 6	己기 1	甲갑 8	丙병 0
申신 4	巳사 0	午오 9	寅인 8

《풀이》 ① 관을 의미하는 8코드(갑목, 인목)가 천간과 지지에 있으니 갈 길은 오로지 8코드(관)이다. 경찰을 천직으로 생각하고 정년까지 근무했다.

② 정년퇴직한 이유는 8코드(甲木)가 甲己合으로 나와 합이 되었고, 기인자합으로 년의 8코드(인목)를 자합하여 그렇다.

◈ 예 ③ 초혼 실패 후 나이 많은 남자와 재혼

《 재혼녀 》

시주	일주	월주	년주
壬임 1	壬임 1	己기 8	辛신 0
寅인 3	寅인 3	亥해 1	酉유 0
	안방		

《풀이》 ① 월의 기토는 8코드(남자)다. 기해자합으로 결혼했으나 오래 가지 못했다.

② 일지의 寅木과 기인자합을 하여 재혼하였다. 기해자합보다 기인자합이 더 강력하기 때문이다. 나이 차이가 많이 나지만 재미있게 오랫동안 같이 잘 살고 있다.

1 1코드(비견)가 5코드(편재)를 만났을 때

_모친이 4번 시집간 것이 한눈에 보임!

다음 사주를 기존 명리이론으로 해석하려면 수십 년 경력자도 풀기 어렵다. 인반수 공식으로는 이 남자의 어머니가 4번 결혼한 것이 한눈에 보인다. [18]

경금(庚金)의 모친 기토(己土) 입장에서 보면 남자가 4명이라고 했더니, 아버지가 4명이라 했다. 0코드는 어머니, 5·6코드는 아버지에 해당한다〔119쪽 궁과 성 참조〕.

---

18) 출처 : 다음 카페 역학동 {척보면 알아야 한다}님 무술님이 올린 내용.

《 남자 》			
시주	일주	월주	년주
己기 0	庚경 1	丙병 7	甲갑 5
卯묘 6	寅인 5	寅인 5	辰진 9
			3◦4

《풀이》 己土가 모친(0코드)인데, 己土를 기준으로 자합이 2번

① 년간 甲己合 : 庚 기준으로 모친인 己가 부친 甲(5)과 합

② 월지 기인자합 : 庚 기준으로 모친인 己가 부친 寅(5)과 합

③ 일지 기인자합 : 庚 기준으로 모친인 己가 부친 寅(5)과 합

④ 시지 모친 기(己)가 卯와 동주하므로 부친(6)으로 본다.

※ 비법은 간단 명료하여 누구나 똑같이 풀 수 있다.
굳이 장황(張皇)한 설명이 필요하지 않다.

◆ 1코드(비견)가 5코드(편재)를 만났을 때

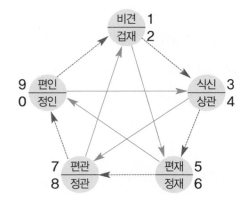

① 1코드는 나 자신, 나의 형제, 친구를 의미한다. 십신으로는 '비견'이라고 부른다.

5코드는 재물이고 아버지다. 남자 기준일 때는 애인(첩)이고 간혹 아버지 형제로도 본다. 십신으로는 '편재'라고 부른다. 5코드는 1·2코드의 극을 받게 되면 힘이 약해진다. 이름이나 사주에 1코드와 5코드가 같이 있으면 5코드의 힘이 약해져서 금전적인 손해나 아버지에게 경제적인 어려움이 따르게 되고, 심하면 아버지의 수명이 짧아진다. 필자의 경험에 의하면 이런 경우 유복자나 아버지를 일찍 여윈 사람들이 많았다. 빌 클린턴 전 미국 대통령도 그런 경우이다.

② 아래는 특정 오행 기준의 상극을 나타낸 것이다.

목 기준일 때　토가　5코드

화 기준일 때　금이　5코드

토 기준일 때　수가　5코드

금 기준일 때　목이　5코드

수 기준일 때　화가　5코드

오행에서 한쪽이 극을 받으면 상해를 입거나 피해를 볼 수 있다. 다시 말해 5코드(편재)는 1코드(비견)가 있으면, 5코드에게 문제가 생겨 육친이 상한다. 그러니 1·5코드가 있으면 부친과 인연이 적든지, 부친의 사업이 어려워 재물복이 작을 수 있다. 또한 5코드는 투기, 과욕을 의미하는데 1코드(비견)가 있으면 재물이 파괴된다.

③ 필자가 잘 아는 분의 이름과 사주에 이런 배합이 있어 염려했는데 부친이 사업하다 실패하여 실의에 빠진 경우를 보았다. 하지만 1◦6 이 있다고 무조건 다 나쁘지는 않다. 명리에서 재물이 많을 때는 친구나 주위의 도움이 필요하다고 나온다. 즉, 드물기는 하지만 희신(喜神)이 될 때는 친구나 형제의 도움으로 사업에 성공한 사례도 있다.

② 1코드(비견)가 6코드(정재)를 만났을 때

《남자》
경7 기6 무5 무5
진5 묘2 인1 신7
 년 년 년 대운

《 서수남_가수 》			
시주	일주	월주	년주
己기 6	甲갑 1	甲갑 1	癸계 0
巳사 3	寅인 1	寅인 1	未미 6
	망신	망신	1◦2

《풀이》

① 1코드와 6코드의 나쁜 점을 보여주는 전형적인 사례이다. 6코드 (未:아버지)가 1◦6의 극으로 인해 아버지는 그가 태어난 후 100일이 지나고 심장마비로 사망하였다. 자신인 甲木은 生木이다. 배우자궁인 일지의 인(寅)은 망신이다.

② 戊申대운이 오면 배우자궁인 인(寅)이 대운에 의해 寅申沖으로 깨

진다. 56세(戊寅년)에 1∘5코드, 57세(己卯년)에 2∘6코드가 들어와서 야금야금 나의 5∘6인 재물이 흘러 나갔다. 한순간에 물거품이 되었다. 이 시기에 부인은 있는 돈 없는 돈 다 까먹고, 10억이라는 빚만 남기고 홀연히 잠적했다.

③ 비견 1은 나 자신이고 6은 정재로서 5∘6코드(재물, 부인)가 날아갔다. 남녀 똑같이 5∘6을 재물로 본다.

④ 1코드와 6코드가 같이 있는 상황이 되면 6코드(재물, 배우자)가 극을 받는다. 이 사주는 배우자가 1코드(다른 남자)와 같이 있는 형국이니, 배우자가 다른 남자와 정을 나누는 모습이다. 실제 그렇지는 않더라도 남자가 아내를 의심한다. 이를 의처증이라 부른다. 실제 친구나 형제와 사업하다 불협화음이 생기는 건 당연하다. 운이 좋을 때는 성공하기도 하지만 운이 나쁠 때는 반드시 문제가 생긴다. 내 재물이나 여자를 타인이 노리고 있기 때문이다.

독신으로 사는 경우 배우자궁에 1코드인 경우가 많다.

⑤ 戊申대운의 申(신)은 안방(궁)의 寅(인)을 인신충한다. 결국 안방의 寅이 충이 되어 달아난다.

❸ 2코드(겁재)가 5코드(편재)를 만났을 때

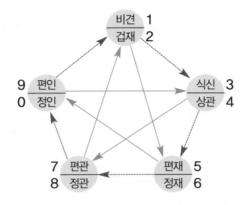

① 2코드(겁재)가 5코드(편재)를 만나면 서로 상극이 되므로 사주나 이름에서 여자나 재물운이 나쁘다 하여 꺼린다. 가령 임자(壬子)일주가 정사(丁巳)인 5·6코드가 있을 때 도둑 글자인 2코드(癸)가 정사 옆에 붙어 있다고 하자. 즉, 2코드(겁재)가 5코드(편재)를 만날 때인데 이는 마치 도둑에게 내 재물을 맡겨놓은 형국이다. 친구나 형제와 금전 거래하다가 애를 먹게 된다. 2코드(겁재)는 동업자나 이복형제를 의미한다.

② 평생에 걸쳐 자신의 운명 속에 이런 배합이 있던 사실을 모르고 남을 원망하던 사람이 있었다. 가만히 그의 운명을 보니 모든 원인이 자신에게 있었다. 그는 습관적으로 자신의 재력을 남들에게 떠벌렸다. 얼마 전에는 소중한 물건을 도둑맞았는데, 그 비밀장소를 말한 것은 정작 본인이었다.

원인을 찾자면 자신이 가지고 태어난 2코드(겁재) 때문이다.

대기업과 계약하기 직전 급한 마음에 먼저 최저단가를 제시한 사람이 있었다. 결국 계약은 성사되었지만 납품할 때마다 회사는 손해를 볼 수밖에 없는 구조였다. 그냥 봐도 그의 입이 문제였는데, 그는 자신의 사주가 궁금하여 용한 점집을 이곳저곳 찾아다녔다. 하지만 특별한 얘기는커녕 살풀이하라는 말만 들었단다. 2코드(겁재)를 가지고 있어서 반복하여 배신당하고 도둑맞는 것을 모르고 말이다.

③ 위의 예는 내가 당하는 내용이고, 다음은 내가 행위자일 때를 보자. 2코드(겁재)는 남의 재물을 내 것처럼 생각하니 공짜 좋아하며 허영심 많고 허풍이 세다. 그래서 금전사고가 생긴다. 이런 사람들은 투기를 좋아하며 횡재를 바라지만 속성속패. 벌기는 해도 그 돈이 수중에 모이지 않고 바로 나간다. 하격(下格)일 때는 도리어 도둑, 상습 도박범, 사기범, 밀수범, 불법적인 직업을 가지게 되지만 상격일 때는 군인, 경찰, 사법관, 세관원, 외교관 등이 많다.

그래서 1∘5, 1∘6, 2∘5, 2∘6처럼 상극이 된다고 다 나쁘다고 단정하지는 않는다. 1∘2코드를 용신으로 쓸 때는 도리어 많은 사람을 다스릴 수 있는 운명이 될 수도 있기 때문이다.

④ 2·6코드를 가진 가수 이민우

사람을 워낙 좋아한다는 이민우님의 사주이다. 20년 지기 절친에게 전 재산 26억을 갈취당했다고 털어놓았다. 계획적으로 접근한 후 자신을 협박하고 괴롭혔다고 한다.

《 이민우_가수(신화멤버) 》			
시주	일주	월주	년주
丁 정 2	丙 병 1	丁 정 2	丁 정 2
酉 유 6	戌 술 3	未 미 4	巳 사 1
	1·2	9·0	

《풀이》 도둑에게 내 재산을 통째로 맡긴 격.

① 정유자충 : 사주에 2코드가 무려 3개나 있어서 시의 유(酉:6코드)인 내 재산을 다 빼앗아간다. 6코드는 돈, 여자에 해당하니 여자와도 인연이 없어 아직도 미혼이다.

② 술(戌) 안에는 6코드(신금)가 있는데, 2코드(丁火)를 제일 꺼린다. 일주가 丙戌로 병술자합하고 있다. 이 말은 자신이 술(戌) 안에 6코드(신금)를 丙辛合하여 움켜쥐려고 한다는 뜻이다. 하지만 아무리 빼앗기지 않으려 해도 천간의 2코드는 너무 냉혹하고 잔인하게 온갖 협박을 하며 전부 가져갔다. 술(戌)이 금고이며 돈 창고이다.

③ 게다가 술(戌)은 안방이며 배우자 자리인데, 저렇게 집중공격을 받으면 일찍 결혼해도 배우자가 사라지고 심하면 사별할 수도 있다.

⑤ 도둑을 경찰이 감시하는 격

《남자》
2코드 = 도둑
7코드 = 경찰

《 남자 》			
시주	일주	월주	년주
乙을 2	甲갑 1	己기 6	庚경 7
丑축 6	申신 7	卯묘 2	申신 7
7∘8			

축(丑)은 사유축 금이므로 갑일간 기준으로 7∘8코드

《풀이》

① 내 재물을 노리는 1∘2코드(도둑)를 년간에 있는 7코드(경찰)가 제압(乙庚合)해주니 부부궁도 좋고 재물궁도 좋아 많은 재산을 지킬 수 있다. 2코드(乙卯)가 도둑인데 양 옆에서 경찰관인 7코드(庚申)가 감시하고 있다.

② 부부 사이가 좋은 이유는 좋은 역할을 하는 7코드(신금·경금) 때문이다. 사방에 감시카메라(7코드)를 달아놓고, 2코드(도둑)를 지켜보고 있는 형상이다.

③ 경(庚)록이 재신(申)이므로 경과 신(申)은 동일체다.

④ 을경합, 을신자합 : 2코드(도둑＝겁재)를 을경합으로 잡아주고, 배우자 자리인 처궁에서도 을신자합으로 겁재 짓을 못하게 잡아준다. 배우자가 좋은 일을 하니 처덕이 좋다. 겁재를 자합으로 확실하게 잡아버리니 돈이 옆으로 샐 일도 없다. 그래서 큰 재산을 이룬다.

⑤ 여기서 甲木은 뿌리가 잘려 나갔고, 물도 없으므로 죽은 나무가 된다. 만약 生木이라면 눈만 뜨면 부부 싸움을 한다. 배우자 자리에 앉은 신(申)이 눈만 뜨면 甲木을 金尅木하기 때문이다. 死木은 도리어 木을 깎아서 유용하게 쓰이므로, 申金(배우자 자리) 덕이 있어 처덕이 좋다고 본다.

사주를 풀기 위해서는 깊은 사고력이 필요해서 이치를 터득해야 한다. 단순한 기초 이론만 가지고는 잘 안 풀린다.

《여자》
2코드 = 도둑
7코드 = 경찰

《풀이》

① 위 사주는 역학동 하륜지산님이 올린 내용이다. 충북 청주에서 세 손가락 안에 드는 갑부라고 한다.

② 2코드가 있더라도 년의 8코드를 子丑合으로 나에게 끌어온다. 천 간은 丁壬合으로 6코드를 합해서 나에게로 갖고 온다.

③ 子丑合, 丁壬合을 하는 줄 알았는데, 년지의 丑이 巳酉丑 金局이 되어 丑土 토지 문서인 0코드가 되어 모두 내 것이 되었다. 배우자궁 의 子水가 2코드(겁재)라 할지라도 여기에서는 큰 도움이 되었으니 남편덕이 컸다고 볼 수 있다. 子덕에 子巳합이 되었고 그 덕에 丑=9, 0=문서를 내 손에 쥘 수 있었다.

제**3**장
3◦5코드 일명부자코드

■ 3◦5코드의 **특성**

①상위 1% 부자들은 3◦5코드를 타고난 경우가 많다. 이런 사람들은 뒤로 넘어져도 돈이 생긴다. 건전하게 노력해서 먹고 살라고 주어진 운명이어서 먹고 사는 데 별다른 지장이 없다.

②하지만 3◦5코드를 타고나서 벼락부자가 된 탓에 투기, 오락, 게임, 마약, 여자 등에 빠져 신세를 망치는 경우가 허다하다. 좋은 머리를 나쁜 곳에 쓸 경우 국가 경제를 뒤흔드는 대형 경제 사범이 되기도 한다.

좋은 운명인데 투기나 코인, 노름, 주식 등 한탕주의에 빠지면 반드시 대가를 치른다. (가수 정준영의 사례) "저는 3◦5코드가 있는데 왜 이렇게 사나요?" 하고 따지듯이 묻기도 하는데 이걸 두고 '인과응보'라 한다. 실컷 하고 싶은 대로 해 놓고 이제 와서 따져봐야 소용없는 것이다.

③ 3·5코드를 카사노바 코드라고도 한다. 바람둥이는 기본이고 정력가들에게도 많다. 필자가 사는 이웃집에 90세된 할아버지가 이 코드가 있는데, 정력가이다. 늙은 할머니는 너무 힘들다고 한다.

◈ 상담 사례 ① – 재벌

현장에서 상담할 때 3·5코드가 보여도 필자 입으로 "사주에 돈이 많네요."라고 말하는 건 좀 어색하다. 예전에 한눈에 봐도 귀티가 흐르는 중년신사가 들른 적이 있다. 사주를 보니 3·5코드가 눈에 띄었다. 그에게 연필을 쥐여주고 코드 뽑는 방법을 일러주었다. 5분도 채 안 걸려 스스로 코드를 적었는데 3·5코드가 나왔다. 조견표만 있으면 누구나 뽑을 수 있다[제1장 참조].

그리고 재벌의 명조들을 보여주며, "이분들 모두 3·5코드를 타고 났어요." 하면서 그 신사가 적은 코드를 가리켰다. 이 숫자를 누가 적은 겁니까? 하고 되묻자, 그는 무덤덤하게 아무 말도 하지 않았다. 하지만 원하는 답을 얻은 듯 흡족한 표정을 짓고 있었다. 짧은 순간에 상담이 끝났다.

자신의 그릇이 어떤지 궁금해서 왔는데 재벌들과 같은 코드를 두 눈으로 확인한 것이다.[19] 배웅을 나갔더니 고급 승용차가 집 앞에 대기 중이었다. 그 신사는 모 그룹 회장이었다.

◈ 상담 사례 ② – 카사노바

한여름 섬에서 풀 베는 작업은 힘들고 고되다. 이웃에서 힘들게 일했다며 통닭을 주문했다. 식기 전에 같이 먹자는 연락을 받고 약속 장소로 갔다. 사무장, 친구, 그리고 나를 포함하여 전부 네 명이었다. 짧게 눈인사하고 통닭을 먹었다.

배도 부른 참에 그중 한 사람의 생일을 물어보았다. 3◦5코드가 눈에 띄었다. 빙긋 웃으며 "카사노바구먼." 하자, 그는 멀뚱한 표정으로 고기만 씹고 있었다. 그래서 좀 더 강한 어조로 "변강쇠구먼." 했다. 환갑도 지난 사람에게 그런 말을 하니, 사무장의 눈이 휘둥그레졌다. 그때 마침 전화가 왔다. 톡톡 튀는 여자의 음성이 들렸는데 애교가 넘쳤다. 짧게 전화를 끊자마자 사무장이 "정도사 말이 맞소?" 하며 그를 쳐다보았다. 그의 친구는 옆에서 빙긋이 웃고만 있었다.

처음 본 사이에 누가 자신의 사생활을 털어놓겠는가? 나중에 알고 보니 여자가 많은 건 사실이었다. 방금 전화 온 여자도 우연히 만났다가 하룻밤 인연으로 둘도 없는 사이가 되었단다. 갑자기 일하러 떠나는 바람에 지금은 보고 싶어 안달이라고 했다.

---

19) 뒤의 재벌들 사주 참조.

2 재물의 크기

사주에 5。6코드가 없을 때는 무엇을 재물로 봐야 할까? 5。6코드가
없다면 재물이 없는 것일까? 이제 재물의 크기를 비교할 때가 왔다.

_제일 작은 재물은 착한 6코드(정재)이다.

_그다음은 재를 생해 주는 3。4코드(식상)이다.

_식상보다 큰 재는 9。0코드(인성)이다.

_인성보다 큰 재는 7。8코드(관성), 즉 국가에서 벌이는 공공사업이다. 대
개 억대에서 조 단위 크기의 대형 공사를 한다. 4대강 사업비는 24조가
넘는다.

_관성보다 큰 재는 바로 2코드(겁재) [20] 이다.

6 〈 3。4 〈 9。0 〈 7。8 〈 2

정재 〈 식상 〈 인성 〈 관성 〈 겁재

비록 정재는 안 보여도 더 큰 재물인 인성이 가득 있으면 길하다.
또 대운 흐름에서 재성대운(5。6코드)까지 나타나면 좋다. 그것을 충
으로 열어주면 더더욱 좋다.

---

20) 겁재=남의 것이 다 내 것일 때를 말한다. 빌 게이츠의 경우 네티즌들이 돈을 주고 있다. 전 세계
사람들에게 받는 게 가장 큰돈이다.

◈ 부부의 예

《 남자 》
미국인

시주	일주	월주	년주
乙을 8	戊무 1	甲갑 7	丁정 0
卯묘 8	申신 3	辰진 1	卯묘 8
		5◦6	

《 여자 》
한국인

시주	일주	월주	년주
丁정 9	己기 1	丁정 9	丁정 9
卯묘 7	未미 1	未미 1	卯묘 7
	7◦8	7◦8	

《풀이》

① 위의 두 사람은 부부다. 5◦6코드가 작동하지는 않았다.

② 대신 남자의 월지 진(辰)이 申子辰 水局을 이뤄 5◦6코드(돈 창고)를 가지고 있다. 가장 좋다는 3코드(식신)가 남자의 일지인 신(申)에 있다. 남자는 미국 재벌기업의 유일한 상속자이다. 그 기업의 가치가 상상초월이다.

③ 그러므로 5◦6코드만 찾아 사주의 그릇을 판단하면 안 된다. 부인 역시 어디를 봐도 5◦6코드는 보이지 않는다. 둘이 연애 결혼했는데, 여자의 시가 丁卯시다. 그래서 동갑내기 丁卯생 인연을 만나 庚子년 결혼했다.

《 아들 》

	시주	일주	월주	년주
	癸계 9	乙을 1	辛신 7	壬임 0
	未미 5	酉유 7	亥해 0	寅인 2

④ 두 부부의 아들이다. 역시 조상의 자리에 0코드가 있다.
부친에게도 조상의 자리에 0코드가 있다. 할아버지의 재력[21]이 대단
하다.

◈ 천문 선생님의 가르침
① 제일 허접한 재물은 눈에만 보이는 정재나(6코드) 편재로(5코드) 보
면 된다. 甲己合의 己土가 그렇고 丙辛合의 辛金이 그런 예이다. 작
고하신 천문 김병석 선생님은 고서를 통해 이런 내용들을 필자에게
알려주었다.

"항상 합이 합이 아니고, 충이 충이 아니란다."
"합으로 먹는 재는 나처럼 춥고 배고픈 선비일 뿐…"

천문 김병석 선생은 甲寅일주인데 월에 己亥월이 있어서 그런 말을
한 것 같다.

조부가 638억(연봉)

---

21) 임인년 연봉이 638억 5천만 원으로 알려졌다.

③ 3∘5코드의 예

아래는 3∘5코드의 예제이다. 앞에서 보았듯이 3∘5코드는 재벌 사주이며 돈을 많이 버는 코드가 된다. 기업회장의 사주에는 3∘5코드가 존재한다. 이 외에도 잘나가는 가수, 국회의원, 축구선수의 예를 실었다.

◈ 재벌 회장

신술(申戌)이 3∘5코드

《 구인회_LG그룹 창업자 》

시주	일주	월주	년주
丙병 1	丙병 1	己기 4	丁정 2
申신 5	戌술 3	酉유 6	未미 4

축(丑:사유축):돈 창고
유축(酉丑)이 3∘5코드

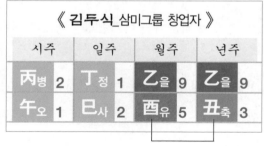

《 김두식_삼미그룹 창업자 》

시주	일주	월주	년주
丙병 2	丁정 1	乙을 9	乙을 9
午오 1	巳사 2	酉유 5	丑축 3

《 박두병_두산그룹 창업자 》

임진대운에 진술충
재고가 열림
술(戌)은 돈 창고
경술(庚戌)이 3·5코드

시주	일주	월주	년주
丙병 1	丙병 1	丙병 1	庚경 5
申신 5	子자 8	戌술 3	戌술 3

《 양재열_전 대우전자 사장 》

인해(寅亥)가 3·5코드

시주	일주	월주	년주
辛신 2	庚경 1	辛신 2	壬임 3
巳사 7	寅인 5	亥해 3	午오 8

《 이헌조_LG그룹 전 인화원 회장 》

계축대운에 축미충
재고가 열림
미(未)가 돈 창고
정미(丁未)가 3·5코드

시주	일주	월주	년주
庚경 8	乙을 1	丁정 3	壬임 0
辰진 6	亥해 0	未미 5	申신 8

《 임창욱_미원그룹 회장 》

임술대운에 축술로
재고가 열림
축(丑:사유축):돈 창고
기축(己丑)이 3·5코드

시주	일주	월주	년주
甲갑 0	丁정 1	己기 3	己기 3
辰진 4	酉유 5	巳사 2	丑축 3

5

3·5코드가 있어 재벌된 사주들

기축대운에 축미충
재고가 열림
미(未)가 돈 창고
오미(午未)가 3·5코드

《 정인영_한라그룹 회장 》

시주	일주	월주	년주
辛신 7	乙을 1	壬임 0	庚경 8
巳사 4	未미 5	午오 3	申신 8

미(未)는 돈 창고
정미(丁未)가 3·5코드

《 임대홍_미원그룹 명예회장 》

시주	일주	월주	년주
庚경 8	乙을 1	丁정 3	壬임 0
辰진 6	亥해 0	未미 5	申신 8

출처 : 중국 고서
일의 축(丑)은 돈 창고
기유(己酉)가 3·5코드
유축(酉丑)이 3·5코드

《 절강성 으뜸 갑부 》

시주	일주	월주	년주
甲갑 0	丁정 1	己기 3	壬임 8
辰진 4	丑축 3	酉유 5	戌술 4

◈ 신영균, 3◦5코드

《 신영균_배우, 국회의원 》

	시주	일주	월주	년주
	戊무 0	辛신 1	甲갑 6	戊무 0
	戌술 0	卯묘 5	子자 3	辰진 0

무진대운에 진술충
재고가 열림
진술이 돈 창고
자묘(子卯)가 3◦5코드

◈ 손흥민, 3◦5코드

《 손흥민_축구선수 》

	시주	일주	월주	년주
	丁정 3	乙을 1	丁정 3	壬임 0
	丑축 5	酉유 7	未미 5	申신 8

경술대운에 축술미
재고가 열림
축·미(丑·未)가 돈 창고
정미, 정축이 3◦5코드

4 가수 임영웅 3◦5코드

3◦5코드를 가진 가수 임영웅의 명이다.[22] 미스터트롯에서 두각을 보이며 승승장구 중이다. 2023년 정산금만 233억이라고 한다.

축·미(丑·未)가 돈 창고
신축, 신미가 3◦5코드

《 임영웅_가수 》			
시주	일주	월주	년주
辛신 5	丁정 1	甲갑 0	辛신 5
丑축 3	巳사 2	午오 1	未미 3
공망 5◦6			9◦0

《풀이》

① 이렇게 많은 돈을 번 이유는 바로 신사자합과 갑오자합 때문이다. 庚子년에 1억을 기부했다. 위 사주는 비겁이 많으므로[23] 일반적인 방법으로는 자칫 거지사주로 볼 수 있으니 조심해야 한다.

② 시의 3◦5코드가 눈에 보인다. 년의 辛未도 3◦5코드이다. 년에서 시까지 丑未沖으로 인해 재물이 차고 넘친다. 역마에 해당하여 바쁘다는 게 한눈에 보인다.

---

22) 을해년 기묘월 갑진일 부친이 사고로 별세했다. 어머니는 포천에서 미용실을 했으나 지금은 하지 않는다. 30세 묘대운부터 방송타면서 전 국민의 사랑을 받는 가수로 성장했다.
23) 사오미=화국(火局)=비겁인 1◦2코드가 많음.

③ 그런데 실제로는 0코드(갑목)와 3코드(미토)가 더 큰 재물이다. 누가 주머니에 큰돈을 넣고 다닐까? 문서화된 것, 즉 0코드(인성)가 더 큰 재물이다. 그 0코드(甲)가 월에 있다.

④ 2024년은 甲辰년이다. 정산금이 바로 0코드(갑)이다. 큰돈을 문서로 보내지 현금으로 주지는 않았을 것이다.

⑤ 30세 辛卯대운 庚子년 己卯월에 미스터 트롯에서 트로트 히어로가 되었다. 명예·인기를 뜻하는 게 7코드(子水)다. 시의 丑과 子丑合이 되면 자기가 원하는 것을 얻는다.

⑥ 33세 壬寅년에는 甲의 록인 0코드(인목)가 와서 큰 재물과 명성을 얻었다. 庚寅대운에도 같은 방법으로 甲의 록인 0코드(寅木)가 와서 재물과 명성을 동시에 얻는다. 그래서 교과서식으로 재성인 5·6코드만 돈이라는 고정관념은 버리는 것이 좋다.

⑦ 신사자합 : 丁巳일주다. 년의 辛金과 시의 辛金을 巳火가 신사자합으로 내 것이 된다. 이 사주는 자합만으로도 쉽게 풀린다. '겁재가 재물을 취한다!'라는 생각을 못하면 안 풀린다.

⑧ 갑오자합 : 巳와 午는 같은 화의 성분이므로 바로 옆에서 동일한 작용을 한다. 그래서 월에서 甲午로 自合을 한다는 것은 일에서, 내가 갑오자합하는 것과 같이 봐야 한다.

12운성으로 보면, 甲은 오(午)에 死宮이다. 힘없는 갑(甲)이 모두 오(午)로 들어와 내가 취할 수 있게 된다는 뜻이다. 아무리 좋은 것이라 할지라도 내 것이 아니면 무용지물인데 갑(甲)이 뿌리가 없어서 죽은 나무로 본다. 대운 자체가 경인(庚寅)이라서 인을 천간의 庚이 잘 다듬어 주면 죽은 나무의 특성상 그 가치가 올라가기 마련이다.

	시주	일주	월주	년주		대운	
	辛신 5	丁정 1	甲갑 0	辛신 5		庚경 6	
	丑축 3	巳사 2	午오 1	未미 3		寅인 0	
	공망		死				

⑨ 신사자합 : 辛丑이 공망이다. 안 그래도 土生金하여 辛金이 강해졌는데, 공망이 되니 내가 취하기 쉬워진다. 씨름할 때 강한 선수는 이기기 힘들지만, 공망이 되어 힘이 없으면 내가 신사자합하기 쉬워진다. 나는 계속 火生土로 丑(3:재능)과 未(3:재능)를 생하니 인기는 계속 올라간다.

⑩ 큰 인물들은 육친의 희생이 따른다. 즉, 신사자합에서 신금(辛) 5코드는 부친이다. 년간의 신(辛)과 시간의 신(辛)은 같다고 본다. 丑未 沖이면서 공망이라 부친인 金이 丑으로 빨려 들어간다. 공망의 특성상 金을 다 입묘(入墓)시킨다. 그래서 부친이 자합을 당해 일찍 이별했다.

그로 인해 도리어 자신이 출세하는 게 오행의 이치다. 공부를 하려면 여기까지 통변할 줄 알아야 비로소 눈이 떠진다.

5 방탄소년단 3·5코드

방탄소년단의 멤버 제이홉과 정국의 사주이다. 제이홉은 시주에,
정국은 월주에 3·5코드를 가지고 있어 부자가 될 수 있다.

축(丑)이 돈 창고
정축이 3·5코드

《 제이홉 》			
시주	일주	월주	년주
丁정 3	乙을 1	丙병 4	甲갑 2
丑축 5	亥해 0	寅인 2	戌술 6
7·8			3·4

방탄소년단 정국이 희귀 난치질환·소아암·백혈병 아이들을 위
해 서울대 어린이병원에 10억을 기부했다는 뉴스가 나왔다.

축·진(丑·辰)이
돈 창고
무신이 3·5코드

《 정국 》			
시주	일주	월주	년주
壬임 7	丙병 1	戊무 3	丁정 2
辰진 3	午오 2	申신 5	丑축 4
7·8			5·6

시주		일주		월주		년주		대운	
壬임	7	丙병	1	戊무	3	丁정	2	丙병	
辰진	3	午오	2	申신	5	丑축	4	午오	2
7◦8						5◦6			

기부를 한 때는 27세 丙午대운 癸卯년 丙辰월 壬寅일이다.

《풀이》

① 정국은 丙일주인데 오(午)는 2코드, 즉 겁재다. 대개 겁재대운(午 대운)이 2코드라 하여 도둑놈이 내 돈을 다 가져가는 것으로 알지만, 기부를 통하여 자발적으로 주는 행위는 잘한 일이다.

② 세계적인 거부들이 기부를 할 때 보면 2코드(겁재) 운에 하는 경우 를 종종 본다.

⑥ 수학강사 현우진

수학강사로 유명한 현우진의 사주이다. 현우진은 2023년 기준, 수능 전 과목 온라인 수강생 수 압도적 1위인 강사이다. 뛰어난 강의 실력으로 소위 '일타 강사' 하면 가장 먼저 떠오르는 강사 중 한 명이다.

3◦5코드 설명은 너무 많이 해서 더 이상 강조하지 않겠다.

《남자》
연봉 : 200억
자산 : 1000억

《 현우진_일타 강사 》			
시주	일주	월주	년주
癸계 4	庚경 1	壬임 3	丁정 8
未미 0	寅인 5	寅인 5	卯묘 6
공망 5◦6	망신	망신	

미(未)는 해묘미 목이므로 경일간 기준으로 5◦6코드

《풀이》

① 하락이수를 보니 "신(神)에게 정성스럽게 제사 지내서 복(福)을 받는다. 정성스럽고 미더운 사람으로, 신(神)을 감격시켜 복과 은택을 깊게 얻으며, 공과 명예를 얻고 지위가 현달해지며, 뜻하고 원하는 바를 크게 이룬다. 성실함이 사람을 감동시키고, 꾀하는 일에 막힘이 없고 융성해진다. 크게 일을 하고, 하는 일이 모두 잘됨을 뜻한다. 하는 일이 다 완전하고 오래갈 수 있는 좋은 계책을 실행하니, 위로도 유익

하고 아래로도 유익하다. 행실이 착하고 어진 재주를 가진 사람으로, 때에 잘 대응해서 순리대로 처신하여 크게 사업을 일으킨다. 노후까지 편안하고 즐겁게 지낸다."[24]

② 이 정도 예시를 들면 아무리 모르는 사람이라도, 필자가 말하는 3∘5코드의 내용이 과장이 아님을 알아채리라 본다.

③ 기해자합 : 고급 통변을 하자면, 그가 기해(己亥)대운부터 두각을 보인 이유가 있다. 바로 기해자합 때문이다. 0코드(기토)를 이용하여 3코드(나의 능력, 수완, 재능)를 自合해서 그렇다. 그것을 인해합으로 모두 끌어오니 다 내 것이 된 것이다. 단, 망신과 공망이 중첩되어 있으므로 조심해야 한다. 망신은 스스로 몸을 망치는 것이고, 공망은 하늘의 도움을 못 받는다는 의미가 된다.

이투스의 사회탐구 영역 대표 강사 이지영의 사주다. 연봉이 100억대며, 결혼에는 별로 관심이 없다고 한다. 입시와 관련 없는 일반 과목인데도 일타 강사로 화제가 되어 인지도가 높다. 강의 시간에 자신의 사주를 예시로 들면서, 연대별로 암기하는 요령을 설명하여 사주를 알 수 있었다.

《 이지영 》

	시주	일주	월주	년주
	甲갑 9	丙병 1	壬임 7	壬임 7
	午오 2	戌술 3	子자 8	戌술 3
공망		1 ◦ 2		1 ◦ 2

《여자》

정 무 기 경 신
미 신 유 술 해
47 37 27 17 7

《풀이》

① 병술자합, 임오자합 : 일주가 병술자합[25]이므로 그 어려움을 스스로 극복한다. 임오자합을 얻게 되어 7코드(임, 임)의 명예를 다 얻을 수 있다.

② 무신대운[26] 己亥년부터 유튜브 채널을 운영 중인데 40만 명 이상

---

25) 병술자합 : 병은 술이 양인고이면서 식상고에 해당한다. 양인의 기질이 있으므로 강한 정신력과 당찬 성격의 소유자다.

26) 戊申대운은 丙火일간으로 봐서 3◦5코드에 해당한다.

의 회원이 가입했다. 이것은 일반인은 상상하기 어려운 압도적인 숫
자이다.

◈ 일타 강사인 이유

① 戌년생이면서 丙戌일주, 甲午시여서 5글자가 양의 세력이다. 양
의 세력이 음의 세력인 '壬, 子, 子'를 공략시켜 내 것으로 만드는 것
이다.

② 여기서 甲木은 인성이면서 일주와 같은 세력이다. 甲은 9코드이므

로 학문·연구에 해당하며, 선생·
박사들에게 많이 보인다. 이렇게
되어 있으면 평생 9·0코드를 무기
로 살아간다. 학업성적이 또래들에 비해 탁월한 학생들이 있는데, 대
부분 이런 구조이다.

◈ 학창 시절 부모님은 왜 그리 힘들게 살았을까?

《여자》
정 무 기 경 신
미 신 유 술 해
47 37 27 17 7

시주	일주	월주	년주
甲갑 9	丙병 1	壬임 7	壬임 7
午오 2	戌술 3	子자 8	戌술 3
공망	1·2		1·2

① 사주 상으로는 庚戌대운에 庚金이 5코드여서 부친과 재물을 뜻하

는 게 힘이 없고, 丙戌이나 甲午로 인해 더욱 庚金이 극을 받는다.

② 壬子월에 庚金은 12운성으로 사궁(死宮)에 해당하여 5코드인 경(庚)이 힘이 없다. 그래서 더욱 독한 마음을 먹고, 공부에 매진하여 서울대학교와 대학원까지 졸업했다.

◈ 어려운 그 상황을 이겨낸 원동력은?

① 바로 자기 자신인 丙戌일주 때문이다(火는 콘텐츠, 유튜브, 마케팅, 플랫폼, 정보).

木火가 金水, 즉 7·8코드(壬子)를 얻으려는 사람들의 공통점은 밝다는 점이다.

② 丙火 입장에서 戌(寅午戌＝火)은 양인에도 해당한다. 그래서 의지가 강하고 정신력이나 모든 면에서 좀 독하다.

◈ 통장 잔고가 많은 이유

① 일반적으로 화개살이 있어서 큰 재물이 있다고 주장을 한다.

② 항상 하는 말이지만 7코드(壬子)가 월의 子水에 뿌리내리고 천간에 壬壬 2개나 있는데, 관(7)으로만 본다면 사주가 안 풀린다. 재성(5·6코드)이 사주에 없더라도 재가 생한 관(7·8)을 재로 봐야 풀린다. 즉 '壬, 壬'의 7·8코드가 변하여 5·6코드(재)로 바뀐 것이다.

◈ 병술일주가 재물인 '壬, 壬, 子'를 가질 수 있는 원인은?

① 그건 임오자합 때문이다.

② 임오자합을 했는데, 시의 午火와 午戌合이 되어 모두 戌土인 내 밑으로 들어온 것이다.

시주	일주	월주	년주
甲갑 9	丙병 1	壬임 7	壬임 7
午오 2	戌술 3	子자 8	戌술 3
공망			

③ 일지 戌土는 丙火와 병술자합이 된다. 내가 병술자합했다는 것은, 丙火인 내가 戌 중 辛金과 자합(自合)을 하겠다는 뜻이다. 그것도 하나가 아니고 년부터 일까지 완벽하게 병술자합을 하므로 인간승리를 한 것이다.

④ 그녀의 강의는 평범한 듯 툭툭 던지는 말이라도 묘한 흡입력이 있다. 사람들이 열광하는 것도 다 그런 이유 때문이다.

◈ 다시 돌아와서, 왜 부자인가?

① 일과 년의 戌이 월의 子水 하나를 놓고 둘러싸면, 내가 8코드(子水)를 확실히 얻으려 하는 것과 같다.

더 쉽게 말하자면 사냥감인 토끼 子水를 잡으려 하는데, 戌과 戌 2개가 그물이라고 보면 된다. 子水를 도망가지 못하게 둘러싸고 있다고 보면 이해가 쉽다. 이를 두고 포국(包局)이라 한다.

② 완전히 子水를 공략한다는 것은 범상치 않은 3코드(입담 : 戌) 때문

이다. 식신은 강의, 웅변, 입담이다. 이런 능력으로 이중삼중으로 '壬, 壬, 子'를 다 가질 수 있어서 좋다.

《여자》

정 무3 기 경 신
미 신5 유 술 해
47 37 27 17 7

	시주	일주	월주	년주
	甲갑 9	丙병 1	壬임 7	壬임 7
	午오 2	戌술 3	子자 8	戌술 3
공망		1◦2		1◦2

◆ 키 포인트는 3◦5코드 대운이다

① 37~46세까지 戊申대운에 속한다. 戊申대운은 3◦5코드 대운이다. 이런 운에는 대개 로또가 되든지, 일확천금을 손에 쥔다.

◆ 남자와 결혼 생각이 없다고 할까? 자식 운은?

① 甲午시이므로 자식궁이 공망이다.

② 시의 갑오자합이라 자식궁에 있는 甲木이 午를 만나면 12운성으로 사궁(死宮)이다. 즉, 자식을 키울 경우 문제가 생긴다.

③ 하늘에서 재물복은 주었지만 자식복까지는 안 주었나 보다.
한 예능프로그램에서 "결혼할 생각이 없으며, 데이트를 하려 해도 시간이 안 맞는다."라고 했다. 결혼할 생각이 없으니 당연히 자식 생각도 없을 것이다.

④ 대신 戌土가 다 자식들이다. 土는 나의 식신에도 해당하면서 寅午

戊이 되어서 1◦2코드(나와 닮은 사람들 : 제자)이기도 하다. 독신을 고집하는 이유는 간단하다. 남자인 壬水가 시의 午火와 임오자합되기 때문이다. 임오자합이 되면 시시한 남자들은 버티기 힘들다.

8 에쉬튼 커쳐

미국의 남성 배우이자 인권운동가 에쉬튼 커쳐의 사주이다. 데미 무어의 전 남편이며[27] 이란성 쌍둥이의 형이다. 재산이 2천억이나 된다.

《남자》
미(未)가 돈 창고
무오대운
미(未)는 해묘미 목이므로
경일간 기준으로 5코드

《 에쉬튼 커쳐 》			
시주	일주	월주	년주
癸계 4	庚경 1	甲갑 5	戊무 9
未미 0	子자 4	寅인 5	午오 8
5◦6			

《풀이》

① 갑오미자합 : 에쉬튼 커쳐의 첫 연인은 비참하게 살해를 당했다. 갑오미자합으로 인해 애인에 해당하는 5◦6에 문제가 생긴 것은 이런 오묘한 작용이라고 생각한다.

---

27) 28세 乙酉년(2005)에 결혼, 癸巳년(2013)에 이혼했다.

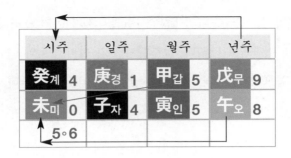

시주	일주	월주	년주
癸계 4	庚경 1	甲갑 5	戊무 9
未미 0	子자 4	寅인 5	午오 8
5·6			

② 애쉬튼의 사주를 보면 매우 특이한 것이 있다.

일간 자신을 빼고 사주의 7글자가 모두 庚金인 자신에게 몰려오는 형국이다. '癸'와 '子'는 4코드이므로 이미 내 것이라고 할 수 있다. 4코드는 나의 식상이므로 내 것으로 본다. 이 4코드(癸)가 戊癸合으로 년주를 끌어온다. 또 0코드(未)가 8코드(午)를 午未合으로 년부터 시까지 끌어오고 있다. 5코드(甲寅)도 모두 미(未:돈 창고)로 들어온다. 이처럼 7글자가 모두 다 내 것이 된다. 이 정도되므로 부자가 될 수 있었다.

제4장

3∘9코드 일명도식(倒食)코드

1 9코드(편인)가 3코드(식신)를 만났을 때

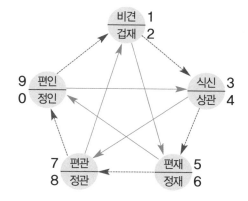

① 9코드는 편인으로 도식이라 하고 계모(모친)라고 한다. 1코드인 나
를 생해 주니 부모로 본다.

3코드는 식신으로 내가 생해 주는 것이므로 '풍요의 별'이다. 식신은

나와 오행이 같다.

② 자세히 보면 9코드(편인)는 내가 원하든 원하지 않든 나를 생해 준다. 3코드(식신)는 나의 기운을 가져가는 것이고 내가 한없이 베푼다.

나를 기준으로 9코드와 3코드의 관계를 보면, 3코드를 생하여 주기 전에 9코드가 3코드를 먼저 극해 버린다. 도표의 별 모양은 서로 상극이라서 내가 생을 하고 싶지만 3코드가 먼저 극을 당하게 되고, 9코드로 인해 3코드가 생을 받지 못한다. 사막에 서 있는 나무(1코드)가 자신이라면 당장 3코드(물)가 필요한데, 나의 밥그릇인 3코드를 9코드가 나타나 엎어버리는 형국이다. 그렇게 되면 나에게 나쁜 일이 생긴다. 도식(倒食)은 밥그릇을 엎는다는 뜻이다.

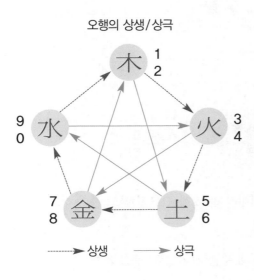

오행의 상생/상극

목을 기준으로 수가 필요로 하지만, 3코드(병화)인 식신을 만나면 둘은 앙숙 관계이다. 즉, 수극화가 되므로 3코드가 9코드를 만나면 도식이라고 하여, 밥그릇을 뒤엎어 버리는 것과 같다고 보면 된다.

③ 유명인이라도 할지라도 9◦3이 겹치면 법정 구속되기도 한다. 공망 부분에 설명한 정준영 사주를 보면(163쪽 참조) 9◦3이 3번 겹치는 운(년·월·일)에 구속되었고, 자유를 뜻하는 3코드(갑＝인)가 뜨는 갑진년에 출소하였다.

④ 9◦3코드가 있으면 식중독이나 위장 등 기타 건강에 문제가 생길 수 있다. 크게는 생명에 지장이 생긴다(일명 단명코드, 자살코드).

⑤ 더구나 여자에게 3코드는 자궁·자식궁으로 보는데, 9코드의 극을 받으면 자궁병, 자궁근종, 불임증, 유산, 자궁암, 유방암 등의 문제가 생길 수 있다. 또한 아픈 자식으로 인해 평생 마음고생하고, 심한 경우 자식을 잃을 수도 있다. 부부끼리의 성생활 문제도 여기에 포함된다. 굳이 9◦3코드 조합이 아니더라도 9코드 하나만 있어도 해당한다. 예를 들어 丙寅·丁卯·庚辰·辛丑·壬申·癸酉일주가 여기에 해당한다. 적중률이 높으며 사주나 이름 모두 동일하게 적용한다.

⑥ 그 외 비관으로 인한 자살, 음독, 약물중독, 가스중독, 화상, 피살 등 불측의 재난을 당하는 사례도 많다. 또한 여행지에서 모험을 즐기다 불의의 사고를 겪는 경우도 허다하다(대운에서 9◦3이 나오면 위험 신호).

⑦ 가장 안타까운 사고는 가족이 눈앞에서 손을 쓸 틈도 없이 죽는

9◦3코드는 자살·단명코드다

경우다. 실제로 얼마 전 지방에서 일어났던 일이다. 부부가 과일 장사를 하고 있었는데, 아이가 잠시 도로에 내려갔다가 달려오는 트럭에 치어 변을 당했다. 눈앞에서 목격한 부모는 반나절을 그 자리에서 통곡했다. 모두 9◦3코드로 인해 생긴 것이다.

⑧ 대기업 총수의 아들이나 손자, 며느리 등이 갑자기 요절하는 경우가 있다. 모두 9◦3코드가 원인이다. 세계 상위 재벌들이 이런 일들을 많이 겪는데, 지지(地支)의 특성상 형충파해로 극을 강하게 받아야 재물의 크기가 더 커지기 때문이다.
일가족이 전용비행기나 헬기를 몰다가 추락하거나, 파파라치를 피하려다가 단명한 사례 등도 있다.

◆ 9◦3코드로부터 벗어날 수 있는 해결책은?
① 병이 있으면 약이 있다. 나쁜 원인이 편인이므로 이것을 극하는 오행이 약이다.
② 즉, 甲木 기준으로 9코드(편인) 水가 병이면 水를 극해 주는 5코드(土)가 약에 해당한다.
9◦0의 약은 5◦6이다. 그렇게 되면 자동으로 3◦4는 9◦0의 극으로부터 보호받을 수 있다.

2 평생 자식도 없이 혼자 사는 여자

《 독신 여성 》

시주	일주	월주	년주
庚경 0	癸계 1	癸계 1	己기 7
申신 0 →	卯묘 3 ←	酉유 9	亥해 2

《풀이》

① 일간을 제외하고 6개의 음이 한 개의 3코드(卯)를 에워싸고 金剋木
으로 극하고 있다.

② 일지 卯는 자식에도 해당하지만 배우자궁에도 해당하여 자식과
남편 복이 없다.

③ 卯酉沖으로 궁인 3코드(卯)가 충이 되어서 그렇다. 동시에 3코드
는 자식에 해당하므로 자식도 없이 혼자서 사는 것이다.

④ 자식인 卯木이 제일 꺼리는 것은 木을 극하는 金이다. 시의 경신
(庚申)이 자식궁인데 金剋木으로 3코드(卯)가 들어오지 못하게 金剋
木하고 있으므로 평생 자식과는 인연이 없다.

③ 9·3의 위력, 가수 김준희님 유산

가수 김준희님의 사주다.[28] 32세(2007년) 임신 3개월 만에 아이가 유산되었다. 2020년 두 살 연하와 재혼하였다.

《 김준희_가수 》			
시주	일주	월주	년주
	壬임 1	庚경 9	丙병 5
	子자 2	寅인 3	辰진 7
	공망	공망	1·2

《남자》

무7
↓
자2
년

《풀이》 경인자충

① 壬水의 자식은 3코드(寅木)인데, 경금이 金剋木하므로 寅木이 상한다. 庚金은 지지의 신(申)과 같으므로 寅申沖과 같다.

② 게다가 인(寅)이 공망이다. 하필이면 자식에 해당하는 寅木이 공망이다. 악재는 겹쳐서 온다. 공망을 맞았는데 9·3코드까지 가중되어 유산이 된 것이다.

③ 戊子년에 이혼한 것은 남자인 7코드가 무자자합되었기 때문이다. 내 배우자가 다른 여자와 합을 하여 떠난 것이다. 배우자궁에 2코드가 있으면, 배우자로 인해 골치 아픈 경우가 많다.

---

28) 29~정해대운 31세 병술년 지누와 결혼(5월 14일).
    29~정해대운 33세 무자년 2월말 갑인월 이혼. 무자자합 이혼.

④ 그 뱃속의 아이와는 인연이 없소

己卯년에 한 여인이 만삭의 몸으로 필자를 찾아왔다. 필자는 그녀에게 "뱃속에 있는 아이와는 인연이 없소."라고 말해 주었다. 아마 마음 한구석에 이미 이별을 예감했으리라 본다. 여인은 아이가 돌이 지날 무렵 이혼했고, 아이는 아버지가 키우기로 했다. 그녀는 교육자로 살고 있다.

인반수 이론을 실전에서 직접 경험하지 않으면, 그 위력을 알 수가 없다. 우리가 모르는 4차원의 세계가 있다고 본다.

《여자》
기1 갑8
묘7 신4
세운 대운

	시주	일주	월주	년주
	甲갑 8	己기 1	辛신 3	乙을 7
	戌술 2	巳사 0	巳사 0	卯묘 7
공망 9	안방			

《풀이》 갑사자충

① 자녀성 己土일주에게는 자식을 뜻하는 글자가 3코드(辛)이다. 이 신(辛)이 가장 두려워하는 오행은 사(巳)다. 그런데 사(巳)가 월·일의 두 곳에 있다. 그 바람에 신사자합을 이뤄 사(巳) 속으로 빨려 들어간다.

그냥 오행상으로만 봐도 자식인 월의 신(辛)을 지지에서 火尅金으로 극을 당한다. 그래서 자식인 金(3·4코드)은 힘을 상실한다.

② **신사자합** : 이런 일이 생긴 것은 甲申대운 己卯년이다. 신사자합을 가지고 태어나면, 그 오행이 동하거나 합·충을 받을 경우 더욱 강력하게 작용한다. 신(申)대운이 오면 월과 일의 사(巳)를 합으로 움직이게 한다. 이런 경우 아이를 직접 키우려 한다면 그 아이는 결국 자신을 떠나고 만다. 지금처럼 생이별하는 경우이고, 불의의 사고로 인해 일찍 죽을 수도 있다.

그녀는 자식에 대한 미련이 유난히 강했다. 아이를 시댁에 맡기고 돌아설 때 그녀의 심정은 이루 말할 수 없었다고 했다. 그 후 다른 사람을 만나 잘 살고 있다.

③ **자녀궁** 누구나 자식궁을 시주로 본다. 그래서 시(時)의 자식궁은 甲戌이 된다. 모든 궁은 상하거나 깨지면 문제가 생긴다. 천간의 갑(甲)이 갑사자충하므로 인해 연·월·일이 모두 충이 되었다. 그러면 천간의 갑(甲)인 자식궁이 충을 받은 것과 같다. 자식궁(甲戌)이 충으로 인해 문제가 있는데, 甲申대운이 오자 갑(甲)이 신(申)을 만났다. 甲은 申에 절지(絶地)에 해당한다 [167쪽 12운성 도표 참조]. 비록 甲은 己 일주로 봐서 8코드에 해당하지만 자식궁인 시간에 있으므로 위와 같이 절지로 본 것이다.

④ **자합의 위력** : 自合은 사람이 감전되듯이 갑자기 어떤 사건이 생김을 뜻한다. 사주를 볼 때 '육친'과 '돈·명예'는 분리해서 봐야 한다. 위의 예제와 같이 자녀와 인연이 없는 것은 육친상의 문제일 뿐이다.

직업적으로는 辛金이 O코드(巳 : 인성)를 끌고 왔고, 자신의 능력을 이용해서 교육자가 되었다. 하나가 희생되면 다른 하나는 얻을 수 있는 것이 오행의 숨겨진 이치이다.

5 마릴린 먼로

　영화배우 마릴린 먼로의 사주다. 생모는 결혼을 3번하였다. 어릴 때 부모가 이혼하는 바람에 대부분을 양부모의 집과 고아원에서 지냈다. 17세에 처음 결혼했으며, 이혼 후 2번 더 결혼했다. 37세 庚寅 대운 壬寅년 丁未월 乙亥일 사망했다. [29]

《 마릴린 먼로 》

시주	일주	월주	년주
癸계 3	辛신 1	癸계 3	丙병 8
巳사 8	酉유 1	巳사 8	寅인 6

《풀이》 병유자합, 신사자합, 계사자합, 병신합, 인사형, 사유축, 사유합

① 신사자합 : 辛金일주의 식상인 2개의 癸水가 2개의 巳火(뭇 남자들)를 自合으로 묶어 모두 내편으로 가지고 오는 모양새다.

② 인사형 : 부모 자리인 년과 월이 서로 寅巳刑하는 바람에 친아버지 없이 자라야 했다.

③ 계사자합, 사유합 : 時와 계사자합한다는 것은 나의 자유를 국가기관에 의탁한다는 뜻이 담겨 있다. 결국 7·8코드(사화)가 내 몸에 해당하는 3·4코드(계수)를 보호한다는 뜻이다.

─────────────

29) 둘째 남편 : 조 디마지오 29세 갑오년 결혼~30세 을미년 이혼.

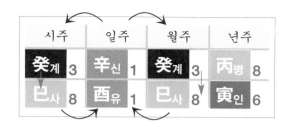

일주인 나는 辛(1코드)이다. 내가 생하는 식신은 3코드다.

월간과 시간의 계(癸)는 3코드(매력, 재능)다.

신(辛)인 자신 기준으로 8코드(巳火)는 남자이다. 남자를 유혹하기 위해 자신의 끼를 이용하는데, 그것이 바로 계사자합이다.

나(1코드) 역시 신사자합으로 8코드(巳火)와 관계를 하고 싶어 한다. 그런 상황이 그녀의 의지다. 즉, 추파를 던져서 넘어오는 남자를 다 취하고 싶어 한다는 것을 말한다.

◈ 17세 임오년에 첫 남편을 만난 이유

남자인 午火를 만나기 위해서 임오자합이 되어야 하는데, 그 해가 딱 그런 해다.

① 신(辛)일주에게 남자는 8코드(丙火)에 속한다. 7코드(午火)도 남자

다. 즉, 壬午년의 午가 남자라는 뜻이다.

나의 생각을 뜻하는 임(壬)은 4코드에 속한다. 임오자합을 한다는 뜻
은 4코드(나의 생각)가 남자와 합을 한다는 것을 의미한다.

◆ 21세 丙戌년에 이혼한 이유

① 병유자합 : 원래 타고난 사주에 병유자합이 되어 있다. 8코드(병)
는 남자, 배우자궁이 1코드(유)가 된다. 12운성으로 丙火가 酉金을 만
나면 사궁(死宮)에 해당한다. 사궁이라면 남자가 배우자궁에서 죽는
다는 것을 의미한다.

② 원국에 丙火가 있는데, 년운에서 병술년이 되자 남자인 丙火가 또
병술자합으로 自습이 되어 사라진다.

부연설명하면, 역시 12운성으로 丙이 戌을 만나면 묘궁(墓宮)에 해
당하므로, 남자가 배우자궁에서 무덤에 들어가니 남자와 이혼을 한
것이다.

◈ 31세 丙申년에 세 번째 결혼, 36세 辛丑년에 이혼한 이유

① 결혼 : 병(丙)은 신(辛)과 합한다. 그러므로 신(辛)일주인 그녀는 남자인 병(丙)과 합하기를 원한다. 병(丙)은 8코드로 남자를 뜻한다. 그래서 丙申년이 되면 丙辛合되어 결혼한다. 丙申년의 丙은 배우자 궁(酉金)인 안방으로 병유자합되어 들어오기도 한다. 남자가 없으면 들어오고, 원래 있었다면 년운이 나쁠 때 헤어지는 게 自合의 원리다.

② 이혼 : 남자인 병(丙)은 8코드라 불이 꺼지면 안 되는데, 辛丑년이 오면 년의 丙火와 丙辛合이 되어서 丙火가 꺼진다. 합이 되어서 水剋火가 되고, 그렇게 되면 水가 丙火를 水剋火하여 이별을 한다.

원 사주에 '巳, 酉'만 있는 상황에서 辛丑년이 오자 巳酉丑 삼합이 되었다. 그 바람에 巳(=병)가 합이 되어 火의 성질이 金으로 바뀌었다. 8코드(巳)가 다른 글자와 합이 되어서 다른 오행의 성질로 바뀐다는 것은 본연의 8코드(巳)인 남자가 변질되어서 떠나감을 뜻한다.

◈ 37세 壬寅년에 사망한 이유

① 3코드를 수명성으로 본다. 즉, 수명성인 癸(3코드)가 힘이 없으면서 자합이 되면 단명한다.

② 3코드(癸水)는 내가 생한 것으로 나와 연관성이 강하여 수명을 관장하는 별로 본다. 癸水는 보호받아야 하는데 그녀가 사망한 丁未월이 되니, 천간으로는 丁癸沖을 당하고, 지지 미(未)는 癸水를 극한다.

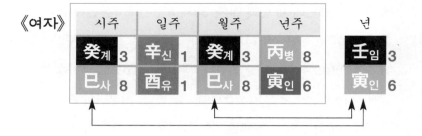

《여자》	시주	일주	월주	년주	년
	癸계 3	辛신 1	癸계 3	丙병 8	壬임 3
	巳사 8	酉유 1	巳사 8	寅인 6	寅인 6

③ 壬寅년이 되자 7·8코드인 불이 제일 꺼리는 물이 나타났다. 이는 3·4코드라 하여 남자를 바로 극한다. 壬寅년의 寅은 巳火와 寅巳害가 되어서 자꾸 꺼트리려고 한다. 그 바람에 남자들이 식겁을 하고 모두 떠났다.

④ 7·8코드(화)는 극을 받게 되면 자신이 타격을 입지 않으려고 방어를 한다. 그 당시 그녀의 언행으로 인해 남자들이 위기감을 느끼고 다 돌아선 것이다. 일간 신(辛)을 중심으로 양쪽의 癸水는 입이 가볍고 행동도 가벼움을 뜻한다. 癸(3코드)가 언행인데, 말을 함부로 하게 되면 바로 丙(8코드)으로 봐서 타격이 온다. 때문에 그런 일이 생긴 것이다.

6 사유리, 시험관으로 임신

42세의 늦은 나이에 시험관으로 임신에 성공해서 戊寅대운 庚子생 아들을 낳았다.[30] 사주를 풀어보니 본인만 모르지 모두 정해진 일이라는 걸 알 수 있다.

시주	일주	월주	년주
	癸계 1	甲갑 4	己기 7
	丑축 7	戌술 8	未미 7
	9∘0	5∘6	3∘4

《후지타 사유리》

《풀이》 갑미자합, 기축자충, 계미자충, 갑기합, 축미충, 축술미

① 갑미자합으로 남자와 식상을 한꺼번에 제압한다. 자기 하고 싶은 대로 행동한다.

② 기축자충, 丑未沖으로 남자와 인연이 없다.

③ 축술미가 되어 남자를 뜻하는 토(7∘8)가 다 깨진다. 하지만 삶의 질은 더 좋아진다. 가정불화가 생기지 않아 좋으며, 도리어 3개의 중요한 창고(丑戌未)들을 요긴하게 풀어 다 써먹을 수 있다.

---

30) 후지타 젠 : 庚子년 丙戌월 辛亥일 癸巳시 생이다.
아기의 입태일은 己亥년 丁丑월 丙寅일이다. (5운 6기법) 양력 1월 24일.

④ 고등학교를 영국에서 다녔고, 수학여행은 독일로 갔다. 대학교는 뉴욕에서 다녔다. 일본에서 태어났는데 왜 외국에서만 지낼까? 그건 바로 역마 때문이다. 그녀가 未생 양띠다. 亥卯未로 보아 巳酉丑은 역마에 해당한다. 亥卯未와 巳酉丑 글자 중 한 글자만 연관성이 있어도 역마로 본다. 역마를 가진 사람은 바쁜 것도 좋지만, 공간이동을 해주는 편이 좋다. 한군데 정착하는 것보다 멀리 사는 곳을 벗어나야 남들보다 빨리 성공한다.[31]

◈ **어떻게 임신이 가능했을까?**

① 2020년 1월 24일 시험관 시술해서 2020년 11월 4일 10개월 만에 태어났다. 가장 큰 이유는 갑미자합 때문이다.

甲(자식 : 4코드)이 未(7코드)로 들어와야 한다.

② 다시 말해서 癸水인 내가 甲 자식을 얻기 위해서는 멀리 년(외국)의 未와 연관성이 있어야 한다. 먼저 己亥년의 亥水가 내 몸의 일부임을 알아야 한다(겁재는 같은 水이므로 내 몸의 일부다).

③ 己亥년이 되면 기해자합이 되어, 나의 자궁 甲木(식상 : 3코드) 속(착상)으로 甲己合해서 임신을 한다(亥 중에 甲).

착상을 위해서는 丑未沖으로 닫혀 있던 未를 丑이 열어줘야 인공수정

---

31) 예를 들면 해(亥)생인데 사(巳)를 만나도 역마고 유(酉)나 축(丑)을 만나도 역마다. 반대로 사유축생이 해묘미 중 한 글자만 만나도 역마다. 己未생인 사유리는 癸丑일이므로 축(丑)은 역마가 되어 고향을 떠나 산다.

이 가능한데 다행히 丁丑월이라 가능했다.

甲木=寅木=자식(3)이다. 나의 안방까지 들어와야 하는데 마침 착상에 성공한 날이 寅日이다. 그래서 무사히 寅丑暗合으로 癸丑일주인 그녀에게 착상이 가능했다.

◈ 그럼 왜 庚子생 아들인가?

그 이유는 또 子水의 특성을 파악해야만 한다.

① 물상 : 분비물, 정액, 정자, 성(sex), 아이, 자식, 자궁, 가장 순수한 물, 소금물, 땀, 타액.

② 이것을 바탕으로 子水(남자의 정액)가 子丑合으로 배우자궁으로 합되어 들어오는 것이 바로 쥐띠이다. 대운 자체가 戊寅대운이어서 천간이 戊癸合, 즉 8코드(남자) 戊가 나와 합이 된다.

③ 지지도 寅丑合이 되어서 천간과 지지가 같이 합된다. 결혼을 안 했

음에도 정확하게 남자인 官(8)과 합해져서 아이를 가질 수 있는 운이다. 이렇게 정확하게 맞아떨어지기도 힘들다. 사유리는 마치 자신이 행위자인 것 같아도 모두 타고난 순리대로 따른 것뿐인데 정작 본인만 모르고 산다.

1 8코드(정관)에 관하여

남자에게는 직업·명예·자식을 뜻하고, 여자에게는 남자·애인·
배우자를 뜻한다. 정관은 8코드다.

_甲木의 정관은 辛金과 酉金(辛·酉)

_乙木의 정관은 庚金과 申金(庚·申)

_丙火의 정관은 癸水와 子水(癸·子)

_丁火의 정관은 壬水와 亥水(壬·亥)

_戊土의 정관은 乙木과 卯木(乙·卯)

_己土의 정관은 甲木과 寅木(甲·寅)

_庚金의 정관은 丁火와 午火(丁·午)

_辛金의 정관은 丙火와 巳火(丙·巳)

_壬水의 정관은 己土와 丑土, 未土(己·丑·未)

_癸水의 정관은 戊土와 辰土, 戌土(戊·辰·戌)

바른 관이라 함은 법으로 정해진 것을 잘 지키는지 관리 감독한다는 뜻이다. 여기에는 생명, 지적 재산, 고정 재산 등을 법의 테두리 안에서 보호하고 통제 관리하는 것을 말한다. 그런 임무를 띤 사람들을 통칭 국가 공직자로 분류한다. 그만큼 정관을 가진 사람은 많은 지식과 도덕심, 바른 판단력 등을 갖춰야 한다.

정관이 조금이라도 나쁜 마음을 갖거나 이기적인 생각을 가지면 안 된다. 사리분별이 뚜렷하고 공명심도 강해야 하며, 개인보다는 공적인 자세로 희생정신이 필요하다.

정관의 특성상 조직이나 무리를 벗어나도 안 된다. 자기 개인이 아니라 공동체의 일원으로 같이 움직이면서 국민을 지켜야 하기 때문이다. 그래서 정관을 지닌 사람들은 다른 사람에 비해 위법적인 일에 휘말리면 구설이 난다.

정관은 공과 사를 분명히 하고 정직한 면을 보여야 하며, 타인의 모범이 되어야만 한다. 그 틀을 벗어나면 탐관오리가 된다.

정관은 직책이나 계급의 별(관성)이라고 지칭한다. 정관이 제일
꺼리는 것은 내가 생하는 상관(4코드)이다. 운에서 상관이 나타나면
구설이 뒤따르는 것도 이런 이유다.

정관이 튼튼하려면 재성의 생을 받는 것이 좋다. 재생관하므로
좋다고 본다.

2 7·8코드가 3·4코드를 만났을 때

3과 4는 식상이라고 하여 자식, 조모, 손자, 장모 등을 의미한다. 7과 8은 여자일 경우 남편, 애인, 부친과 그 형제들, 남편의 형제 등을 뜻한다.

7과 8이 남자인 경우 자녀, 조모, 외조모친, 외조모형제, 부친 형제들, 자식, 명예, 직장 등을 의미한다.

7과 5인 편관과 정관을 더 구체적으로 살피자면, 일간인 나와 주위의 비견(1코드)과 겁재(2코드)를 극하는 십신이다.

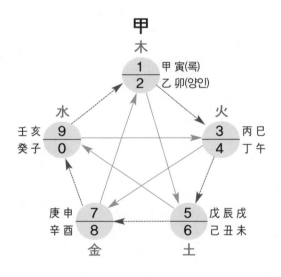

갑목 기준으로 신금이나 유금을 보면 이를 8코드(정관)라고 한다. 또 갑목 기준으로 경금, 신금을 보면 이를 7코드(편관)라고 한다. 편관은 법적으로 정당하게 나와 주위의 1·2코드를 통제하거나 억압한다는 뜻이다. 7◦8코드(관)는 국가·사회, 작게는 한 가문을 다스리는 법과 질서를 뜻한다.

존경, 충성, 예의, 숙청, 통치, 사명감, 명예, 자존심, 윤리, 양심, 군기, 상명하복, 승부욕, 무력, 보스, VIP, 통제, 공적인 업무, 언론 통제, 강압적, 공포심, 무소불위, 준법, 문관, 공정, 대의명분의 뜻이 담겨 있다. 7과 8인 편관과 정관을 쓸 수 있는 사람은 법조계, 정치외교, 경찰대, 행정대 등과 연관이 있다. 간혹 국가 통수권자들에게도 보이는데, 이때 정관이나 편관의 특성상 식상(3◦4코드)을 제일 꺼린다.

갑목 기준으로 칠살(7◦8)인 금은 식상인 화(3◦4)를 가장 두려워하고 꺼린다. 타고난 사주에 있어서도 그렇고 대운에서 오는 것도 두려워하고 꺼린다. 동·식물도 서로 천적이 있는가 하면 도움을 주는 공생관계도 있다. 오행도 이와 똑같다.

여기서 서로의 관계를 살펴보자.

오행이 서로 같으면 3이나 7이 되고, 다르면 4나 8이 된다.

예를 들면 戊土가 庚金일 때에는 같은 양이므로 3이 되고 戊土가 辛金일 때는 음양이 서로 다르므로 4가 된다.

또 戊土일 때 甲이면 7이 되고, 음양이 다른 乙木이면 8이 된다. 다른 오행도 이와 같이 보면 된다[육신표출표 참조].

여자인 경우 7◦8코드가 3◦4코드를 보면 과부코드라고 보지만, 꼭 그런 것은 아니므로 전체를 보고 파악해야 한다. 이런 배합인 경우 자식을 낳자마자 이별한다. 또한 임신하자마자 이별의 슬픔을 겪거나, 아기가 태어나기도 전에 남자가 죽기도 한다(클린턴 대통령이 유복자이다). 또 7◦8 지나치게 많으면 관살혼잡이라고 하여 남자가 많다는 것을 의미한다. 이런 여자는 남자가 의처증이 생겨 서로를 힘들게 한다.

◈ 3◦4코드는 **역시 9◦0코드의 제압을 받는 것이 좋다**

교양과 스승, 부모를 의미하는 9◦0코드를 만나야 한다. 처가살이도 남자를 위해서 좋은 방법이 될 수 있다. 내가 목이면 화는 3◦4코드 불인데 이 불을 견제하는 것은 역시 물인 9◦0코드밖에 없다.

그렇다면 남자인 쇠가 물의 보호를 받을 수 있지 않겠는가? 위에서 3◦4코드는 식상이라 하여 장모라고 했듯이 내가 1일 때 7◦8코드(편관·정관)는 나를 견제하는 것이고, 여자일 경우 남자를 의미한다.

◈ 7◦8코드가 3◦4코드를 만나서 나빠지는 배합은 3◦7, 3◦8, 4◦7, 4◦8 이 있다. 일명 과부코드라고 부른다.

이런 배합을 이루면 남자가 술을 많이 먹거나 투기, 노름을 하여 가산을 탕진하거나 질병을 겪는다. 결국 일평생 부인을 고생시키거나, 결혼해도 얼마 못 가서 헤어진다. 둘이 사랑해도 어쩔 수 없고, 남편 몰래 바람을 피우면 대신 그 사람이 죽기도 한다.

예전에 己未일주 마담이 방문한 적이 있다. 사주를 보고 남자가 날 아간다고 하니, 피식 웃으며 남편은 버젓이 살아있다고 했다. 그래서 재차 강조했다. 남자가 날아간다고. 그때 같이 온 언니가 말했다. "너 작년에 사귀던 중령 있잖아. 자다가 갑자기 심장질환이 와서 응급실 간 그분 말이야. 결국 며칠 후에 죽었잖아." 그제야 그녀는 바짝 다가와서 필자의 말을 귀담아듣기 시작했다.

그 외 3◦7, 3◦8, 4◦7, 4◦8일 경우, 미인이라도 평생 독신으로 사는 사람들이 많다.

◈ 남편이 교통사고로 사별

30세 辰대운 丙子년에 사별했다.[32]

《 여자 》	시주	일주	월주	년주
병 갑	壬임 7	丙병 1	癸계 8	丁정 2
자 진	辰진 3	申신 5	丑축 4	未미 4
세운 대운	공망 7◦8		5◦6	9◦0

《풀이》 ① 丙火기준일 때 丑土, 未土가 있는데 남자를 뜻하는 천간의 癸水가 8에 해당하여 바로 4(식상)가 8(관성)을 만났다.

② 辰대운 丙子년에 남편이 교통사고로 사망하였다. 위 공식을 위해 일부로 끼워서 맞추었다고 할 정도로 정확하게 맞아떨어진다.

---

32) 출처 : 다음카페 : 자운 자연속의 나를 찾아서.

③ 진(辰)이 공망이라 함은 7·8코드인 수의 무덤이라는 뜻이다. 타고 난 사주에 진(辰)이 있어서 불안한데 진(辰)대운 丙子년에 8코드인 자(子)가 와서 子辰합을 이루었다. 안 그래도 공망 때문에 활짝 열려 있는 진고(辰庫)로 빨려 들어가는 바람에 과부가 되었다. 악운은 겹쳐서 온다고, 진(辰)이 두 번 겹쳐서 오는 대운에 그런 일을 겪었다.

◈ 4·7코드의 또 다른 사례 – 가수 양하영

양하영(본명 신언옥)은 1985년 11월 강영철과 결혼했고, 1987년 10월에 이혼했다. 《갯바위》《가슴앓이》 등을 히트시킨 가수이며, 현재 U1대학교의 전임교수로 활동하고 있다. 재혼 소식은 없으며, 반려견 9마리와 살고 있다고 한다.

《여자》
정   계
묘   묘
세운 대운

《 양하영_가수 》			
시주	일주	월주	년주
甲갑 4	癸계 1	丙병 6	壬임 2
寅인 4	未미 7	午오 5	寅인 4
	3·4		

《풀이》 실제 癸未일주 자체가 계미자중에 해당하여, 스스로 배우자궁을 위에서 바로 극한다.

① 24세 乙丑년에 결혼 후 26세 丁卯년에 이혼하고 난 후 홀로 지낸다. 모두 계묘(癸卯)대운 계(癸)대운 3년간 일어난 일이다.

이름이 양하영인 경우 모두 土에 해당한다.

② 이혼한 해가 정(丁)년인데 火生土하면 모두 식상인 3코드가 된다. 양ㅎ영(土:3코드), 즉 사주와 똑같이 남자인 7◦8코드를 극하는 일이 이름에서도 동시에 일어난 것이다〔000쪽 조견표 참조〕.

양하영의 사주를 이해하려면 먼저 '丁己록(祿)이 在午'라는 공식을 알고 있어야 한다. 즉, 午(오)=己(기)가 됨으로 丁=午가 남자를 뜻한다. 7◦8도 남자지만 5◦6도 남자로 본다.

③ 그녀는 癸卯대운 중 22세 癸亥년에《가슴앓이》로 데뷔했다.

25세 乙丑년은 월지와 일지가 午未合으로 궁인 未土가 닫혔는데, 乙丑년에 丑未沖으로 잠시 열려 결혼했다. 하지만 세운에서 잠시 열리고 나서 2년 후 곧 바로 닫혔다. 궁인 未土가 午未合으로 닫히니까 마음까지도 닫혀 지금껏 혼자 살고 있다.

④ 58세 戊戌년이 되자 교수직 제의가 들어왔다. 그것은 명예를 뜻하는 戊土 8코드 때문이다. 나에게 8코드인 무(戊)가 戊癸合으로 나와 합(合)을 해서 들어오니 경사스러운 일이 생긴 것이다. 직책(교수)을 뜻하는 오행이 나와 합으로 들어왔는데 원래 8코드는 관이라서 남편을 뜻하기도 하지만, 여기서는 직업·직책으로 봐야 한다.

⑤ 양하영의 가장 큰 약점은 바로 년의 壬水 겁재다. 그 겁재는 안하

무인이어서 나의 안방까지 壬午未로 넘본다. 내가 취할 것을 壬水가 먼저 임미자합으로 가져간다. 나의 丁火 5◦6코드(돈)를 겁도 없이 壬水 겁재(2)가 자기 것인 양 다 가져가기 때문에 평소에 조심해야 한다. 그녀를 있게 한《갯바위》《가슴앓이》라는 곡은 모두 전남편인 강영철이 작곡했다.

⑥ 시의 甲寅이라는 4코드가 나의 배우자 자리인 未土로 모두 갑미자합으로 들어온다. 비슷한 예로 甲寅月에 태어난 丁未일주인 경우 甲寅이라는 인성(0코드=재물, 권리, 저작권, 모든 문서, 지식)이 未土인 나에게 들어온다. 잘 모르는 사람들은 甲寅이 모친이므로 未土로 빨려 들어와 안 좋을까 염려하지만 여기서는 미(未) 자체를 어머니로 본다.

◈ 배우자궁의 공망

《 여자 》

	시주	일주	월주	년주
	戊무 3	丙병 1	己기 4	戊무 3
	戌술 3	子자 8	未미 4	午오 2
		공망		

배우자궁인 자(子)에 공망이 들었다. 47세 甲辰년에 8코드인 子水가 진(辰)으로 입묘되어 혼자가 되었다. 실제로는 8코드인 남자가 3◦4코드의 집중공격을 받아서 독신이 된 것이다.

③ 나이 많은 회장과 결혼한 금나나

27세 나이 차이를 극복하고 윤일정 회장과 결혼한 금나나의 사주
다. 20세 壬대운 壬午년 미스코리아 경북 진에 선발되었으며, 하버
드대 박사학위를 받고 35세에 결혼했다.

《여자》
묘가 안방
궁이 깨끗함

《금나나》

시주	일주	월주	년주
丙병 0	己기 1	庚경 4	癸계 5
寅인 8	卯묘 7	申신 4	亥해 6

《풀이》 기인자합, 경묘자합

① 가장 먼저 토금상관격으로 태어난 것이 눈에 띈다. 토금상관격을
이루면 우선 귀격이다. 이 격은 9∘0코드(인성)가 반드시 필요하다.
그녀가 추구하는 것은 오로지 학문이다. 물론 정신적인 것도 인성에
속한다. 세월이 흐르면 큰 교육재단을 설립하여 지식과 교육에 온 정
열을 쏟을 것으로 보인다.

② 기인자합 : 기인자합을 했더니 0코드(丙)까지 따라 온다. 己土인 내
가 시주의 병(丙)을 같이 취한다고 본다. 그래서 자기의 삶의 목적인
0코드(인성)와 8코드(남편) 두 가지를 동시에 취할 수 있다.

③ 경묘자합 : 식상인 4코드(庚)가 나의 재능이며 미모가 된다. 그것이 배우자궁인 卯木과 경묘자합을 해서 나이 많은 남편과 안정된 결혼을 한 것이다.

④ 기해자합 : 시의 丁火는 년(국가 기관, 학교)의 亥水와 自合함으로써 자신의 능력을 인정받아서 甲木을 추구한다. 亥 중에는 8코드(갑목)가 있으므로 명예와 재물을 동시에 가질 수 있다.
또 년에 멀리 떨어진 亥水와 자합을 함으로써 나이 차이가 많이 나는 사람과 인연을 맺었다.

◈ 왜 35세 丁酉년에 결혼을 한 것인가?
그것은 바로 癸亥대운에 기해자합 때문이다.
더구나 9코드(정화)는 정확하게 호적에 혼인신고까지 하는 혼인 문서에 해당한다.

◈ 하락이수 지산겸 오효괘
이 효는 임금의 겸양하는 덕이 베풀어짐에 모두가 좋아지는 점괘를 말한다. 공손과 겸손의 미덕을 갖고 양보도 하며, 영웅호걸들이 모두 자기 품 안으로 들어오도록 만들고, 그들을 적절히 등용하여 공훈을 세우고, 덕업(德業)을 이루려는 나를 돕도록 하니, 내가 바라는 대로 모든 일이 이뤄진다.
재산이 많기에 이웃들과 서로 나누고, 위엄을 갖고서 완고하고 사나운 사람들을 복종시킨다.

공부하는 사람은 수석으로 등용되는 상서로움이 있다.

가을 하늘 맑고 광활하니 / 기러기가 긴 하늘에 줄지어 글씨를 쓰네

※ 새로운 영역을 향하여 약진할 수 있는 운.

싸움에 이겨 앞장서 노래하며 돌아오니 / 공의 선후를 논하게 되었네

※ 큰일을 성취하여 그 기쁨을 나누는 운.

◈ 35세 丁酉년 금나나의 하락이수 뇌택귀매 이효과

앞으로 나아가려 해도 별다른 이득이 없다는 판단이 서자, 과감하게
마음을 바꿔먹음으로 인해 신상에 편안함을 되찾는 운이다. 자세하
게 글을 써서 정성이 통하도록 해서 편안하고 기울어지지 않게 하네.
녹과 수명이 점점 커지고 늘어나니 공과 명예를 이룬다.
이치를 잘 설득하여 지도자를 올바른 길로 인도함으로써, 잘 보필해
서 명예와 부귀, 장수를 누리는 사람의 운이다. [33]

◈ 하락이수에 대하여

대유학당 하락이수 프로그램은 생년월일만 집어넣으면 운세가 계산
되어 나온다. 서정기 선생님을 통해 하락이수를 배울 때만 해도 이렇
게 간단하게 뽑는 것을 모르고 산출하는 데 애를 먹었다. 괘상을 뽑
아 놓아도 정확하게 뽑았는지 의심스러워서 반나절 이상이 걸렸다.
이런 걸 단시간에 산출한다는 건 참으로 획기적이다. 프로그램으로

---

33) 출처 : 대유학당 하락이수.

하락이수를 적용해 보니 100% 다 맞는다고 주장하기에는 1% 부족하다. 단지 사주를 풀 때 참고한 후 취할 것은 취하고 버릴 것은 버리면 된다.

과거 "최고의 역술인을 찾아라!"라는 방송이 있었다. 진행을 맡은 이영돈 PD가 서울역 노숙자를 위장시켜 역술인들을 찾아갔다. 그 중 고 서정기 선생님이 유일하게 걸인(乞人)이라는 문구를 뽑아냈고, 덕분에 하락이수의 위용이 세상에 알려졌다. 대유학당에서는 지금도 윤상철 대표가 하락이수를 강의하고 있다. 필자도 하락이수를 접한 지 이십여 년이 지났지만, 아무래도 전공 분야가 아닌 것 같아 흉내만 내고 있다. 필자는 사주 공부만 하려 한다.

4 초연하게 사시는 이해인 수녀님

본명은 이명숙이며 세례명은 클라우디아다. 수녀이자 시인이며, 친언니와 고모도 수녀이다. 법정 스님과 친분이 깊었다. 부친이 6세 庚寅년에 북한으로 납치되었다.

《 이해 인_수녀, 시인 》			
시주	일주	월주	년주
辛신 5	丁정 1	壬임 8	乙을 9
丑축 3	未미 3	午오 1	酉유 5
5◦6	공망 9◦0		

미(未)는 해묘미 목이므로 정일간 기준으로 9◦0코드

《풀이》 임오자합, 임미자합, 축미충, 해묘미

임오자합, 임미자합이 되었다. 남자를 뜻하는 壬水 8코드는 午未로 들어간다. 未는 공망이다. 즉, 배우자궁이 공망이다.

◆ **세속의 삶을 벗어나 초연하게 사는 사람**[34]

상구는 돈독하게 그침이니 길하니라. 상에 말하길 '돈독하게 그쳐서 길함'은 마침을 두텁게 하기 때문이다.

仙曲何人和선곡하인화 : 스스로는 고고한 기상과 재주가 있으나

---

34) 하락이수 내용.

玉簫吹夜寒옥소취야한이라 : 독수공방의 처지가 안타까운 명이다.

지극히 착한 데 머무는 분이고, 풍도가 높고 절개가 곧으며, 대인군
자가 되어 이 시대에 남들의 표상이 되며 복과 그 영광이 깊고 심오
하다. 착한 걸 추구하는데 이를 깊이 칭찬한 것을 뜻한다. 귀인으로
특별히 홀로 분발하여 일반인들을 초월하며, 옛 성현들의 근면함을
본받고 배워서 그런 도를 찾으려 노력한다.

생시(生時)를 어떻게 알았는지 궁금할 것이다. 子時부터 亥時까지 일
일이 대입해 보고 어렵게 찾아냈다. 어릴 때부터 문장력이 남달랐다.
문창성(달필가들에게 주로 나타나는 기운)인 유(酉)가 년에 있어서 그렇다.
乙酉로 봐서 乙未가 공망이다. 배우자궁인 안방에 공망이 들어 수녀
의 길을 들어섰다.

丑未沖으로 열린 탓에 그 두 가지 모두 활용할 수가 있다.

하나는 丑土로 巳酉丑＝金局＝재물창고이고, 하나는 未土가 열려 亥
卯未＝木局(0코드)이 되니 이는 학문, 지식, 종교단체를 의미한다.

활짝 열렸으니 얼마든지 세상에 자신의 능력을 마음껏 펼칠 수 있다.

명예를 뜻하는 관(7◦8코드)이 월에 壬水가 떠 있는 건, 내가 바로 미
(未)일이므로 임오미자합으로 다 내 것으로 가질 수 있다는 뜻이다. 년
의 酉金은 천을귀인에 속하는데, 유(酉)＝신(辛)이므로 酉가 귀인이
면 시(時)의 신(辛)금도 귀인이다.

일반인 같으면 배우자궁에 남편을 뜻하는 7◦8코드(壬水)가 궁으로
빨려 들어가 나쁘다고 판단할 것이다. 하지만 종교인으로서는 덕화

를 피며 남들의 표상이 되고, 선한 일을 하므로 그런 운명 정도는 이미 초월한 듯하다.

시의 辛丑은 자녀자리인데 丑이 있어서 신(辛)이 丑인 墓(묘)에 들어간다(입묘 : 入墓). 그러면 자식하고 인연이 없다. 마치 임영신 중앙대 총장과 비슷하다. [35] 그녀는 갑(甲)일주인데 수(水)가 많아 모두 물바다여서, 자식인 火가 들어오면 바로 꺼진다.

큰 인물들은 이처럼 하나가 희생되면 그것을 극복하면서 자신의 업적을 후대에 남긴다. 운명을 가만히 보면 하나가 좋으면, 하나가 나쁘게 구성되어 있다. 그것도 모르고 어리석은 사람들은 팔자타령만 한다. 이를 연구 분석하는 것이 명리가들의 숙제이다.

⑤ 유재석 · 나경은

방송인 유재석과 나경은 아나운서는 2008년에 결혼했다. 유재석 37세 辛亥대운 결혼, 나경은 28세 丙申대운이다.

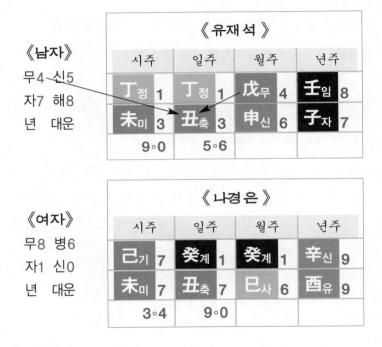

《남자》
무4 신5
자7 해8
년 대운

《유재석》			
시주	일주	월주	년주
丁 정 1	丁 정 1	戊 무 4	壬 임 8
未 미 3	丑 축 3	申 신 6	子 자 7
9◦0	5◦6		

《여자》
무8 병6
자1 신0
년 대운

《나경은》			
시주	일주	월주	년주
己 기 7	癸 계 1	癸 계 1	辛 신 9
未 미 7	丑 축 7	巳 사 6	酉 유 9
3◦4	9◦0		

◀풀이▶ 무자자합, 무축자합, 정임합, 무계합, 자축합

① 유재석은 戊子년에 배우자궁 丑이 子丑合되었고, 부인은 천간과 지지가 동시에 戊癸合, 子丑合이 되어 혼인이 가능했다.

② 나경은 역시 남자를 뜻하는 5코드(戊土)가 천간으로도 합이 되고,

지지도 子丑合되는 해에 궁과 합이 되었다. 전형적인 결혼의 상이다.

◈ 유재석이 승승장구하는 원동력은 도대체 무엇일까?
① 먼저 丁丑일주를 보니 3◦5코드가 있다.
丁火가 戊土, 戊土는 申金, 申金은 子水를 火生土 土生金 金生水하여
종착지가 壬水에 떨어진다. 식상이란 나의 말, 몸짓, 사상, 노력 등 모
든 행위를 뜻하는데 土生金으로 신(申) 재성으로 잘 흐르고 있다.

② 그럼 申金이 생하는 7◦8코드(壬子)는 자동으로 같은 재성으로 보
는 것이 맞다. 정확히 말하자면 관성의 성질을 품은 재성, 즉 6◦8코드
(재관)를 겸비한 것이 壬子가 지닌 특성이다. 그 壬子를 丁壬合, 子丑
合을 하므로 인해 가장 바람직한 배합이 되었다. 큰 성공을 이룬 사람
들은 내가 모두 합으로 끌어와 내 것이 된다. 아무리 큰 재물이라도
내 것으로 끌어오지 않는다면 그것은 모두 남의 재물에 불과하다.

③ 하지만 아무나 이런 구조로 형성되기는 어렵다. 여기서의 핵심은
바로 4코드(戊)다. 내가 생한 것이므로 나의 수족이요 나의 분신과 같
다. 戊가 戊丑自合해서 丑으로 들어오니 모두 내 것이 된다.

④ 丁火=戊土(4코드)라고 보면 틀림없다. 戊土가 하는 일은 곧 丁火
가 하는 일이다. 오행에 처음 입문하는 분들에게 부탁드리고 싶은 말
이 있다. 사주에서, 각각의 오행을 분리해 보지 말고 지금같이 유연

성 있게 보는 능력을 길러야 한다.

⑤ 나의 분신인 4코드(戊土)가 하는 일은 뻔하다. 戊癸合, 戊子自合,
戊丑自合으로 癸水를 가지려 하는 것밖에 없다. 그것만이 내가 평생
해야 할 일이니까.

⑥ 戊土는 나의 3◦4코드(입)이므로 유난히 그쪽 방면으로 발달한 것
을 알 수 있다. 오죽하면 입 모양마저 약간 돌출되었을까? 예전 같으
면 만담꾼, 재간꾼, 변사에 속한다.

⑦ 늦은 나이에도 불구하고 최고의 전성기를 누리는 것을 보면, 사주
대운의 위력은 정말 대단하다.
38세 壬子대운부터 癸丑대운은 나의 분신인 戊가 나서서 戊癸合, 戊
子自合, 戊丑自合으로 창고 축으로 쏙쏙 들어간다.
돈 창고를 관리하는 글자가 바로 안방의 丑이 되므로 좋다.
戊가 배우자궁인 丑으로 향하니 당연히 처덕이 좋다고 본다.

6 트럼프 대통령

2017년(72세 丁酉년)부터 2021년(辛丑년)까지 미국 대통령을 역임한 트럼프 전 대통령의 사주다. 78세 甲辰년에 재선에 성공하여 승승장구하고 있다. 8코드를 노리는 운명이라 했는데 결국 명예를 추구하는 사주임에 틀림없다.

辛丑대운 중에 속해 있을 때다. 丑未沖을 하면 未 중에 木이 천간에 튀어 올라서 甲己合으로 내 것으로 취할 수 있다.

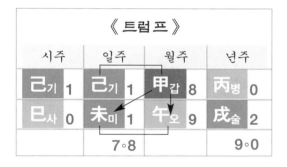

《 트럼프 》

시주		일주		월주		년주	
己기	1	己기	1	甲갑	8	丙병	0
巳사	0	未미	1	午오	9	戌술	2
		7∘8				9∘0	

《풀이》 갑오자합, 갑미자합

① 트럼프 대통령은 오로지 8코드(甲木)만을 추구하려고 한다. 갑오자합과 갑미자합으로 내 것으로 만들 수 있다. 일간 자신이 甲(8코드)을 취하려 하므로 권력 욕심이 매우 강하다. 그런데 여기서 甲木은 권력이 아니라 그냥 직책일 뿐이다. 실제 권력의 힘은 丙火, 즉 인성이다.

② 이것을 이해하려면 권력의 힘은 9◦0코드라는 것을 먼저 이해해야 한다. 책상에 앉아서 실질적으로 결제하는 것은 0코드인 인성이다. 서명하는 순간 강력한 법안이 통과되고 법적 효력이 발생하는 이치와 똑같다.

《 트럼프 》				대운	대운
시주	일주	월주	년주		
己기 1	己기 1	甲갑 8	丙병 0	丁정	辛신
巳사 0	未미 1	午오 9	戌술 2	酉유	丑축
	7◦8		9◦0	2017	68

◈ 丑대운 丁酉년에 대통령으로 당선된 이유

《풀이》 ① 트럼프 사주의 맹점은 己未일에 태어나서 갑오미자합으로 甲이 午未로 들어와 힘을 쓰지 못하는 데 있다. 그러다가 丑대운이 오자 丑戌未로 닫혀 있던 戌이 활짝 열렸다.

② 권력의 상징인 0코드(丙火)가 丑대운에서 열리자, 대통령이 되는 소원을 푼 것이다.

◈ 다시 출마하면 대통령이 될 수 있을까?

《풀이》 ① 대운이 바뀌어 壬寅대운이 되었다. 甲辰년은 壬대운(6코드)인데 권력의 상징인 0코드(丙火)를 壬水가 丙壬相沖으로 꺼버렸다. 그것도 6코드인 여자문제로 말이다.

② 그러다 보니 甲辰년 내내 법의 상징인 甲(=8코드), 즉 국가의 출석 요구에 판사 앞에서 굴욕을 당하는 중이라 전반에는 그런 굴욕적인 일을 겪을 수밖에 없었다. 큰 인물은 그런 일(8코드)을 겪어야 나중에 8코드에 대한 권력을 쥘 수 있다. 이는 마치 추운 겨울에 혹독한 땅에서 견뎌내야만 가을에 열매를 맺는 이치와 같다. 약은 체하고 험한 꼴을 당하지 않으려고 요리조리 피한다면 결코 8코드를 취할 수 없다. 그래서 역사적으로 대업을 이룬 분들은 거의가 이런 고초를 겪으면서 큰 업적을 이룬다.

◆ 壬대운 甲辰년에 대통령으로 당선된 이유
《풀이》 ① 트럼프는 앞에서 거론했듯이 오로지 8코드(甲木)만을 추구한다. 갑오자합과 갑미자합으로 내 것이 될 수가 있다. 일간 자신이 甲(8코드)을 甲己合을 취하려 하므로 권력에 대함 욕망이 아주 강하다. 그러다가 甲辰년이 오자 권력을 뜻하는 년의 술고(戌庫=권력의 창고)가 진술충으로 열렸다.

② 甲=8코드로 직책에 불과하고 실제로 막강한 권력은 火=인성=0코드에 있다. 권력의 상징인 0코드(丙火)가 甲辰년에 년의 戌土와 辰戌冲으로 활짝 열리자, 대통령으로 당선이 된 것이다.

③ 더 재미있는 것은 대통령 당선이 확실시되는 그 날짜가 다음과 같다는 것이다.

역사적인 그날은 2024년 11월 6일 매스컴에서 일제히 트럼프의 승리를 선언한 날이다.

	시주[36]		일주		월주		년주	
당선확정일 **己** 기1 본인=일간			甲갑	8	甲갑	8	甲갑	8
			戌술	2	戌술	2	辰진	2
			9◦0				5◦6	

하필이면 그날은 위와 같이 일간 자신이 己土일 때 甲(8코드)이 년·월·일에 동시에 甲이 떠서 甲己合으로 내가 취(取)하게 되어 대통령에 당선이 된 것이다.

---

36) Trump, Donald ; born on, 14 June 1946 at 10 : 54 (=10 : 54 AM) ;
구글에서 Donald Trump born time을 검색하면 정확하게 時를 찾을 수 있다.

7 행복을 만끽하면서 살았다(고서에 나오는 사례)

《남자》

	시주	일주	월주	년주
	辛신 3	己기 1	丙병 0	甲갑 8
	未미 1	亥해 6	寅인 8	子자 5
	7◦8			

갑 계 임 신 경 기 무 정   대운
술 유 신 미 오 사 진 묘

《풀이》 기인자합, 기해자합

① 8◦0, 8◦0이 2개나 있다. 8◦0은 관이 인성을 생해 주는 코드이다. 이렇게 있으면 '관인상생'이라 하여 주로 국가의 록(월급)을 받는다. 학자·연구·문장이 높음을 뜻하며, 일평생 국가나 기업에서 신분보장을 해준다는 것을 의미한다.

② 또한 8◦0만큼 좋은 코드가 바로 6◦8코드이다. '재생관'이라고 하여 6코드(여자나 돈)가 8코드(관)를 생해 주면, 나를 더욱 빛나게 해준다는 뜻이다.

③ 배우자궁인 6코드(亥)에서 8코드(寅木)를 水生木 생해 주니 부인 덕이 좋다. 년의 子水로부터 甲木을 생하고 丙火를 생하고 자신인 己土를 생하고, 마지막으로 時(말년)까지 土生金해 주고 있음을 볼 수

있다. 일부러 년에서 시까지 이토록 완벽하게 끼워 맞추기도 어려울 것이다. 하락이수로도 한번 보자.

◆ 하락이수 화산려 이효괘 [37]

이 효는 나그네의 도를 잘 처신하는 사람이다.

글 솜씨도 한나라를 빛낼 만하고 재주 또한 세상을 건질 만하니 위로는 임금에게 큰 상을 받고, 아래로는 민심의 추대를 받아 일의 업적이 숭고하고 덕과 벼슬이 오랫동안 간다. 벼슬을 못하더라도 재주가 많고, 커다란 집〔廈〕과 뜰이 화려하며 주인에게 복종하는 종들도 많으니 복이 많다 하겠다.

이 효는 임금은 나라를 잘 다스리는 신하의 도움을 얻고, 가정에는 경사가 따라주는 운이다. 언행을 바르게 해서 타의 모범이 되며, 사람들의 도움으로 일이 술술 풀리니 걱정 안 해도 된다. 의식이 풍요롭고 주위 사람들과 화목하게 지낸다.

---

37) 출처 : 대유학당 하락이수.

1 나오미 바이든

《여자》

《 나오미 바이든 》

시주	일주	월주	년주
甲갑 9	丙병 1	甲갑 9	癸계 8↑
午오 2	子자 8	子자 8	酉유 6

木목 9	火화 1	木목 9	水수 8↑
火화 2	水수 8	水수 8	金금 6

《풀이》

① 미국 전 대통령 바이든의 손녀인 나오미 바이든은 변호사로 활동 중이다. 2022년 11월에 결혼하였고, 2023년 3월까지 백악관에서 바이든과 함께 살았다. 컬럼비아 로스쿨을 다녔고, 지금은 변호사로 일하고 있다.

② 년지 酉가 癸를 생하고, 癸는 甲을 생하고, 甲은 丙을 생한다. 코드로 말하자면 6∘8, 8∘9, 9∘1코드에 속한다. 이를 두고 '관인상생' 이라 하여 사주에서는 주로 교수·학자·법률가 등으로 보며, 상류층이나 왕족에게 많다.

② 가수 김창완

《남자》

	시주	일주	월주	년주
		己기 1 ←	丙병 0 ←	甲갑 8
		酉유 3	寅인 8	午오 9

《 김창완_가수, 배우 》

만능엔터테인먼트 소리를 듣는 가수 김창완의 사주이다. 서울대
학교 농대 출신이다. 부인은 같은 서울대학교 소아과 전문의이다.

◀◀풀이▶▶

① 역시 천간에 '관인상생'을 이루어서 귀격이다. 사주에 8◦0코드가
있으면 좋다. 주로 교육, 문화, 예술 등에서 안정된 삶을 영위한다.

② 아내를 존중하는 뜻에서 다음과 같이 말했다.

"나를 낳은 사람은 어머니지만, 나를 키운 사람은 아내이다."

인터뷰에서 서로 존중하는 모습이 한눈에 보인다.

배우자궁에 3코드가 있고, 깨지거나 망가지지 않았으므로 길하다.

8◦0코드는 교육·문화·예술의 별

❸ 대법관 조희대

《조희 대_법조인》

《남자》

시주		일주		월주		년주	
丙병	0	己기	1	乙을	7	丁정	9
寅인	8	酉유	3	巳사	0	酉유	3

서울지방법원 판사로 시작, 甲辰년에 대법관으로 임명된 조희대의 사주이다. 법조계에서 인정하는 전형적인 학구파이며, 다수의 논문을 발표하고 사법연수원 교수도 역임했다.

《풀이》

① 시주에 관인상생을 이루어서 귀격이다. 8◦0코드가 있으면 대개 교수, 법관, 고위공직자로 자신의 전문 분야에서 해박한 지식을 가지고 있다.

② 역시 배우자궁에 3코드가 있는데, 흠이 없고 깨끗하다.

③ 甲辰년의 갑은 8코드로서 관직을 의미하므로 대법관으로 임명될 수 있었다.

4 로봇 연구가 데니스 홍

《남자》

《 데니스 홍_로봇 인공지능 연구가 》			
시주	일주	월주	년주
丙병 0	己기 1	己기 1	庚경 4
寅인 8	酉유 3	丑축 1	戌술 2
		3◦4	9◦0

위스콘신 대학교 기계공학과 출신의 로봇 연구가 데니스 홍의 사주이다.

◀풀이▶

① 시주에 8◦0코드인 관인상생을 가지고 있다. 사주에 8◦0코드가 있으면 연구, 개발, 교수 등 자신의 이론을 바탕으로 한 분야에서 일인자 소리를 듣는다.

② 역시 일지 배우자궁에 3코드가 있어서 식복과 함께 처복이 좋은 사람이다.

③ 공과계통을 뜻하는 丑은 3◦4코드, 즉 기술코드이다. 그것을 지식, 발명을 뜻하는 인성 9◦0코드가 丑戌로 모두 열어 주니 솟구치는 아이디어가 현재의 그를 만들었다고 볼 수 있다.

⑤ 재즈 가수 나윤선

《여자》

《 나윤선_재즈 가수 》

시주	일주	월주	년주
乙을 1	← 壬임 0	己기 5
亥해 0	申신 8	↑ 酉유 7

    뮤지컬 배우에서 세계적인 '재즈 디바'로 우뚝 서서 명성이 자자하다. 한 언론과의 인터뷰에서 "뭘 하면서 살까 고민하다 프랑스 유학을 갔는데, 음악을 한 지 30년이 됐네요."라고 했다. 오랫동안 한가지 일을 하는 것 역시 관인상생의 특징이다.

《풀이》 ① 한국보다 외국에 머무는 시간이 더 많다. 년지의 '酉'가巳酉丑생이므로 역마에 해당하는 '亥卯未' 중에 '亥'가 있어서이다. 얼마나 바쁜지 유럽 투어 중에 쇼핑이나 관광할 시간조차 없었다고한다. 0코드는 성실하고, 한 분야에 매진하여 남들이 인정해준다.

② 월주와 일지에 8·0코드가 동시에 있어서 관인상생을 이루었다. 8·0코드는 자연스럽게 나에게로 들어오므로 8코드의 특성인 명예, 인기, 직책을 얻게 된다. 그녀는 예술가로서 프랑스 최고영예인 문화예술공로훈장(2009, 2019년)까지 받았다. 자신의 분야에서 일인자 소리를 듣는 것도 사주에 이미 타고났나 보다.

6 특이한 사례

《여자》	시주	일주	월주	년주	대운
		丁정 1	甲갑 0	戊무 4	壬임 8
		未미 3	寅인 0	寅인 0	子자 7
		9∘0	공망	공망	18

《풀이》

① 세상에는 될 사람과 안 될 사람이 있다. 丁未가 0코드(甲寅)를 만나면 귀격으로 본다.

② 운에서 8코드(壬子)를 만날 경우 잠시 丁壬合으로 壬에게 끌리지만, 곧 나의 분신인 3코드(未)가 자(子)를 토극수한다. 즉, 8코드(관)가 나를 속박하는 것을 거부한다. 8코드는 직장이며, 여자에게는 남자에 해당한다.

③ 0코드(甲寅)는 공망이다. 갑미자합으로 0코드를 내가 쉽게 가질 수 있다. 甲寅이 공망이어서 힘들이지 않고 쉽게 취할 수 있다는 뜻이다. 이는 집안 대대로 물려주는 가보, 문서, 서류, 책 등을 뜻한다. 또한 부모의 저작물이나 작사, 작곡, 집필 등 무형자산도 모두 포함되어 조상들의 철학, 사상 등을 자기 것으로 계승 발전시킬 수 있다.

④ 丁未일주의 未는 亥卯未의 木이 된다. 즉, 목(木)의 창고이며 묘지(墓)이다. 따라서 甲인 木은 당연히 未로 흡수된다. 힘들이지 않고 자연스럽게 가지는 건 순리요, 억지로 취하는 건 욕심이다.

⑤ 미(未)는 3코드인데, 대운에서 7◦8코드(壬子)를 만났다. 3코드는 7◦8코드를 거부한다. 본능적으로 7◦8에 의지하지 않고 스스로 그 길을 가려 한다. 큰 그림으로 본다면 丁未는 7◦8코드(水)에 속박되지 않고, 당당하게 0코드(甲寅)를 내 것으로 만드는 과정을 밟아가는 게 맞다. 즉, 0코드를 대중에게 풀어서 써먹어야 비로소 내 능력을 발휘하고 재물도 많아진다.

⑥ 미(未)를 모친으로 본다면, 정(丁)일간 입장에서는 甲木이 인성인 0코드이므로 학문, 연구, 정신세계를 추구하는 사람이다. 또 정미(丁未)라는 일주에 모친과 함께 있으므로 같은 생각, 마음, 행동을 추구하여 닮아간다는 점이다. 남자였다면 마마보이다. 여자이므로 마마걸이 되어 일일이 모친의 영향을 받으며 산다. 부친의 입장에서는 상대적으로 소외감을 느낄 수도 있다.
자식에게 좋은 것만 주고 싶은 게 부모(未)의 마음이다. 母가 시키는 대로만 하면 막히는 일 없이 술술 풀린다. 갑미자합의 역할이 이 사주에서 그만큼 중요하고 핵심이다.

_필자의 경우 한겨울 9코드를 써먹어야 해서 모든 것을 혼자서 해결

하느라 처절한 삶을 살아왔다. 반면, 寅月의 丁火는 새어머니가 아닌 정인으로서 정신적인 부분까지 세세하게 챙겨주려고 하는 0코드를 갖고 태어났다. 필자는 시절(계절)을 잃고 태어나 오랜 세월이 걸려서 기지개를 켠 반면, 丁未일주는 일찍이 '亥卯未' 하는 辛亥 대운부터 꽃을 피운다. 일반적인 풀이로는 해석이 어렵지만, 이렇게도 풀 수 있다.

⑦ 왜 월간의 甲이 일간인 정(丁)을 직접 '木生火' 해준다 하지 않고, '갑미자합'을 한다고 어렵게 설명하는가?

쉽게 먹을 때는 얻는 것이 작다. 어렵더라도 형, 충, 파, 해, 묘로 강하게 작용해야 큰 그릇이 된다. 월간의 甲은 이미 남들에게 다 알려진 학문, 지식에 불과하다. 남들도 다 알고 있는 0코드로 풀어먹기에는 뭔가 부족하다. 미(未)라는 3코드(가장 좋은 풍요로운 별)를 내 것으로 지지(地支)에 깔고 있는데, 년지와 월지의 '인, 인, 갑'의 0코드(지식과 권리)가 모친의 도움으로 모두 내 것이 된다는 것은 월간의 갑(甲)하고는 비교가 안 된다. 마치 돛단배가 甲이라면 미(未) 모친이 가진 역량은 항공모함과 같다. 일간인 丁火는 이미 그것을 알고 있기에 교수가 가르쳐준 월간의 甲을 따르지 않고 오로지 미(未)를 통해 모든 지혜까지 전수받으려 한다. 그게 丁火가 살길이니까. 일반적인 풀이로는 해석이 어렵지만 사주를 이렇게도 풀 수가 있다.

제7장
기타

① 살인 후 무기징역 복역

35세 辛未대운 戊辰년에 아내의 목을 졸라 살해하여 무기징역으로 복역 중이다. 무역업을 하며 한때는 돈도 잘 벌었다. 전 부인과 이혼 후 재혼한 여자와 살다가 부부싸움 끝에 살인했다. [38)]

《 무기징역 》					년	대운
시주	일주	월주	년주			
丁정 5	癸계 1	戊무 8	甲갑 4		戊무	辛신
巳사 6	巳사 6	辰진 8	午오 5		辰진	未미
공망 망신	공망 망신	공망 1◦2 양인고	공망		35세	

《풀이》 갑오자합, 계사자합, 갑사자충, 계오자충, 무계합, 정계충

① 5◦6코드가 공망이면서 망신까지 되어 있다. 5◦6이 자신의 운명에 어떤 작용을 한다고 보며 우리는 인반수 自合과 自沖을 놓고 분석하면 된다.

② 년, 월의 4◦8코드를 가만히 보면 법을 뜻하는 관(8)을 무시하는 식상인 4가 있다. 또 사주 전체에 여자를 뜻하는 재(5, 6, 6, 5)가 많은데 모두 공망이나 망신이다. 년에서 시까지 이렇게 구성된 것은 평생 그것과 연관된다는 뜻이다.

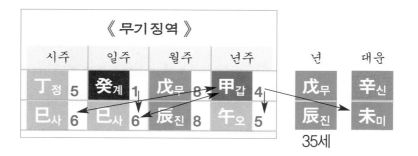

③ 계사자합 : 8코드는 국가기관이다. '丙, 戊, 巳'는 같으므로, 사 중의 戊土와 戊癸合을 한다는 것은 국가기관에 내 몸이 묶인다는 뜻이다.

④ 월의 戊辰은 공개적으로 천간에 戊癸合이 되어 사람들에게 알려

---

38) 민육기, 「장기수형자 사주의 명조분석」, 2006, 공주대학 역리학과 석사 논문, 52p. 논문의 저자는 대전교도소 근무 중인데, 2023년 추적 60분에 나와서 "사주는 안 맞는다. 믿을 게 못된다."라고 했었지만, 사주가 안 맞는 게 아니라 인반수 공식을 적용하지 않으면 절대 풀릴 수가 없는 것이다.

지는 것이다. 지장간 아래 숨겨져 있으면 모르지만, 천간에 이렇게
노출된 것은 만천하에 알려짐을 뜻한다(뉴스나 신문 등).

⑤ 자유를 뜻하는 3◦4코드는 년의 甲이다. 甲이 온전해야 하는데 년
에서 갑오자합이 되었고, 일·시와는 갑사지충을 두 번이나 했다.

⑥ 그러다가 35세 미(未:목의 무덤)대운에 甲未自合으로 빨려 들어가
는데, 공망(未)까지 가중되어 갑은 힘없이 未 속으로 들어간다. 결국
나의 3◦4코드(자유)는 모두 국가 관리 하에 들어간다. 이럴 때는 아
무리 힘 있는 권력자라도 빠져나올 수 없다.

⑦ 일간은 6코드와 계사자합을 일과 시에서 하고 있는데, 망신과 공망까지 겹치는 바람에 배우자궁이 산란하다. 사주 자체에 戊辰이 있는데 또 戊辰년이 온 것이 문제이다.

⑧ 그가 결정적으로 분을 참지 못한 것은 모두 월지의 양인고 진(辰) 때문이다. 타고난 사주가 시한폭탄인데 년운에 다시 진(辰)년이 오자 사건이 터진 것이다.

사주에서 '동(動)했다'는 표현을 쓴다. 즉, 움직인다는 것인데 그의 타고난 사주 자체는 정(靜)이라서 고요하다. 사주 원국에 戊辰이 있는데, 운에서 또 戊辰이 오는 경우 사주가 움직이게 된다. 하필이면 무진(戊辰)은 8코드에 해당한다. 좋은 관은 나를 지켜주지만, 지금 같은 경우는 戊癸合으로 내 몸이 관에 묶인다는 의미가 된다. 또 진(辰)이라는 것은 '어둠, 범죄, 폭력' 등 양인의 속성을 지녔다. 진(辰)은 申子辰이라는 물의 창고이며, 큰물을 가둔 곳이다. 그래서 水의 성질을 가진 癸水가 辰을 보면, 양인 기질이 자신도 모르게 불쑥 튀어나와 무섭다.

⑨ 사주에 戊辰이 있는데, 戊辰년이 되면 꼭 그 내면에 숨겨진 양인의 기운이 발동한다. 더구나 戊(8코드)가 바로 옆에 있어서 언제든 일간인 계(癸)의 행동을 예의주시하고 있다. 8코드(경찰관)가 문 앞에서 지키고 서 있는 형상이다.

⑩ 사주에 합이 있는데 운에서 또 합이 되면 좀처럼 묶인 걸 풀기가 어렵다. 합이 되어 오랫동안 감옥에 갇혔다가 辰戌沖을 하는 술(戌)년이 와서야 출소할 수 있다.

2 공직자

① 계(癸)일주인데 戊辰생이라면 평생 관의 지배를 받고 산다. 국가의 지배와 통제를 받는 사람이라고 할 수 있다.

② 앞의 예제도 癸일주이므로 국가 공무원이 되어서 8코드(관)를 숙명처럼 여기고 살면 액땜이 된다.

③ 실제 대부분의 공직자들이 이처럼 8코드인 관의 지배를 받고 사는 경우가 많은데, 좀 고지식한 것이 흠이다.

제8장
동일 사주

사주에 대해 자주 묻는 질문이다.

질문 저와 같은 날 태어난 분은 엄청난 재산을 축적하고 떵떵거리고 잘 사는데 저
는 왜 아직도 이 모양 이 꼴이죠? 사주보는 거 순 엉터리 아닌가요?

＿공개 강연을 하다 보면 전문가부터 초심자까지 다양한 계층이 있다
보니 이와 같은 질문이 나오는 건 당연하다. 사주팔자라는 것은 말 그
대로 8개의 글자를 보고 판단한다. 생년·월·일만 같다면 6개의 글자
라는 말이다. 그렇다면 2개의 글자(25%에 해당), 즉 시가 빠졌다는 말
인데 그럴 경우 하루가 무려 24시간이므로 시간에 따라 많은 차이가
날 수 있다.

질문 사주를 보는데 생년·월·일·시가 꼭 필요하나요?

대답 네. '사주'란 '연주·월주·일주·시주'로 구성되어서 보는 학문입니다. 시간이 다르면 당연히 운명에 차이가 나죠.

질문 사주가 점입니까? 학문입니까?

대답 사주는 명리학과 역학에 근간을 두고 있는 명백한 '학문'에 속합니다.

질문 저는 지금까지 사주를 많이 봤는데 별로 맞지 않는 것 같아요. 아무리 믿고 싶어도 믿을 수가 없어요.

대답 네. 그것은 귀하가 만나신 분과 인연이 안 되어서 그래요. 실제로 요즘 너도나도 얕은 지식으로 손님 받는 분들이 늘어나고 있어요. 극히 일부는 이 학문의 원리조차 깨우치지도 않고 버젓이 간판만 내걸고 영업하는 분들이 있어요. 마치 그분들까지 총칭하여 역술인이라고 보니 그렇죠. 이는 마치 의사가 환자의 상태를 모르고 치료하는 것과 같아요. 발가락이 아파서 왔는데 손가락을 만지작거리고 있는 것과 다를 봐가 없어요.

질문 조금 더 말씀해 주세요.

대답 사실 주역(역학)은 조선시대 때조차도 어려운 학문에 속해서 글 좀 꽤나 한다는 선비들조차도 선뜻 배우려 하지 않았던 학문입니다. 대신 그들은 필수과목인 사서삼경, 소학, 중용, 대학은 과거시험을 보기 위해 당연히 알아야 했고요.

그 당시 주역 공부 좀 하려고 하면, 다른 학문을 다 알고 나서도 이해할까 말까 할 정도로 어려웠던 게 사실이랍니다. 그만큼 어려운 학문에 속하는데 대부분 주역을 점(占) 정도로 알고 있어서 안타까워요.

필자의 고객 중 한 분인데 가는 곳마다 '교수·선생 등 교직이 천직이라 아이들 가르치는 운명'이라는 말만 듣고 전공도 아예 교육학을 했는데, 정작 그분이 교생실습을 나가 아이들을 가르치다 보니 이건 아니다 싶어 필자를 찾아온 적이 있었어요.

그분에게 **3코드**를 쓰는 식품이나 요리 쪽이 좋겠다고 했더니 바로 이태리에서 피자요리를 배워 지금은 번듯한 피자·파스타 맛집으로 소문나서 바쁜 하루를 보내고 있답니다. 이처럼 사주라는 것은 점처럼 무엇을 콕 집어서 뭘 맞추는 것이 아니라 자신의 사주에서 어떤 코드를 쓸 것인가 정도를 아는 것만 해도 살아가는 데 큰 도움이 되리라고 봅니다.

질문 그럼 생년·월·일·시가 똑같으면 같은 삶을 사나요? 그건 아니지 않나요?

대답 네, 좋은 질문입니다. 이런 질문에 답하려면 구차하게 긴 설명이 필요하니 다음의 사례로 대신하겠습니다.

20여 가지가 같은 삶을 살고 있는 두 경찰관이 있어요. 이래도 사주가 맞지 않는다고 할 수 있을까요? 사주풀이를 하면 마치 역술가들이 상담 내용을 억지로 지어낸 줄 압니다. 한날한시에 태어나 간지 여덟 글자가 똑같고, 소름 돋을 만큼 같은 삶을 살았으며 지금도 진행형입니다.

1 경찰관으로 살아가는 동일 사주

《동일 사주》

《 박형수 · 이영선 _경찰관 》			
시주	일주	월주	년주
辛신 1	辛신 1	丙병 8	庚경 2
卯묘 5	巳사 8	戌술 0	戌술 0
		7◦8	7◦8

임 신 경 기9 무 정 4대운
진 묘 인 축9 자 해

《풀이》 신사자합, 병신합

① 8◦0코드가 있다. 년월에 있는 戌土는 관고다. 7◦8코드로 국가기관을 뜻한다. 여기에다가 戌은 0코드이므로 권력과 힘을 상징한다. 그래서 2010년에 선거사범 수사를 함께 했다. 고(庫)는 열려야 써먹는데 24세~33세 사이의 丑대운에 丑戌로 열리는 바람에 둘 다 27세에 경찰에 임용될 수 있었다. 그것도 8코드가 들어오는 丙子년의 일이다.

② 2019. 10. 19. 한겨레 신문기사 내용이다.

"어찌 이런 일이… 지금은 죽마고우처럼 지낸다고 한다. 생일·입대·결혼 날짜까지 '데칼코마니' 두 경찰, 두 사람은 순천에서 같은 사무실에 근무하는 박형수·이영선 경위이다. 둘 다 음력으로 1970년 9월 29일 오전 6시에 태어났다. 사주의 생년·생월·생일·생시의 간지 여덟 글자가 똑같고, 혈액형도 O형이다."

③ 그럼 타고난 운명은 다를까? 아니다 지금도 같은 공간에서 같은 업무를 본다.

두 사람은 입대일, 임용일(1996년 7월 27일), 결혼일(1999년 4월 5일), 승진일 등 똑같은 닮은꼴 인생을 살았다. 결혼식 후 같은 비행기를 타고 제주도로 신혼여행을 갔고, 같은 아파트에 살기도 했다.

그 외 혈액형, 직업, 논산 훈련소 입소일, 신혼여행 때 같이 탔던 비행기, 진급일, 식성·기호, 성격, 다섯 살 어린 A형 아내, 딸만 둘인 것 하며, 하다못해 부친이 암으로 돌아가신 날짜까지 같다.

④ 27세 丙子년 경찰에 임용된 것은 丙子년의 丙이 8코드이고 일간과 합하기 때문이다. 국가나 공직자들이 8코드가 많다. 하다못해 대통령도 8코드가 있다. 여기서 8코드인 병(丙)은 5·6코드의 생을 받음으로 자연스럽게 8=5·6으로 보아 재물, 즉 월급으로 본다. 국가에서 월급을 받는 직업이라고 보면 된다.

戌은 寅午戌이므로 7·8의 집합체, 즉 국가공무원들이 모인 곳이므로 경찰청으로 본다. 년과 월에 戌이 있으므로 천직이다. 책임 의식도 강하고 사업과는 아예 거리가 멀고 오로지 국민을 지키는 사명과 의무감으로 평생 몸을 바친다.

⑤ 30세 己卯년 결혼한 것은 丑대운에 丑戌로 戌의 창고를 열었기 때문이다. 사(巳)의 성격상 戌에 빨려 들어가서 배우자궁이 사라지려고 하는데 대운이 와서 열어주는 바람에 己卯년에 결혼했다. 묘(卯)는

여자인데 기(己)라는 혼인문서를 천간에 들고 와서 결혼이 가능했다. 두 사람 모두 乙卯생 아내를 얻은 것은 '乙祿이 在卯'라서 그렇다. 즉, 卯=乙이므로 乙卯생을 만난다. 卯는 사(巳) 중의 경(庚)금과 乙庚合을 한다 (136쪽 암장 참조).

⑥ 45세에 두 사람의 부친들이 甲午년에 같이 사망한 것은 갑(甲)이 6코드로 부친인데 '갑오자합'이 되어서 그렇다. 甲은 오(午)를 만나면 12운성으로 사궁(死宮)에 떨어지기 때문이다.

⑦ 두 사람이 수사과 경제팀에 근무한 것은 卯戌合이 되어서 그렇다. 卯가 5코드이므로 돈인데 戌과 합이 되면 자동으로 戌은 재고가 된다. 인성이 내포된 국가기관을 뜻한다. 그러므로 5◦8◦0이 합쳐진 것이 되어서 돈이 관련된 국가기관이라는 설명이 가능하다.

⑧ 본인들 입으로도 "믿기 어려웠어요. 일부러 맞추기도 어려울 만큼 신기하게 같은 경로를 걸었고 지금은 서로를 분신처럼 여기고 있어요."라고 했다. 둘은 항상 함께하는 단짝이다. 동갑에다 직업이 같고 경험도 비슷해서 마음이 잘 통한다.

두 사람은 30세 己丑년까지 서로를 모르던 사이였다. 그저 같은 동기 정도로만 알았는데, 41세 庚寅년 둘이 한 조가 돼 선거사범 수사를 갔다가 돌아오는 차 안에서 한둘이 닮은 게 아님을 알았단다.

오죽하면 군번을 사용한 비밀번호조차도 같은 것으로 활용할 정도여서 "처음에는 머리카락이 일어서는 기분이더라고요."라고 했다. "한날한시에 죽을 수도 있으니 아프지 말고 몸 관리 잘해."라는 농담까지 한다. 두 사람은 소름 돋을 만큼 비슷한 삶을 살아왔고 지금도 진행형이다. 그 외 쌍둥이들의 삶을 보면 같은 초·중·고는 물론 대학교까지 붙어다니다가 군생활까지도 같이 한 사례는 너무 많다.

② 개그맨으로 살아가는 동일 사주

이번에는 사주의 생년·생월·생일까지만 같은 경우이다.

시가 다르므로 여섯 글자만 똑같다. 그렇다면 운명은 어떻게 다를까? 둘 다 개그맨인 것은 비슷하지만 재물복은 극과 극이다.

《 황현희_개그맨 》			
시주	일주	월주	년주
	甲갑 1	丙병 3	庚경 7
	子자 0	戌술 5	申신 7
		공망 3◦4	

임 신 경 기6 무 정 7대운
진 묘 인 축6 자 해

개그맨이자 투자 자문가이며, 100억대 자산가로 알려진 황현희의 명이다.

◀풀이▶ 병술자합

① 3◦5가 있다. 戊은 3◦5코드의 돈을 찍어내는 역할을 한다. 그만큼 戊의 역할이 중요하다. 보물창고도 열려야 내 것인데 丑대운에 丑戌로 열리는 바람에 재물을 얻게 된다. 월지의 戌이 공망이므로 쉽게 돈을 벌려고 하는 성향이 강한데 항상 리스크가 뒤따름으로 과욕은 금물이다.

② 황현희는 KBS 19기 공채 개그맨으로 2004년~2013년도까지 활동했으며 이후 코인·주식·부동산 등에 투자하여 돈을 모았다. 지금은 안정적으로 방송에 출연해서 투자 자문 역할을 하고 있다.

③ 39세 戊戌년에 癸酉생과 결혼하여 戊戌생 아들을 두었다. 그는 하루 1,000여 건의 신문과 잡지와 뉴스들을 보면서 다양한 정보를 수집하고 있다.

④ 마치 사주를 보고 지은 것처럼 이름에도 3◦5가 들어 있다.

평생 경			평생 신
3 3	**황**	토 토	3 3
3 5	**현**	토 화	3 5
3	**희**	토	3

⑤ 하락이수로 보면 화산려 4효에 해당한다.

"*才德足以爲世用*재덕족이위세용 : 재주와 덕이 세상에 쓰임이 된다."

옛 고전에는 한 치의 헛소리도 하지 않는다.

다음은 개그맨 류정남의 사주를 분석해 보자.

《 류정 남_개그맨 》			
시주	일주	월주	년주
	甲갑 1	丙병 3	庚경 7
	子자 0	戌술 5	申신 7
		공망 3◦4	

임 신 경 기6 무 정 7대운
진 묘 인 축6 자 해

◀풀이▶ 병술자합

① 사주에 3◦5코드가 있다. 戌은 3◦5코드이다. 돈 창고인 戌이 공망이다. 아무리 보물창고라 할지라도 열려야 하고 내 것이 되어야 한다.

② KBS 23기 공채 개그맨으로 2008년 29세에 데뷔했다. 그는 코인 열풍이 한참일 때 100만원을 투자했다가 3분 만에 1300만원을 벌었다. 이후 코인 투자에 홀랑 빠져 결국 모아둔 돈 2억 8700만원을 한 달 만에 몽땅 다 날렸다.

그 당시 주변에서 '코인 투자를 안 하면 바보'라는 말을 듣고 겁 없이 덜컥 투자를 했다. 성실하게 모은 돈 전부를 한순간에 잃어버린 후 '나는 신이 버린 사람' 이라고 말했다.

③ 5코드인 재고(돈창고)가 공망이면 항상 헛꿈을 꾸다가 망한다. 천 간의 병(丙)은 자연이 준 가장 좋은 3코드, 즉 천연의 과일 열매다. 하 늘에서 내려준 풍요로운 별인데 노력도 안 하고 공짜로 쉽게 먹으려 하면 반드시 결과가 허무하게 끝난다.
하늘에 뜬 것은 모든 사람들에게 골고루 베풀라는 뜻이 담겨 있다.

④ 이름에서도 투기성인 글자가 보이는데 원 사주가 약하면 내 것이 될 수 없다. 3코드와 5코드가 만나면 투기성이 있다고 보며, 이름 끝 글자 '남'에도 5코드가 있다.

평생 경			평생 신
5	**류**	화	5
1 3	**정**	금 토	1 3
5 9	**남**	화 수	5 9

⑤ 두 사람의 사주 해설을 보고 질문을 할 게 뻔하다.
　왜 같은 사주를 놓고 해설이 각각 틀리냐고?

그 이유는 다음과 같다.

첫째, 관상이 다르다.
둘째, 각각의 태어난 시가 다르다.

위 甲木이 죽은 나무이므로 배우자궁인 자(子)가 문제이다.
좋은 인연을 만나기 위해서는 반드시 충·파·해를 시켜 나쁜 수(水)
의 작용을 억제시켜야 한다.
'황현희'는 그런 時에 잘 태어나 결혼까지 해서 아들까지 두었지만
'류정남'은 분명 時가 나쁘게 태어나서 그렇다.

셋째, 이름이 다르다.
넷째, 주변 환경이 다르다.
다섯째, 마음씀씀이가 다르다.

황현희는 3∘5를 먹으려고 부단히도 노력했고, 류정남은 남들이 돈을
번다고 즉흥적으로 크게 많이 빨리 먹으려고 했기 때문에 잃게 된 것
이다. 그 외 다른 이유는 찾으려면 많지만 그것은 각자의 몫이다. 그
러므로 어리석은 질문은 하지 않기를 바란다.

MBTI로는 풀지 못하는 나의 사주 코드

사주...코드로 풀다

제Ⅲ부

성명학

MBTI로도 풀지 못하는 나의 사주 코드

사주… 굳은 줄다

1 들어가기 전에

　요즘 한글 소리 오행이 우수성을 인정받으며, 작명에서도 '소리 오행 성명학'을 활용하는 추세다. 세종대왕께서 훈민정음을 창제할 때 음성과 발음 위주로 만든 것은 대단히 과학적이고 지혜로운 것이었음을 새삼 느낀다.

　한국인은 한글을 사용하고 있기에 이 소리 오행에 준하여 이름을 짓는 것이 이치에 맞는다고 생각한다. 한글은 세종대왕께서 15세기 중엽에 창제하실 때 이 음양오행 원리에 입각하여 우리나라 실정에 맞게 만드셨다. 그래서 이 책도 수리학 위주보다 한국인에게 맞는 소리 오행 원리를 중시하여 썼다. 한문 이름이 아닌 한글 이름을 위주로 지은 것이다. 하지만 유감스럽게도 '음성 소리학'으로 이름을 짓는 것이 '수리 성명학'보다 어렵다. 초심자들은 좋은 이름을 지으려다 난관에 부딪힐 수 있다.

이에 필자는 발음에 입각하여 '쉽게 짓는 작명법'을 편찬, '작명의 원리'를 밝힘으로써 누구라도 좋은 이름을 지을 수 있도록 심혈을 기울였다. 특히 이 책은 일반인들이 이해하기 쉽도록 구성하였으니 작명의 묘미를 터득할 수 있으리라 본다.

수리나 글자의 뜻이 좋지 않다는 이유만으로 많은 돈과 수고를 들여 이름을 바꾸는 경우를 본다. 심지어 '한글 오행'으로 볼 때 원래의 이름이 더 나을 때도 있다. 물건은 잘못 사면 바꿀 수 있지만 이미 호적에 오른 이름은 바꾸기가 쉽지 않다. 무조건 주위의 말만 듣고 실수하지 말고, 올바른 지식을 쌓아 내 가족 이름만이라도 스스로 지어 보았으면 좋겠다. 이 내용을 잘 터득하면 어지간한 작명가보다는 더 잘 지으리라 본다.

이름을 감정하는 방법은 세계 어느 나라에나 다 있다. 일본은 일본식 성명학, 중국은 중국식 성명학, 유럽은 유럽식 성명학이 연구, 발전되어 왔다. 그런데 우리나라에는 한국식 성명학이 뚜렷이 계승되지 못한 것 같다. 대부분 한문 획수나 수리 이론에 의존하고 있는 것이 현실이다. 게다가 그 학설도 여러 가지라 마치 성명학의 춘추전국시대가 열린 느낌이다.

극히 일부이기는 하지만, 일반인들이 사이비 역술가들의 감언이설에 농락당하는 경우가 있다. 다시는 그런 일이 없기를 간절히 바란다. 피해자들의 정신적·물질적 손해가 상상 이상이다. 이름 한 글자 한 글자 모두 소중하다. 한 글자라도 소홀히 할 수 없다. 자신의 성과 띠에 따라 잘 어울리면 모두 좋은 이름이 될 수 있다.

이름을 감정한 후 풀이가 안 좋다고 하면 마치 운명 전체가 나쁜 것처럼 단정하곤 하는데, 이는 잘못된 생각이다. 앞에서 밝힌 것처럼 이름 하나만 가지고 운명이 좌우되지 않는다. 사람이 각각 다르듯이 이름도 각각 다르다. 이왕이면 개성 있고, 성과 서로 상생이 되는 이름이 좋다.

이름을 다 지었다고 서둘러 호적에 올리지 말고 전문가와 상의하거나 여럿이 모여서 이름을 불러본 후에 신중히 선택하는 것이 좋다.

한자에 억지로 끼워 맞추다 보면 이상한 한자나 너무 어려운 한자를 쓰게 된다. 이럴 때는 되도록 수리로만 이름을 지으려 하지 말고, 소리 오행으로 보아 부르기 좋은 한글 이름이나 쉬운 한자를 선택하여 짓는 것이 지혜로운 방법이라 하겠다.

예로부터 이름을 뜻으로만 지으려고 하는 바람에 어렵고 복잡한 한자를 많이 썼던 게 사실이다. 현대 감각에 맞게 과학적인 '음성 소리학'과 전통적인 '수리 오행'을 절충하여 취할 것은 취하고, 버릴 것은 과감히 버려서 현대인에게 어울리는 이름으로 짓기 바란다.

2 이름이란 무엇인가?

사람 사는 사회에서 제일 먼저 불리는 것이 이름이다. 이름이 의미하는 것은 무엇일까?

인간은 모두 사회적 동물이기에 원하든 원하지 않든 '이름'을 지니고 살아야 한다. 하다못해 자그마한 물건에도 이름이 붙는다. 그이름에 차츰 이미지가 쌓이고, 자신도 모르는 사이에 인지도와 명예가 만들어진다. 즉, 이름은 숙명처럼 떼려야 뗄 수 없는 밀접한 관계이다.

좋은 이름에 대한 기준은 저마다 제각각이어서 어떤 것이 옳다고단정 지을 수 없다. 전문가가 지은 이름조차 성명 학자에 따라 나쁘다는 평가를 듣기도 한다.

첫인상이 오래도록 남듯, 이름에서 풍기는 이미지 역시 오래 간직되는 법이므로 가볍게 생각하고 지어서는 안 된다. 평생 그 사람을따라가기 때문이다.

이름을 불러줄 때 나는 소리 파장은 그 사람의 기질을 형성한다.부드럽게 부를 수 있고, 조화가 잘 이루어진 이름을 가진 사람들은대체적으로 긍정적인 사고를 지니게 된다. 반대로 발음이 억세고부조화된 이름을 가진 사람은 매사에 불만이 많고, 주위 사람에게불쾌감을 주기도 한다.

이름은 다른 사람에 의해 불리면서, 그 글자의 소리 오행과 뜻에 따라 운명에 영향을 준다. 사주팔자가 90% 이상 운명을 좌우하기 때문에 타고난 사주팔자는 바꿀 수 없다. 하지만 이름에 담겨 있는 소리 발음을 잘 적용하여 자신에게 어울리는 기운을 취하면 더 나은 운명으로 발전시킬 수 있다.

음파의 기운은 눈으로 볼 수 없지만 남들에게 불림으로써 그 기운이 자신에게 되돌아오는 것임은 틀림이 없다. 이렇듯 이름은 선천적으로 타고난 사주팔자에 필요한 기운을 더해 주어 운명을 좋은 방향으로 전환해 준다는 뜻이다.

③ 소리의 운기(運氣)

소리의 운기(氣)는 알게 모르게 내 몸을 감싸고 있다. 서로 맞는 이름이라면 좋은 화음(和音)을 낼 것이고, 맞지 않는다면 불협화음이 날 것은 당연한 이치이다.

소리는 정말 서로 간섭을 할까?

개인이 내는 소리가 상대방에게 미치는 힘은 도대체 어느 정도일까? 정말 그것이 운명에 작용할까? 이러한 의문은 자신의 가족 구성원을 보면 즉시 풀린다. 이름에 상극이 많으면 육친과 상극이 되어 힘들게 사는 경우를 많이 본다. 그래서 가족 중에 누가 남의 집에 양자로 가거나, 사업이 잘 안 되거나, 자주 아프거나 한다.

부부간에도 마찬가지이다. 목소리만 들어도 몸에 닭살이 돋는다면 서로 상극인 이름일 것이다. 작은 소리라도 주기적으로 오랫동안 진동시킬 경우 그 위력은 점차 커지는 것이다.

불교에서 우주 태초(太初)의 소리를 '옴'이라 한다. 지구에는 수많은 소리가 울려 퍼지고 있다. 그 소리는 자신에게 되돌아오거나 타인에게 영향을 줄 수 있다. 물이 증발되어 수증기가 되었다가 다시 비가 되어 떨어지는 이치와 같다.

친근한 부모의 목소리, 다정한 연인의 목소리, '아빠'라고 부르는 아이의 목소리 등 이런 소리들은 우리 일상생활과는 떨어질 수 없을 만큼 가깝게 있다.

이름을 지을 때 오행이 상생이라 하여 모두 좋은 것도 아니고, 상극이라 하여 모두 나쁜 것도 아니다. 사주가 약한 사람은 생을 받아야 좋고, 강한 사람은 극을 해주어도 된다.

또한 부르기 쉽고, 듣기 좋은 이름이 좋은 이름이다. 이름이 좋지 않다고 생각되면 신중히 판단하여 예명을 만들어 사용하는 것도 좋은 방법이 될 수 있다. 생각을 바꾸면 성격도, 운명도 바꿀 수 있다.

4 어디에 근거를 두고 작명하는가?

아래는 필자가 추구하는 작명 방법이다. 작명가마다 각자의 방법이 있을 것이다. 아무리 좋은 이론이라도 충돌이 생기므로 다 맞게 지을 수는 없다.

한자이름에 큰 뜻이 담겨 있어야 하며, 수리학으로 획수를 맞춰야 한다고 하지만 이렇게 짓기는 현실적으로 어렵다. 이름이 수리 획수가 좋다고 모두 그 같은 운명을 살아갈 수는 없기 때문이다.

게다가 신세대 부모들은 귀엽고 깜찍한 것으로 이름을 선택하려는 경향이 많다. 하지만 민 씨인 경우 이름을 '들레'로 짓거나, 한 씨가 '송이'라는 이름을 지을 경우에는 나중에 성장하면 그 이름으로 놀림감이 될 수도 있다. 오래도록 불릴 수 있는 이름으로 선택하면 좋겠다.

1 받침 글자의 오행을 본다

이름을 지은 다음에 인터넷상에서 감정을 하여 나쁘다고 하는 경우가 있다. 받침까지 보는지 아닌지에 따라 다르게 나오기 때문이다. 이름을 '한가인'이라고 지었다고 하자. 받침 글자를 무시하고 감명하면 'ㅎㄱㅇ'은 토목토가 되어 상극인 이름이 된다. 받침까지 보면 'ㅎㄴㄱㅇㄴ'이 되어 '토화목토화'로 가운데 글자가 '성'을 생해 준다.

'김수호'라는 이름이 있다고 하자.

작명소에서는 작명을 할 때 김의 'ㅁ'을 무시하고 첫소리 'ㄱ'만 보는 경우도 있다. 받침의 오행을 보지 않으면 '김(목), 수(금), 호(토)'는 목금토로만 본다. 김과 수의 발음이 金剋木의 이름이 되어 나쁘다고 감정하기도 한다.

	받침을 보지 않을 경우				한글소리발음	
ㄱ	김	목		ㄱㅁ	김	목수
ㅅ	수	금		ㅅ	수	금
ㅎ	호	토		ㅎ	호	토

하지만 받침까지 보게 되면 다르게 감정이 된다.

'김(목·수), 수(금), 호(토)'가 되므로 '목, 수, 금, 토'로 연결 상생이 된다. 즉, 맨 아래부터 토생금, 금생수, 수생목으로 상생이 됨을 알 수 있다.

② 성의 종성을 기준으로 띠와 잘 맞는 조합으로 짓는다

사주에 부족한 오행을 넣어 작명하는 방법이 있다. 사주에 물이 없으니 이름에 물을 넣어야 한다며 삼수변인 '물 氵'변을 넣는다거나, 불이 부족하니 화를 이름에 집어넣는다는 주장을 하고 실제로 그렇게 지어주는 경우가 있다.

필자가 수십 년간 검증해 보았으나 맞지 않는 이론이다. 다시 말해 타고난 운명은 물이 많던, 불이 있든지 없든지 운명 그대로 살아가는 것이지 이름에 물이나 불을 넣어서 운명이 바뀐다거나 길흉화복이 좌우되지는 않는다는 사실이다.

요즘 젊은 세대들은 깨어 있기에 좀 더 과학적인 방법에 근거를 두고 작명하리라 본다. 이름은 자신이 타고난 아버지의 성과 성의 종성(예 : 정 씨일 경우 ㅇ이 종성임)을 기준으로 하여 띠와 잘 배합되는 이름으로 지어주는 것이 좋다.

아무래도 사주를 잘 보는 사람이 이름을 짓는 것이 더 낫기는 할 것이다.

③ 운 좋고 건강한 이름의 조건

1 아기가 태어난 생년월일시와 잘 어울려야 한다.

2 누가 들어도 듣기 좋고, 자연스럽게 불려야 한다.

3 이상한 발음이 되어 놀림감이 되지 않아야 한다.

4 남자와 여자의 성별 구분이 명확해야 한다.

5 아무리 불러도 싫증이 나지 않아야 한다.

6 품위가 있고, 희망적이어야 한다.

7 한자는 되도록 쓰기 쉬워야 한다.

8 너무 흔하지 않는 이름이어야 한다.

9 부모와 가족 간의 조화를 잘 이루어야 한다.

⑩ 수리학이나 한자 뜻에 너무 연연하지 않는다.

⑪ 너무 예쁜 이름만 고집하지 않는다.

④ 한자의 뜻과 획수에 대하여

가장 많이 받는 질문이다. 한자의 뜻도 중요하겠지만, 이름은 한글로 불리는 소리 음파가 더 중요하다고 생각한다. 매일 부르는 이름이 뜻까지 생각하며 불리는 것이 아니기 때문이다.

하지만 작명가들과 많은 분들이 마치 이름에 쓰인 한자의 뜻이 사람의 운명을 좌우하는 줄 안다. 필자도 한자 뜻이 사람의 운명을 좌우하는 줄 알고 많은 임상 경험을 통해 연구했지만 아무리 연구해 보아도 그렇다는 증거를 찾지 못했다. 그래서 이름을 지을 때 한글 발음을 더 중시하고, 한자 획수는 나중에 맞춰주는 것이다.

⑤ 개명으로 운이 바뀔까?

개명을 하여 운명을 바꿔줄 수만 있다면 정말 대단하다고 할 것이다. 하지만 그런 기적은 일어나지 않는다.

이름은 단지 겉옷과 같아 자신을 보호해 주는 외투 정도로만 봐야 한다.

개명한 이름이 자신에게 잘 맞고 부르기 쉽다면 충분히 좋아진 것이라고 판단해야 한다.

5 수리학의 모순

　현재 통용되고 있는 이름의 수많은 이론이 많은데 모두 맞추려고 하면 충돌이 생길 수밖에 없다. 필자가 가장 중요하게 여기는 것은 이름이 상생되면서 편하게 불릴 수 있는 것이다.

　필자가 지난날 성명학에 한참 재미를 느낄 때 교직에 종사하는 부부가 신생아 이름을 지으러 왔었다. 그때 그 부인의 이름만 보고 성격 이야기를 해주었더니, 남편이 손에 쥐고 있던 다른 사람이 지은 성명학 서적을 내놓으면서 "이 책에도 집사람의 성격과 운명이 그렇게 적혀 있는데 맞습니까?" 하는 것이다.

　남편 분은 다른 분이 지은 성명학 서적 중 수리학 내용을 보고 판단했었고, 필자는 소리 오행으로 감명했었다. 특히 이 작명가가 지은 그 책 내용에는 자극적이고 극단적인 내용이 대부분이었다.

　필자는 '아차' 싶어 그 책의 내용처럼 사람의 운명을 모두 좌우하는 것이 아니라고 말씀드렸지만, 이미 남편은 부인의 이름에서 나쁜 점을 알고 있었기에 생각을 바꾸기 힘들었다. 결국 그들이 가고 나서 얼마 후 부인으로부터 눈물 섞인 전화를 받았다.

　"제 남편이 심하게 저를 구타하면서, 너는 남편을 나쁘게 만드는 이름을 가져서, 내가 너 때문에 되는 일이 하나도 없다고 몰아세우는데 어찌하면 좋지요?" 하는 것이었다.

이미 그분의 뇌리 속에는 '이 여자는 나를 나쁘게 한다.'라는 생각이 꽉 차 있었다. 결국 이 부부는 얼마 못 가서 헤어졌다. 이런 사실은 후에 다른 분을 통해서 알게 되었다. 그 책에 적혀 있던 내용의 일부를 적어본다.

"매사가 중도에 좌절되는 흉운(凶運)임을 반복하고, 불행한 운세가 자식에게 닥친다. 불의의 재액이 많다. 여자는 극부, 극자하는 과부 운이다. 여자는 두세 번 결혼하기 쉽다. 여자는 평생 한을 남긴다."

헤어진 남편이 위의 내용을 보고 정말로 믿었다면 문제가 크다. 하지만 더 큰 문제는 수많은 독자들이 자기 가족 이름이 이와 같이 나쁜 경우 정말로 믿고 세뇌되는 것에 있다고 본다. 그래서 필자는 고민 끝에 절대로 이름을 가지고 운명을 논하는 내용을 싣지 않기로 마음먹었다.

이 책에 수록된 '원형이정 수리의 의미'도 시중에 워낙 널리 유포된 일반적인 내용이기에 형식상 구색을 맞추기 위해 쉬운 한글로 옮긴 것에 불과할 뿐 그 내용에는 무게를 두지 않기를 바란다. 그곳에 적힌 나쁜 수리 내용은 개의치 않아도 된다는 말이다.

또한 작명을 할 때 '자원오행' '음령오행' '삼원오행' '자변오행' '자의오행'을 거론하면서 자신들의 이름을 지을 때 이 이론들을 다 적용시켜서 이름을 짓는다고 하자. 이것을 응용하여 작명한다고 한다면, 이론상으로는 매우 그럴듯한데 반드시 모순이 발생한다.

이것을 맞추면 저것이 안 맞고, 다른 것을 기준하면 이것이 안 맞아서 어차피 누가 지은 이름이라 할지라도 자기들의 이론에 맞춰 보면 다 잘못 지은 이름이라고 나온다.

결국은 자신들에게 새로 지으라는 말이다. 어떤 이론은 성이 李씨인데 李 : 7획+선천수 1을 더 보태어 8획으로 보고 작명을 해야만 한다고 주장하기도 한다.

아무리 좋은 이름을 가진 사람도 살다 보면 궂은 일과 좋은 일을 겪는 것이고, 아무리 나쁜 이름을 쓰고 있는 사람일지라도 기쁜 일과 슬픈 일을 다 겪고 사는 것이 인생이다.

단지 필자가 주장하는 것은 신생아일 경우 평생 불러주어야 하기에 성과 나이에 맞게 잘 맞추어 지으라는 것이지, 구태여 부르고 있는 이름이 나쁘다 하여 바꿀 필요는 없다고 본다. 그래서 그런지 필자를 찾아오는 고객은 거의가 대부분 '신생아 이름' 만 지으러 온다. 필자도 그런 점에 만족한다. 요즘은 신생아가 뜸해서 작명고객도 뜸한 것이 현실이다.

수리학만 믿고서 이혼한 선생님

제2장
성명학 기초이론

여기에 나오는 기초이론을 가지고 이름을 지을 것이므로 천천히 따라해 보기를 바란다.

① 소리 오행을 중시하므로 한글의 자음을 가지고 오행을 먼저 분류한 후 코드로 변환해 볼 것이다. 이름 예제는 3장에 나온다.

② 오행이 상생이 되도록 한글 이름을 지은 후에 한자를 넣어 수리를 맞추어 준다. 또 다른 방법으로는 '성'이 정해졌으니 원형이정 수리에 맞는 한자를 찾아 넣어서 짓기도 한다.

③ 앞에서 이야기한 것처럼 소리 오행도 상생으로 맞추고 한자의 수리까지 맞추면서 이름의 뜻까지 모두 완벽하기는 어렵다. 다만 작명가로서 최선을 다해 좋은 이름이 나올 수 있도록 노력하는 것이다.

1 한글 소리 오행의 구분

한글	오행	알파벳
ㄱ, ㅋ	목	C, G, K, Q
ㄴ, ㄷ, ㄹ, ㅌ	화	D, L, N, R, T
ㅇ, ㅎ	토	A, E, H, F, I, O, U, W, X, Y
ㅅ, ㅈ, ㅊ	금	C, G, J, S, X, Z
ㅁ, ㅂ, ㅍ	수	B, F, M, P, V

◈ 소리의 오행과 특징

ㄱ, ㅋ은 목에 해당한다   →   인자하고 동정심이 많다

ㄴ, ㄷ, ㄹ, ㅌ은 화에 해당한다   →   명랑하고 활달하다

ㅇ, ㅎ은 토에 해당한다   →   원만하고 성실하다

ㅅ, ㅈ, ㅊ은 금에 해당한다   →   강직하고 인정이 많다

ㅁ, ㅂ, ㅍ은 수에 해당한다   →   지혜롭고 이해심이 많다

이	토
수	금
지	금

이수지라는 이름으로 예로 들겠다.

'이'는 초성이 'ㅇ'이니 토가 된다.

'수'는 초성이 'ㅅ'이니 금이 된다.

'지'는 초성이 'ㅈ'이니 금이 된다.

◐ 토생금으로 상생이 되는 이름이다.

'**고서영**'이라는 이름으로 예를 들어 보겠다.

고	목
서	금
영	토 토

　　　　'고'는 초성이 'ㄱ'이니 목이 된다.

　　　　'서'는 초성이 'ㅅ'이니 금이 된다.

　　　　'영'은 초성이 'ㅇ'이니 토가 되며,

　　　　종성은 초성과 같으므로 토가 된다.

　　　◑ 이름끼리는 상생이 되지만 이름 첫 글자

　　　　가 성을 극한다.

'**김나혜**'라는 이름으로 예를 들어 보자.

김	목 수
나	화
혜	토

　　　　'김'은 초성이 'ㄱ'이니 목이 되며, 종성은

　　　　'ㅁ'이니 수가 된다.

　　　　'나'는 초성이 'ㄴ'이니 화가 된다.

　　　　'혜'는 초성이 'ㅎ'이니 토가 된다.

　　　◑ 성의 종성이 이름 첫 글자를 극한다.

　　　　이름 첫 글자는 끝 글자를 생하고 있다.

석동찬이라는 사람을 예로 들겠다.

석	금 목
동	화 토
찬	금 화

　　　　'석'은 초성이 'ㅅ'이니 금이 되고, 종성

　　　　'ㄱ'은 목이 된다.

　　　　'동'은 초성이 'ㄷ'이니 화가 되고, 종성

　　　　'ㅇ'은 토가 된다.

　　　　'찬'은 초성이 'ㅊ'이니 금이 되고, 종성

이 'ㄴ'이니 화가 된다.

◐ 성의 종성은 이름 첫 글자를 생해 주며,

　이름 첫 글자의 종성은 이름 끝 글자를 생해 준다.

손태란이라는 사람을 예로 들겠다.

손	금 화
태	화
란	화 화

'손'은 초성이 'ㅅ'이니 금이 되고, 종성 'ㄴ'은 화가 된다.

'태'는 초성이 'ㅌ'이니 화가 된다.

'란'은 초성이 'ㄹ'이니 화가 되고, 종성 'ㄴ'이니 화가 된다.

◐ 성의 초성 외에는 모두 화이므로,

　성의 초성을 극하고 있다.

　자신의 이름과 가까운 사람의 이름을 넣고, 상생이 되는지 상극이 되는지 살펴보자.

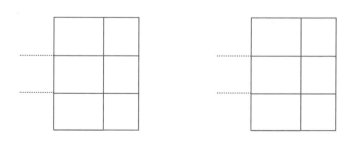

② 이름으로 코드를 뽑는다

이제 이름을 가지고 코드를 뽑아 볼 것이다. 이름의 코드는 사주의 코드와 똑같은데, 여기서는 이름과의 관계를 살피기 위해서 코드를 단순화시켰다. 예를 들면 1·2코드는 1로, 3·4코드는 3으로, 5·6코드는 5로, 7·8코드는 7로, 9·0코드는 9로 표현할 것이다. 이렇게 봐도 해석하는 데는 별다른 문제가 없다.

천간＼이름	목	화	토	금	수
목	1·2	9·0	7·8	5·6	3·4
화	3·4	1·2	9·0	7·8	5·6
토	5·6	3·4	1·2	9·0	7·8
금	7·8	5·6	3·4	1·2	9·0
수	9·0	7·8	5·6	3·4	1·2

↓ ↓ ↓ ↓ ↓

천간＼이름	목 ㄱ	화 ㄴㄷㄹㅌ	토 ㅇㅎ	금 ㅅㅈㅊ	수 ㅁㅂㅍ
목(갑·을)	1	9	7	5	3
화(병·정)	3	1	9	7	5
토(무·기)	5	3	1	9	7
금(경·辛)	7	5	3	1	9
수(임·계)	9	7	5	3	1

성명학에서 나오는 평생운의 코드를 보는 법은 자신의 이름 오행을 기준으로 하여 천간이나 지지를 놓고 본다.

또 사주팔자를 코드로 살필 때 2개 이상 연결되는 3‧5, 9‧3을 볼 때 사주 전체에서 찾아서 볼 수 있다.

하지만 이름을 볼 때는 위와 아래 연결된 것만 가지고 판단한다. 이름은 순서대로 되어 있어서 '고나영'을 '고영나'로 부르지 않기 때문이다. 단, 중간 글자는 가장 중요하기 때문에 가운데에서 양쪽을 동시에 본다. 평생운과 년운을 비교할 때 그렇게 쓸 것이며 뒤에 예제를 가지고 설명하겠다.

갑(甲)년에 태어난 **고나영**이라는 사람을 예로 들어 보겠다.

갑		기준
1	**고**	목
9	**나**	화
7	**영**	토
7		토

천간이 갑(甲)인 사람이 성이 고씨이면 1코드다. ㄱ은 목이므로 같은 비견이라서 그렇다.

가운데 이름이 나이면 ㄴ은 화이므로 생을 받아 9코드이다. 기준이 '화'이므로 갑을 만나면 목생화를 해주므로 인성 9코드라고

하는 것이다. 헷갈리면 바로 앞쪽의 도표를 보라.

끝 이름이 영이면 ㅇ은 토이므로 극을 받아 7‧7코드가 나온다.

병(丙)년에 태어난 **서태화**의 예를 보자.

병		기준
7	**서**	금
1	**태**	화
9	**화**	토

성이 서씨인 경우 ㅅ은 금에 해당하므로 병화의 극을 받아 **7코드**,

가운데 이름이 태라면 같은 ㅌ은 화이므로 **1코드**,

끝이름이 화면 ㅎ은 토라서 생을 받으므로 **9코드**가 나온다.

무(戊)년에 태어난 **소지섭**의 예를 보자.

무		기준
9	**소**	금
9	**지**	금
9 7	**섭**	금 수

천간이 ㅅㅈㅅㅂ에 해당하므로 차례로 ㅅㅈㅅ은 금의 글자이므로 무의 생을 받아 **9코드**다. 즉 9, 9, 9코드가 나온다.

섭의 ㅂ은 수이므로 무가 극을 하여 **7코드**가 나온다.

	기준

자신의 이름을 넣어 코드를 뽑아 보자.
연습을 해보면 어렵지 않다.

다음은 지지를 보는 법이다. 지지도 역시 오행을 생극을 가지고 넣으면 된다.

지지＼이름	목 ㄱ	화 ㄴㄷㄹㅌ	토 ㅇㅎ	금 ㅅㅈㅊ	수 ㅁㅂㅍ
목(인·묘)	1	9	7	5	3
화(사·오)	3	1	9	7	5
토(진·술·축·미)	5	3	1	9	7
금(申·유)	7	5	3	1	9
수(자·해)	9	7	5	3	1

인(寅)년에 태어난 **구태영**이라는 이름을 보자.

	기준	인(목)
구	목	1
태	화	9
영	토 토	7 7

구씨라면 ㄱ이 목이므로 1코드,

가운데 발음이 태(화)면 ㅌ은 화이므로 생을 받아서 9코드,

끝이 영자이면 ㅇㅎ은 토가 되어 목의 극을 받아 7∘7코드가 나온다.

사(巳)년에 태어난 **최유주**의 경우를 보자.

기준	사(화)	
최	금	7
유	토	9
주	금	7

최씨라면 ㅊ은 금에 해당하므로 극을 받아 7코드,

유는 ㅇ이 토이므로 생을 받아 9코드,

끝글자인 주는 ㅈ이 금이라서 화의 극을 받아 7코드로 본다.

해(亥)년에 태어난 **고도희**의 경우이다

기준	해(수)	
고	목	9
도	화	7
희	토	5

고씨인 경우는 ㄱ은 목에 해당하므로 수의 생을 받아 9코드,

도는 ㄷ이 화이므로 극을 받아 7코드,

끝글자 희는 ㅎ이 토이므로 토극수로 극을 하여 5코드로 본다.

이제 갑자년에 태어난 **고나영**으로 코드를 붙이면 다음과 같다.

갑		기준	자(수)	
1	**고**	목	9	
9	**나**	화	7	
7 7	**영**	토 토	5	

'**고나영**'을 오행으로 바꾼 후, 이것을 기준으로 코드를 붙인다.

고는 목이므로 갑은 1, 자는 9이다.

나는 화이므로 갑은 9, 자는 7이다.

영은 토이므로 갑은 7, 자는 5이다.

어느 정도 이해가 되었으리라고 생각된다.

정리하면 다음과 같다.

평생운 (자신의 이름 오행 기준)		목	화	토	금	수
		ㄱ	ㄴㄷㄹㅌ	ㅇㅎ	ㅅㅈㅊ	ㅁㅂㅍ
목	갑 을 인 묘	1	9	7	5	3
화	병 정 사 오	3	1	9	7	5
토	무 기 축 미 진 술	5	3	1	9	7
금	경 辛 申 유	7	5	3	1	9
수	임 계 자 해	9	7	5	3	1

아래 나오는 도표는 1년운을 볼 때 쓰는데, 자세히 보면 위의 표와 코드가 다르다. 매년을 기준으로 보기 때문이다. 년운에 따라 보지 않으면 결과값이 매년 같을 수밖에 없다.

년운 (년운이 기준)		목	화	토	금	수
		ㄱ	ㄴㄷㄹㅌ	ㅇㅎ	ㅅㅈㅊ	ㅁㅂㅍ
목	갑 을 인 묘	1	3	5	7	9
화	병 정 사 오	9	1	3	5	7
토	무 기 축 미 진 술	7	9	1	3	5
금	경 辛 申 유	5	7	9	1	3
수	임 계 자 해	3	5	7	9	1

③ 오행의 생극과 적용

I부에서도 오행의 상생과 상극을 다루었으므로 여기서는 간단히 넘어간다.

이름은 상생으로 짓지만, 필요에 따라서는 상극을 쓰기도 한다. 이름이 상극으로만 되어 있는 경우 가족간에 문제가 생기기 쉽다.

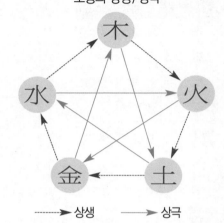

오행의 상생／상극

------▶ 상생　　──▶ 상극

이름의 소리 오행은 초성인 자음(첫 소리 받침글자)에 의해 소리 발음을 구분한다. 앞에서도 언급했듯이 종성까지 꼭 보기를 바란다.

강	목
동	화
길	목

×

➡

강	목토
동	화토
길	목화

○

'가＋ㅇ＝강'이므로 반드시 종성인 'ㅇ'도 소리가 난다는 사실을 염두에 두어야 한다.

이처럼 부모의 성(姓)과 성의 받침 글자와 다음에 따라오는 가운데 글자가 상생이 되어야 좋다. 성의 받침 글자 '강'의 'ㅇ'에 따라 가운데 이름을 어떻게 지을지 판단하는데 이를 무시한다면 '강동길'의 경우 '가도기'라고 보는 것과 같기 때문이다.

이름 첫 글자인 '동'은 성의 'ㅇ'을 화생토하고 있다.
이름 끝 글자인 '길'은 '동'의 'ㅇ'을 목극토하고 있다.
이름의 초성만 볼 때와는 생극이 달라진다. 소리 기운을 파악하기 위해 받침 글자까지도 꼭 참고하여 이름을 짓는 것이 좋다.

이런 내용은 너무나 당연한 상식이라고 본다. 문제는 지금도 '중국식 작명법'으로 보아 첫소리 글자만 보고 단순하게 작명하는 서적이 대다수이다. 수십 년 동안 이런 모순점을 아무리 강조해도 워낙 오랜 기간 전해 내려온 학설이라서 쉽게 바꾸기가 어려운 것이 안타까운 현실이다.

제3장
코드로 보는 이름 예제

앞에서 이름을 오행으로 바꾸고 코드로 만들어 보았다. 이제 코드를 어떻게 쓰는지 예제로 풀어볼 것이다. 물론 이름보다는 사주팔자의 영향력이 더 크다고 말씀 드렸다.

사주팔자와 이름을 코드로 살필 때 다른 점이 있다. 사주는 코드가 2개 이상 연결될 때 연월일시 상관없이 어디든 함께 본다는 것이다. 그래서 3◦5, 9◦3코드를 찾기만 하면 되는 것이다.

하지만 이름을 볼 때는 위와 아래 연결된 것만 가지고 판단한다. 이름은 순서대로 되어 있어서 '고나영'을 '고영나'로 부르지 않기 때문이다. 단, 중간 글자는 가장 중요하기 때문에 가운데에서 양쪽을 동시에 본다. 평생운과 년운을 비교할 때 그렇게 쓸 것이다.

예제를 보자.

다음의 도표는 이름으로 코드를 뽑을 때 항상 쓰는 조견표이다.

_도표 1_

평생운 (자신의 이름 오행 기준)		목	화	토	금	수
		ㄱ	ㄴㄷㄹㅌ	ㅇㅎ	ㅅㅈㅊ	ㅁㅂㅍ
목	갑을인묘	1	9	7	5	3
화	병정사오	3	1	9	7	5
토	무기축미진술	5	3	1	9	7
금	경후申유	7	5	3	1	9
수	임계자해	9	7	5	3	1

_도표 2_

년운 (년운이 기준)		목	화	토	금	수
		ㄱ	ㄴㄷㄹㅌ	ㅇㅎ	ㅅㅈㅊ	ㅁㅂㅍ
목	갑을인묘	1	3	5	7	9
화	병정사오	9	1	3	5	7
토	무기축미진술	7	9	1	3	5
금	경후申유	5	7	9	1	3
수	임계자해	3	5	7	9	1

1 배우 최진실

배우 최진실의 이름을 분석해 보자.

평생 무				평생 신申
9	**최**	금	1	
9 3	**진**	금 화	1 5	
9 3	**실**	금 화	1 5	

최진실은 무신생이며 왼쪽은 평생운 코드이다.
앞의 조견표(325쪽 도표1)를 이용하여 코드를 넣은 것이다.

이름을 분석할 때 가운데 글자가 가장 중요하다.
위에 보듯이 평생운에서 9◦3코드가 나와서 단명운이다.
식신인 3코드는 9코드를 만나면 도식이라 하여, 밥그릇인 3코드를 엎어버린다는 뜻이다. 심하면 죽음을 의미한다.

최진실이 41세 庚申대운 戊子년에 자살하였으므로, 戊子년 운을 볼 것이다. 평생운의 좌우로 년운을 배치한다.

년운 무	평생 무				평생 신	년운 자
3	9	**최**	금	1		9
3 9	9 3	**진**	금 화	1 5		9 5
3 9	9 3	**실**	금 화	1 5		9 5

년운을 볼 것이므로 도표 2(325쪽 도표2)를 기준으로 코드를 적는다.

최는 년운 '무'를 기준으로 식상이므로 3코드이다. 년운 기준이므로 평생운과 다른 코드를 쓰는 것이다.

지금처럼 평생운에 9∘3코드가 중복되어 있는데, 년운에서 또 9∘3 코드가 거듭 왔기 때문에 수명에 지장을 준다. 즉, 사고·자살·암 등의 이유로 일찍 요절하는 사례가 많다.

이름을 볼 때 전체 다 가운데를 보는 것은 아니다.

다음과 같이 가운데 글자만 가운데를 기준으로 9∘1로도 보고 3∘5 로도 본다. 물론 상하로 9∘3도 보고 1∘5로도 본다.

가운데 글자는 심장을 뜻하므로 중심 이름만 이렇게 봐야 한다.

9 3	진	1 5

물론 년운을 볼 때도 이와 같다. 년운의 3∘9를 보고, 9∘3을 본다. 그래서 가운데부터 본다면 3919가 나오고, 9355로 본다는 뜻이다.

3 9	9 3	진	1 5	9 5

사실 이름으로만 이런 일이 발생한다고 말할 수는 없다. 사주와 이름이 모두 이렇게 되면 더 확실할 것이고, 이름만 9∘3코드가 반복 된다면 사고 정도로 그쳤을 것이다.

② 조용필·안진현

조용필과 그의 아내 안진현의 이름을 분석하였다.

상당한 재력가였던 안진현은 120억의 재산 중 조용필에게 48억을 남겼다. 그의 유산 중 세금을 공제한 24억의 유산을 모두 심장병을 앓는 어린이 재단에 기부하라고 유언했다.

두 사람은 경인생으로 동갑이다. 45세 갑술년(1994)에 결혼했고, 53세 임오년에 안진현이 심장질환으로 사별(2003년 1월 5일)했다.

평생 경		기준	평생 인	평생 경		기준	평생 인
1	**조**	금	5	3 5	**안**	토 화	7 9
3 3	**용**	토 토	7 7	1 5	**진**	금 화	5 9
9 5	**필**	수 화	3 9	3 5	**현**	토 화	7 9

◀평[생운]▶

조용필은 평생운에서 다음과 같이 중간 이름 '용'에 자식에 해당하는 7코드가 3코드를 만났다. 3·7코드는 3이 자식인 7을 극하는 것이어서 자식이 없다. 이름을 볼 때 중간 발음만 가운데를 중점적으로 보며 성 (부모 자리)과 끝 글자는 가로로 보지 않는다.

안진현은 아래와 같이 평생운에 3◦5코드가 중복되어 있다. 이는 재물이 많음을 뜻한다.

이제 사별한 임오년을 보자. 평생운의 왼쪽과 오른 끝에 임오년을 붙여서 보는 것이다.

조용필

년운 임	평생 경			평생 인	년운 오
9	1	**조**	금	5	5
7	3	**용**	토	7	3
7	3		토	7	3
1	9	**필**	수	3	7
5	5		화	9	1

안진현

년운 임	평생 경			평생 인	년운 오
7	3	**안**	토	7	3
5	5		화	9	1
9	1	**진**	금	5	5
5	5		화	9	1
7	3	**현**	토	7	3
5	5		화	9	1

조용필님은 '필' 년운에서 1◦5코드가 나와 처와 사별했다.
여자를 뜻하는 5가 1을 만나면 재물이나 여자에게 변고가 생기지만 모두 다 그런 것은 아니다. 타고난 사주도 봐야 하므로 단정 지어서는 안 된다. 거의 사주에서 90%, 이름은 10% 정도 참고해서 본다.

안진현님은 년운에서 좌측(색칠한 부분)에 7◦5◦9, 9◦5◦7이 두 번 나온다. 이는 급작스런 일이 53세 임오년에 생긴다는 것을 의미하여 평소 앓던 심장질환으로 사망했다(평생운에서도 597 597 반복됨).

③ 재벌들의 이름

재벌들의 이름에는 대부분 3∘5코드가 있다. 태어난 해, 이름을 비교한 것이다. 또한 사주에도 대부분 3∘5코드가 있다. 물론 3∘5코드가 없는 분도 있기는 하다.

정		기준	미
3	구	목	5
9 / 1	인	토 / 화	1 / 3
9	회	토	1

5∘1∘3은 중간에 1코드가 있는데 1은 자기 자신이므로 바로 5∘3으로 본다.

을		기준	축
1 / 3	김	목 / 수	5 / 7
9	두	화	3
5 / 1	식	금 / 목	9 / 5

여기는 3∘5코드가 없다.

경		기준	술
9 / 7	박	수 / 목	7 / 5
5	두	화	3
9 / 3	병	수 / 토	7 / 1

임		기준	오
5 / 5	양	토 / 토	9 / 9
3	재	금	7
5 / 7	열	토 / 화	9 / 1

임		기준	신申
5	이	토	3
5 / 7	현	토 / 화	3 / 5
3	조	금	1

무		기준	진
9 / 3	신	금 / 화	9 / 3
1 / 1	영	토 / 토	1 / 1
5 / 3	균	목 / 화	5 / 3

경		기준	신申
1 / 3	정	금 / 토	1 / 3
3 / 5	인	토 / 화	3 / 5
3 / 3	영	토 / 토	3 / 3

경		기준	신申
3 / 9	임	토 / 수	3 / 9
5	대	화	5
3 / 3	홍	토 / 토	3 / 3

갑		기준	신申
7	이	토	3
7 / 9	원	토 / 화	3 / 5
5	주	금	1

삼성전자 이재용 회장의 딸

④ 5·9·7은 교통사고, 역마

◈ 환갑에 돌아가신 명의

년운	평생			평생	년운
계	계			묘	묘
9	3	**주**	금	5	7
⑨	3	**석**	금	⑤	⑦
3	9		목	1	1
⑨	3	**중**	금	⑤	⑦
7	5		토	7	5

아산병원 흉부외과 의사였던 주석중님의 이름 분석이다.

대동맥질환, 대동맥판막협착증 등의 전문 분야에서 활동한 의료계에서 탁월한 인재였다. 자전거를 타고 교차로 횡단보도를 건너다가 사고로 돌아가셨다. 환갑인 해였으며, 2023년 6월 16일 오후 1시 20분쯤 사고가 났다.

이름에 9◦3이 많다. 이름과 세운에서 3◦9, 9◦3, 5◦9◦7 등 코드가 모두 식신 3코드를 9코드가 극하고 있다.

이름은 가운데 발음이 제일 중요한데 **석**자 발음을 놓고 세로를 보면 9◦3◦5◦7이 나온다. 이름에서 동시에 5◦9◦7은 교통사고를 의미한다. 가운데 글자인 '**석**'만 양쪽을 다 봐야 한다.

9 / 3	3 / 9	석	금 / 목	5 / 1	7 / 1

그래서 보니 9∘3, 3∘9가 중복되어서 나온다.

평생운에서도 9∘3이 있는데 년운에서도 9∘3이 나와서 문제가 생긴 것이다.

◈ 강원래님 오토바이 사고

년운	평생			평생	년운
경	기			유	진
⑤ / 9	5 / 1	강	목 / 토	7 / 3	7 / 1
⑨ / ⑦	1 / 3	원	토 / 화	3 / 5)	1 / 9
7	3	래	화	5	9

가수 강원래님은 1969년 12월 21일생이다. 2000년(32세) 11월 9일 오토바이 사고가 났다.

평생운의 이름에서는 5∘9∘7이 나오지 않지만, 년운에서 5∘9∘7이 나오는 바람에 지체장애인이 되었다.

불행 중 다행인 것은 가운데 3∘5코드가 있는 바람에 먹고 사는 데 지장은 없다〔3∘5코드는 204쪽 참조〕.

◈ 이덕화님, 김병석님의 교통사고 = 5 · 9 · 7

평생 임	이름	기준	진
⑤	이	토	1
⑦ ⑨	덕	화 목	3 5
5	화	토	1

평생 병	이름	기준	평생 술
3 5	김	목 수	5 7
⑤ ⑨	병	수 토	⑦ 1
7 3	석	금 목	⑨ ⑤

탤런트 이덕화 씨는 1952년 5월 8일생이다.

1977년(25세) 4월 7일 버스와 충돌하는 사고로 2주간 혼수상태였으며, 1990년(38세) 6월 24일 지프와 고속버스와 충돌, 갈비뼈 3개가 부러지는 중상을 입었다. 이름에 5∘9∘7이 자주 보이므로 교통사고, 즉 역마와 관계가 깊다.

천문 김병석 선생은 병술생이신데, 군대에서 휴가차 외출을 나왔다가 기차 중간 연결 부위에 한쪽 다리를 많이 다쳤다. 25세 경술년의 일이다. 그 바람에 평생 절뚝거리며 다녔다. 이름에 5∘9∘7이 자주 보인다. 가운데 글자 '병'은 가로로도 판단한다. 가운데 이름은 중심이 되고, 사람의 심장과 같기 때문이다(5∘9∘7이 총 3번 중복됨).

5 사주와 이름을 동시에 보는 예

이 책을 마무리하면서 사주와 이름을 동시에 풀어놓은 것이 하나 정도 있었으면 한다. 많은 분들이 인반수와 성명학 내용을 두고 의구심을 가질 수도 있을 것이다. 사례를 보자.

'조로우'는 말레이시아의 사기범이라고 검색된다.

총리의 측근으로 국영투자기업 1MDB를 통해 5조원의 나랏돈을 빼돌려 비자금을 조성·관리한 혐의로 인터폴에 수배중이다. 그는 '나집 라작' 전 총리가 실각하자 38세 무술년에 잠적했다. '나집 라작'은 말레이시아 역사상 '최대 부패 스캔들'로 그 사건 핵심 인물이 바로 '조로우'다. 그의 나이 31세 때 '나집 라작' 총리가 재정부 장관까지 오르며 어마어마한 권력을 거머쥐게 되자 비자금을 그에게 맡겼다.

이덕화님 5·9·7 코드

《 조로우 》			
시주	일주	월주	년주
壬임 7	丙병 1	戊무 3	辛신 6
辰진 3	戌술 3	戌술 3	酉유 6
	신 정 무		

《《풀이》》

① '조로우' 의 사주를 풀기 이전에 술(戌) 속에 있는 암장부터 알아야 한다. '戌' 안에는 '辛·丁·戊'가 있다. 그중 병(丙)이 제일 좋아하는 것은 역시 합을 하는 신(辛)이다.

이는 마치 물 분자를 이루려면 H_2O가 있어야 하는데 'HO'만 있으면 'H' 원소를 찾아 결합하려는 것과 똑같다. 즉, '丙'은 자신은 천간의 신(辛), 지지의 유(酉)·술(戌) 중의 신(辛)과 합하고 있다.

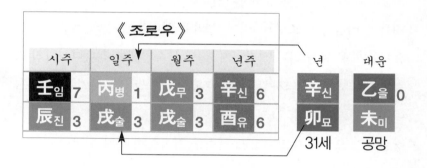

② 더 특이한 점은 그가 31세 신묘(辛卯)년이 되자 병(丙)인 자신은 천간의 辛과 丙辛合, 지지의 卯와 卯戌合을 하여 모두 자기 것으로 만들었다. 여기서 을(乙)은 병(丙) 기준으로 0코드, 즉 문서와 비자금을 뜻한다. 대운조차 문서를 뜻하는 乙인데 지지인 미(未)가 공망이다. 한눈에 봐도 정당한 문서, 정당한 재물이 아니다. 미(未)는 亥卯未木의 창고여서 엄청난 양(量)의 증권문서임을 알 수 있다.

| 년운 | 평생 | | | 평생 | 년운 |
신辛	신辛			유	묘
1	1	**조**	금	1	7
7	5	**로**	화	5	3
9	3	**우**	토	3	5

③ 이름을 보면 평생운에서 큰 재물을 뜻하는 3·5코드가 있고, 辛卯년의 년운을 봐도 우측에 3·5코드가 나온다.

④ 하락이수로 평생운을 보면 '지수사 2효괘'가 나온다. "윗사람에게 높은 신임을 받는다."는 것을 설명한 괘상이다.

⑤ 31세 신묘(辛卯)년의 년운을 하락이수로 보면 '뢰지예 4효괘'가 나온다. "여의주를 얻는 운이다. 큰 이익을 얻기 위해서는 모험을 하는데 결국 여의주를 손에 쥐어서 부귀영화를 누리는 운"으로 나온다.

제4장
한자로 이름 짓기

① 작명할 때 틀리기 쉬운 한자부수 및 획수

성명학 기초이론 중 지금부터 나오는 내용은 모두 한자에 관한 것이다. 한자의 획수와 뜻을 모두 맞추어 짓고 싶다면 다음의 내용을 숙지해야 한다. 요즈음 젊은 부모들은 한자에 대해 그다지 신경을 쓰지 않고 오히려 영어로 불리는 이름을 선호하기도 한다. 이왕 한자로도 지을 것이라면 원칙을 지켜야 다른 곳에서 이름 감정을 할 때 문제가 생기지 않는다.

작명에 쓰이는 한자 획수는 다음에 서술하는 것과 같이 부수의 획수를 계산해야 하기 때문에 옥편에 나오는 한자의 부수보다 획수가 많다. 조금만 더 신경을 쓰면 이 문제는 간단히 해결된다.

◆ 숫자의 획수보는 법

한 일(一) ☞ 1획	두 이(二) ☞ 2획	석 삼(三) ☞ 3획
넉 사(四) ☞ 4획	다섯 오(五) ☞ 5획	여섯 육(六) ☞ 6획
일곱 칠(七) ☞ 7획	여덟 팔(八) ☞ 8획	아홉 구(九) ☞ 9획
열 십(十) ☞ 10획	일백 백(百) ☞ 6획	일천 천(千) ☞ 3획
일만 만(萬) ☞ 15획		

① 扌(手 : 손 수)는 3획이 아니고 4획(옥편보다 1획을 더함)

打6 托7 抉8 扶8 抒8

② 犭(犬 : 개 견)은 4획(옥편보다 1획을 더함)

犯6 猶13 獲18

③ 忄(心 : 마음 심)은 4획(옥편보다 1획을 더함)

忖7 快8 性9 怡9 恒10 悅11 悟11 情12 慢15 懷20

④ 氵(水 : 물 수)는 4획(옥편보다 1획을 더함)

氾6 汀6 江7 汎7 汝7 池7 決8 沈8 法9 沿9 河9
洛10 洙10 津10 洪10 浩11 淏12 淵12 游13 漢15

⑤ ネ(示 : 보일 시)는 5획(옥편보다 1획을 더함)

社8 祀8 祐10 祜10 祥11

⑥ 王(玉 : 구슬 옥)은 5획(옥편보다 1획을 더함)

王4 玖8 玟9 珉10 珏10 玲10 珀10 珊10 珍10 班11
珠11 球12 理12 現12 琴13 崎13 琪13 琵13 琮13 琶13
瑞14

⑦ 月(肉 : 고기 육)은 6획(옥편보다 2획을 더함)

肝9 肩10 育10 胃11 胤11 胎11 能12 脣13 腰15 膽19
臟24

⑧ ネ(衣 : 옷 의)는 6획(옥편보다 1획을 더함)

袁10 裏13 補13 裕13 複15

⑨ ++(艸 : 풀 초)는 6획(옥편보다 2획을 더함)

芳10 芙10 芮10 芝10 花10 苟11 茂11 若11 英11 苑11
茶12 荀12 草12 莫13 菓14 菊14 菜14 華14 萬15 葉15

⑩ 罒(网 : 그물 망)은 6획(옥편보다 1획을 더함)

置14 署15 罷17 羅20

⑪ 辶 (辵 : 책받침 변, 머뭇거릴 착)(옥편보다 4획을 더함)

迂10 近11 迎11 送13 追13 透14 造14 連14 途14 通14
逸15 週15 進15 達16 遂16 遠17 遺19 還20 邊22

⑫ 阝(邑 : 고을 읍)은 7획(우측에 붙을 경우에만 4획을 더함)

那11 邦11 邱12 郁13 郡14 郎14 郭15 部15 都16 鄭19

⑬ 阝(阜 : 언덕 부)는 8획(좌측에 붙을 경우에만 5획을 더함)

防12 阮12 阿13 院15 陣15 陶16 陸16 陵16 陪16 陳16
陽17 隆17 隣20 隱22

② 원형이정(元亨利貞) 보는 법

'원형이정'은 주역의 건(乾)괘에서 유래된 말로, 이름을 지을 때 획수를 따질 때 쓴다. 성과 이름의 한자의 획수를 더해서 원형이정을 따진다.

_원격은 이름 두 글자를 더하고,
_형격은 성과 이름 첫 글자의 합,
_이격은 성과 이름 끝 글자의 합,
_정격은 성과 이름 모두 더한 합이다.

	이름		획수
①	김	金	8
②	재	才	3
③	훈	訓	10

② + ③ = 원격 13획

① + ② = 형격 11획

① + ③ = 이격 18획

① + ② + ③ + ④ = 정격 21획

원형이정의 의미는 바로 뒤에 나오는 '한자의 수리〔344쪽〕'를 보면 된다.

◈ 외자 이름 원형이정 보는 법

	이름		획수
①	김	金	8
②	훈	訓	10
③			

② + ③ = 원격   ① + ② = 형격

① + ③ = 이격   ① + ② + ③ = 정격

② + ③ = 10획(원격)

① + ② = 18획(형격)

① + ③ = 8획(이격)

① + ② + ③ = 18획(정격)

◈ 성이 두 자인 이름 원형이정 보는 법

	이름		획수
①	황	皇	16
	보	甫	
②	재	材	7
③	민	旻	8

성이 두 글자인 경우 합한다.

즉, 皇 + 甫 = 16획

② + ③ = 원격   ① + ② = 형격

① + ③ = 이격   ① + ② + ③ = 정격

② + ③ = 15획(원격)

① + ② = 23획(형격)

① + ③ = 24획(이격)

① + ② + ③ = 31획(정격)

③ 한자의 수리(원·형·이·정 의미)

앞에서 한자 획수의 숫자를 더해 원형이정 보는 법을 설명하였다. 그 숫자들을 찾아서 수리를 살피는 것이다. 이 수리로 운명이 좌우 되는 것으로 생각하는데, 수리가 아무리 좋아도 선천운명이 약하게 태어났다면 결국 그 안에서 살다 죽게 된다. 명이 더 중요하다는 의 미이다(타고난 사주팔자가 더 중요함).

여기에 정리하는 수리학의 의미는 단지 '작명'을 할 때 기준잡기 를 위한 것이니 참고만 하시기 바란다. 실제로는 수리 내용을 무시 하여도 운명에 어떤 영향도 주지 않는다. 유명인들 중 수리가 나쁜 분들이 많다는 것이 그 증거이다.

1 기본수
- 위인이 건강하고 부귀와 영화를 누린다.

2 분리되는 수
- 부부가 이별을 하고 허송세월을 보낸다.

3 이루어지는 수
- 지혜롭고 도량이 넓어 대업을 이룰 수 있다.

4 실패하는 수
- 우유부단하고 결단력이 부족하니 실패가 많다.

5 이름을 날리는 수

- 지덕을 겸비하여 일찍 이름을 얻으니, 나라의 녹을 얻어 천하에 이름을 날릴 수 있다.

6 조상의 음덕이 있는 수

- 귀인의 도움으로 집안이 일어나고, 지덕을 겸비하여 만인이 따르니 대업을 성취할 수 있다.

7 독립심이 강한 수(용감한 수)

- 완고한 고집으로 독립하여 능히 자수성가한다. 자만심과 꺾이지 않으려는 고집 때문에 주위에서 구설과 누명이 따르기 쉽다. 수양을 하여 주위와 화합할 수 있는 지혜를 길러야 한다.

8 강인한 인내력으로 전진하는 수

- 의지가 강하여 사막에 가서도 견뎌내는 정신력이 있다. 충분히 큰 일을 성취해 낼 수 있으나 온화한 심덕을 키워야 한다.

9 겉은 그럴 듯하나 실속이 적은 수

- 처음 계획은 성대하나 결국 용두사미가 되고, 가정에서 불화가 잦아 부부간에도 충돌이 자주 생긴다. 형제, 부모와도 인연이 없다.
- 여자인 경우 화류계에 많이 종사한다. 운에 따라 크게 성공하는 사람도 있다. 열사, 독립군, 풍운아, 외항선원도 있다.
- 의외로 교통사고, 실종, 익사자 등에서 많이 본다(비행사, 기사, 스튜어디스인 경우는 예외다).

10 매사가 공허해지는 수

- 재주가 뛰어나 한때는 이름을 날리지만 중도에 어려움이 많다.
- 처자식과 떨어져 객지에서 공허하게 지낸다. 단, 학자나 종교인, 수양자는 예외가 된다.
- 오히려 이 수리로도 최상의 경지까지 갈 수 있으나, 역시 그 길은 어렵고 수많은 노력과 고통이 뒤따른 후에야 도달할 수 있다.

11 새 출발하는 수

- 위인이 온건하고 착실하여 순조롭게 발전이 가능하다.

12 의지박약으로 실천이 부족한 수

- 재능은 있으나 의지가 부족하여 대성하기는 힘들다.
- 버스 지난 뒤 손들고 차 세우는 격으로 매사에 속으로 우물쭈물하다가 세월만 보내고, 구들장 신세만 질 수도 있다.

13 명철한 두뇌로 성공하는 수

- 위인이 여러 사람을 이끄는 능력이 있으며, 입신양명하여 이름을 떨칠 수 있다. 문학가, 예술가에게 이 수리가 많다.

14 흩어지는 수

- 심성이 착하여 남의 일은 잘 봐주나 내 앞가림은 잘하지 못한다.
- 유산을 많이 받아도 내 것이 안 된다. 수고만 있고 공이 없으니 범사가 내 뜻과 같이 잘 안 된다.
- 그러나 예외가 있다는 것을 항상 명심해야 한다. 의외로 성실한 노력으로 성공한 사람이 많으니 절대로 단정을 지어서는 안 된다 (수리학은 모순이 많다. 수리가 나빠도 성공하신 분이 많기 때문에 단정하면 안 된다).

15 지도자의 수

- 온순하고 덕망이 높으며, 어디를 가도 원만한 성격으로 입신출세하는 멋진 수이다.
- 여성은 현모양처로서 훌륭한 남편을 만나 안정된 가정을 이루며 산다.

16 덕망이 있는 수

- 총명한 두뇌로 대업을 이루며, 여러 사람에게서 존경과 신망을 한 몸에 받게 되고, 부와 귀를 누린다. 오복을 고루 갖춘 운이다.

17 부귀와 명예가 따르는 수

- 강한 성품으로 모든 어려움을 극복하고 초지일관하여 큰일을 이룬다.
- 그러나 강한 고집은 도리어 구설이 따르기 쉬우니 모든 일을 평화롭게 처리하는 것이 좋다.

18 날로 발전하는 수

- 자부심이 강하며 처음엔 어려움도 있으나 강한 의지와 노력으로 장애를 물리치고 목적을 끝까지 달성한다.

19 고생 끝에 낙(樂)이 오는 수

- 처음에는 날로 번창하다 시련이 따르지만, 본인의 강한 의지와 노력으로 난관을 물리치면 목적을 달성할 수 있다.
- 부부간에 본의 아니게 떨어져 지내게 되고, 부모덕이 없다.
- 교통사고 등 위험이 따르는 일이 많으니 주의해야 한다.

20 공허하여 실속이 없는 수

- 대업을 성취하여 일시적으로 성공을 이루나 결과는 용두사미가 되며, 매사에 시작은 있지만 끝이 없다.
- 나쁜 수리라고 생각될지 모르나, 수양을 많이 하면 능히 어려운 난관을 뚫고 나아가 대학자나 종교인 등이 될 수도 있다.

21 지도자가 되는 수

- 독립심이 강하고 통솔력도 있으니, 대중 앞에서 인기를 얻을 수 있다.

22 중도에 난관이 많은 수

- 활동력이 왕성하여 대업을 이루고자 노력하나 의지가 부족하고, 주위의 도움이 적어 난관을 겪고 좌절하게 된다.

23 욱일승천하는 수(수리가 나빠도 아무 문제없음)

- 성품이 좋고 위인이 활달하니 능히 큰 사업을 이룰 수 있다.
- 여자의 경우 수리가 중복되면 독신으로 산다고 나오지만 역대 대통령 부인도 여기에 속하지만 잘만 산다. 즉, 아무 문제없다는 말이다.

24 출세와 축재(蓄財)하는 수

- 지모가 뛰어나서 어려운 일도 능히 해결하며, 큰일을 성취해낸다.
- 부귀겸전하며 자손이 번성하는 운이다.

25 재록이 풍성한 수

- 능숙한 수완과 안정을 위주로 대업을 성취한다. 자수성가하는 분이 많다.

26 영웅의 수

- 선천운이 강한 자는 대업을 이루나, 일반인은 약간의 어려움을 겪을 수도 있다. 이 내용도 믿지 않기 바란다. 26획을 써도 성공하신 분들이 너무 많다.

27 낙마 골절의 수

- 불의를 참지 못하는 성격으로 한때 권위를 떨치나, 중도에 좌절될 암시가 있고 남의 비방이 따른다. 이런 말도 근거 없음으로 믿지 않기 바란다.
- 여성은 후처가 많고, 사회활동을 많이 하게 된다. 이것도 그들의 주장일 뿐이고 너무 극단적인 내용이다.

28 파란과 풍파의 수

- 바다 위의 돛단배처럼 파란이 많고 실패가 연속된다.
- 내외간, 자식과의 인연이 적으며 관재, 구설, 단명의 수라고 주장하는데 필자가 볼 때는 다 그렇지는 않다.

29 성공을 이루는 수
- 지모와 재략을 겸비하여 큰일을 이루어내며, 안락과 행복을 누리는 운이다.
- 둘째라도 장남 역할을 하는 경우가 많다.

30 무정세월 수, 길흉 반반이다
- 큰 욕심을 내면 좌절이 오니 요행을 바라지 말고, 안전한 사업을 하면 성공할 수 있다.

31 나날이 번창하는 수
- 지혜와 용기를 겸비하여 온갖 고난을 극복하고 이름을 날린다.
- 자손의 경사가 따르며 부귀 장수한다.

32 귀인이 도우는 수
- 뜻밖의 행운을 얻게 되며, 명예와 지위가 서고 만사형통하여 행복을 누린다.
- 여자는 남자의 운을 도와 집안을 부흥시킨다.

33 용(龍)이 구름을 타고 오르는 수
- 재주와 덕을 겸비하고, 용기와 결단성으로 뜻을 세워 명성이 천하에 알려지는 수이다.

34 파멸의 수
- 비록 운이 좋다 할지라도 불의의 재난이 속출하며, 자식은 있으나 편안한 가운데서 위험이 따른다.
- 처자와 이별이 있는 대흉수이다.

35 온순 태평의 수
- 성품이 온화하여 문학, 예능 방면에 좋은 수로써 적성에 맞는 직업에 종사하면 일생이 편안하며 부귀 장수하게 된다.

36 영웅 시비의 수

- 조난·피살 등의 역경에 빠지는 파란의 영웅운으로써, 자신을 돌보지 않고 희생하는 협객의 운이다.
- 일평생 분주하며 흉과 길이 겹친 운이다.

37 부귀 명예가 따르는 수

- 큰 뜻으로 대업을 성취하여 부귀영화를 누린다.
- 성격이 강하여 외곬수가 되기 쉬우나 수양을 하고 덕행을 쌓으면 금상첨화의 운이다.

38 무예 학자의 수

- 명철한 두뇌로 창작·문학 방면에 탁월한 두각을 나타내며, 복록을 누리는 안락한 수이다.

39 안락한 수

- 현철한 재능과 인격을 갖추고 있어 자손이 창성하며 부귀를 겸비하는 수이다.

40 공허한 수

- 일시적인 성공을 거두지만 오만불손하여 세인의 비난이 따르니 노력해도 공이 없는 흉한 수이다.

41 대업을 이루는 수

- 위인이 준수하고 영리하니 선견지명이 있어 만인의 지도자 역할을 한다.

42 고행이 따르는 수

- 재능은 있으나 의지가 약해 남의 말에 현혹되기 쉬우며 인덕이 부족하고 가정도 적막하다.

43 재산이 흩어지는 수

- 강인한 성격과 직선적 행동이 세상일을 쉽게 해결할 듯 보이나, 일생동안 여러 번 재물의 손실과 가정의 풍파가 생긴다.

44 평지풍파가 생기는 수

- 일시적 성공도 실패로 돌아가며 한 번의 실수로 일평생을 그르치니 어둠 속을 방황하게 되는 수이다.

45 크게 깨닫는 수

- 두뇌가 명석하여 선견지명이 있으니 만인이 우러러보는 지도자가 되는 수이다.

46 의지가 약한 수

- 뜻은 원대하지만 좋은 때를 얻지 못하여 만사가 여의치 못하고, 세상이 알아주지 않아 한탄하는 수이다.

47 출세하는 수

- 영웅이 때를 만나 권세를 세상에 떨친다. 많은 재물을 자손대대로 물려주게 되며, 부부가 화합하니 일생에 부러울 것이 없다.

48 덕이 있는 수

- 사통팔달의 지각자로서 천하의 일을 손바닥 위에 놓고 보듯이 하며, 만인을 선도하는 입장에 서서 부귀영달을 누리는 수이다.

49 일진일퇴의 수

- 길흉이 서로 겹쳐 있어 길할 때는 길하고, 흉할 때는 걷잡을 수 없이 실패가 거듭되는 수이다.

50 불행이 따르는 수

- 한번은 크게 성공하더라도 늦게는 실패가 많아 패가망신하는 수이다.

51 성쇠가 심한 수

- 처음엔 어려운 가운데 성취를 이루나 중도에 자연적으로 재물이 흩어지기 쉽다.
- 그러나 근면하고 정직하게 살면 대업을 이루는 수이다.

52 무(無)에서 유(有)를 낳는 수

- 심성이 좋고 인덕이 있으므로 주위의 도움으로 대업을 이루는 수이다.

53 외부내빈의 수

- 겉으로는 길하나 안으로 재화가 뒤따라 속으로 곪는 수이다.

54 고통이 따르는 수

- 의지가 약해 많은 유산도 지키기 어려우며, 불구·단명·고독의 불길한 수이다.

55 재해가 따르는 수

- 언뜻 보기에는 왕성해 보이나 속으로 고통이 많으며 재화가 따르니 주의해야 하는 수이다.

56 만사가 안 되는 수

- 일이 뜻대로 이루어지지 않아 용기가 없어지며 말년이 고독한 수이다.

57 노력하면 이루는 수

- 원래 강한 운의 소유자로서 전화위복하여 행복한 생활을 하며 부귀영달 하는 수이다.

58 스스로 이루는 수

- 초년의 실패를 경험으로 삼아 후반부에 성공을 하여 유종의 미를 거둔다.

59 낙엽이 떨어지는 수

- 의지가 박약하며 인내심이 부족하다.
- 재화가 속출하니 역경에 빠져 가산을 탕진하는 수이다.

60 노고가 많고 좌절에 빠지는 수

- 가정과도 인연이 없고, 타향 객지로 연연하며 고통과 고독에서 일 평생을 보내는 수이다.
- 다행히 배우자와의 인연으로 새로운 생활을 찾는 경우도 있다.

61 보통의 수　　　　　　　**62** 안 좋은 수

63 사용해도 되는 수이지만(너무 많은 획수는 사용불가)

64 안 좋은 수　　　　　　　**65** 사용해도 되는 수

66 안 좋은 수　　　　　　　**67** 사용해도 되는 수

68 사용해도 되는 수　　　　**69** 안 좋은 수

70 안 좋은 수　　　　　　　**71** 보통의 수

72 보통의 수　　　　　　　**73** 보통의 수

74 안 좋은 수　　　　　　　**75** 보통의 수

76 안 좋은 수　　　　　　　**77** 보통의 수

78 보통의 수　　　　　　　**79** 아주 나쁜 수

80 아주 나쁜 수

　〇 작명 시 많은 획수는 되도록 피하세요.

④ 이름 획수별 작명공식 총정리

한자로 이름을 짓는 경우 원형이정의 획수를 맞추기 위해 필요한 내용이다. 성의 획수가 정해지면 이름 2글자는 다음 도표의 획수에 해당하는 것으로 지으면 된다.

예를 들어 '丁(정)' 씨 성이라면 1획과 4획수로 이름을 짓거나 1획과 5획의 한자를 찾아서 이름을 짓는다. 수리 획수는 위아래가 뒤바뀌어도 아무 상관없다.

김씨 성을 가진 사람의 이름을 지어보자.

김씨인 경우 '8획성 작명 공식'을 찾아본다. 그곳에는 총 25가지의 작명공식이 있는데 되도록 수리 획수가 간단한 한자를 적용하여 짓는다.

예1) 3획+10획으로 정하여 "8. 이름에 사용할 수 있는 한자"에서 찾아보면 재훈(才訓), 재원(才原)이 가능하다.

예2) 16획+17획처럼 획수가 많은 한자는 피한다.

예1)과 같이 김재훈, 즉 金才訓이라는 이름으로 정했다고 치자.

이 도표는 원형이정 수리를 이미 좋은 것으로 맞추어 놓은 것이다.

김:8획+재:3획+훈:10획이므로 원형이정은 다음과 같다.

원격:13획, 형격:11획, 이격:18획, 정격:21획으로 모두 좋은 내용이므로 사용 가능하다.

2획성

丁(정) 乃(내) 卜(복) 力(역) 又(우)

1 4	1 5	1 14	1 15	1 10
1 23	3 3	3 10	3 13	4 9
4 12	5 11	6 9	6 15	6 23
9 12	9 14	10 11	10 13	13 16
13 22	14 19	16 19		

3획성

也(야) 千(천) 弓(궁) 大(대) 凡(범)
于(우) 子(자) 干(간) 山(산)

2 3	2 13	3 10	3 12	3 15
3 18	4 14	5 8	5 13	8 24
10 22	12 20	13 22	14 15	14 18
14 21				

4획성

公(공) 孔(공) 司(사) 方(방) 斤(근)
太(태) 毛(모) 王(왕) 天(천) 化(화)
尹(윤) 片(편) 文(문) 卞(변) 水(수)
元(원) 夫(부) 介(개)

1 2	2 9	2 11	3 4	3 14
4 7	4 9	4 13	4 21	9 12
9 22	11 14	11 20	12 13	12 19
13 20	14 17	17 20		

5획성

玉(옥) 申(신) 弘(홍) 皮(피) 占(점)
白(백) 永(영) 丘(구) 平(평) 田(전)
甘(감) 包(포) 台(태) 石(석) 史(사)
乙 支(을지)

2 6	2 11	2 16	3 10	3 13
6 10	6 12	6 18	8 8	8 10
8 16	8 24	10 11	11 13	12 12
13 19				

6획성

宅(택) 朱(주) 曲(곡) 羽(우) 朴(박)
后(후) 吉(길) 任(임) 老(로) 全(전)
伊(이) 牟(모) 旭(욱) 西(서) 引(인)
米(미) 先(선) 安(안)

1 10	2 5	2 9	2 15	5 10
5 12	5 18	5 26	6 9	7 10
9 9	9 26	10 15	10 19	10 23
10 25	11 12	11 18	12 17	12 19
12 23				

7획성

延(연) 李(이) 甫(보) 余(여) 何(하)
吳(오) 判(판) 車(차) 君(군) 呂(려)
宋(송) 成(성) 辛(신) 杜(두) 池(지)
汝(여)

4 14	6 10	6 11	6 18	8 8
8 9	8 10	8 16	8 17	9 9
9 16	9 22	10 14	11 14	14 17

8획성

舍(사) 金(김) 房(방) 沈(심) 周(주)
林(림) 承(승) 明(명) 昌(창) 具(구)
奈(나) 昔(석) 奉(봉) 孟(맹) 宗(종)
卓(탁) 尙(상) 奇(기) 采(채)

3 10	3 13	8 15	5 8	5 10
5 10	7 8	7 9	7 10	7 10
7 17	7 24	8 9	8 13	8 16
8 15	10 23	8 17	9 15	9 16
10 13	10 15	10 21	13 16	16 17

9획성

表(표) 姜(강) 咸(함) 姚(요) 宣(선)
柳(류) 奏(주) 肖(초) 星(성) 禹(우)
秋(추) 泰(태) 河(하) 施(시) 南(남)
兪(유) 扁(편)

*肖(초)의 부수는 月=肉(육)변으로 봄.
　河(하)의 부수는 水로 9획으로 봄.

2 4	2 14	4 4	4 12	9 14
6 9	7 8	7 16	7 22	6 23
8 8	8 15	9 15	9 20	12 12
12 20	14 15			

10획성

晋(진) 洪(홍) 袁(원) 馬(마) 夏(하)
孫(손) 恩(은) 芮(예) 花(화) 唐(당)
秦(진) 高(고) 剛(강) 旁(방) 桂(계)
邕(옹) 殷(은) 徐(서) 曺(조)

*洪(홍), 芮(예), 花(화)는
　부수의 획수로 계산.

1 6	1 7	3 3	3 5	3 8
5 8	6 7	6 15	6 19	7 16
7 14	8 13	8 15	11 14	7 8
14 17	19 19	14 15	13 16	

11획성

邦(방) 崔(최) 班(반) 康(강) 梅(매)
曹(조) 那(나) 張(장) 章(장) 梁(량)
紫(자) 胡(호) 國(국) 范(범) 堅(견)
魚(어) 海(해) 許(허)

*胡(호), 부수의 획수로 보아 11획.

2 2	2 4	2 5	2 13	6 12
4 14	5 10	5 13	6 7	12 12
12 14	6 18	7 14	10 14	

12획성

景(경) 黃(황) 曾(증) 弼(필) 彭(팽)
閔(민) 雲(운) 異(이) 程(정) 智(지)
庚(유) 邵(소) 舜(순) 敦(돈) 馮(풍)
森(삼) 東方(동방) 大室(대실)
小室(소실)

3 3	3 14	4 9	4 13	5 12
6 11	6 17	9 12	9 14	12 13
12 17	12 23	15 20		

13획성

楊(양) 廉(렴) 睦(목) 琴(금) 楚(초)
湯(탕) 阿(아) 邢(형) 路(로) 雍(옹)
郁(욱) 令狐(영고) 司空(사공)

2 3	3 8	4 4	4 12	8 8
8 10	8 16	12 12	12 23	14 18
16 19				

14획성

趙(조) 裵(배) 溫(온) 賓(빈) 菊(국)
愼(신) 菜(채) 慈(자) 連(연) 箕(기)
齊(제) 鳳(봉) 碩(석) 西門(서문)
公孫(공손)

1 2	2 15	3 4	3 12	3 15
3 21	3 22	4 11	4 17	4 19
7 10	7 11	7 17	9 9	9 12
10 11	10 15	10 21	11 12	9 15

15획성

劉(류) 葉(엽) 漢(한) 葛(갈) 郭(곽)
慶(경) 魯(노) 董(동) 萬(만)
仲室(중실)

2 6	2 14	2 16	3 3	3 14
6 10	6 17	6 18	8 9	8 10
8 16	8 24	9 14	9 21	

16획성

龍(룡) 盧(로) 陸(육) 陶(도) 陰(음)
陳(진) 諸(제) 潘(반) 彊(강) 都(도)
錢(전) 道(도) 賴(뢰) 皇甫(황보)

2 5	2 13	2 15	5 8	7 8
8 9	8 13	8 15	8 17	9 7
9 16	13 16			

17획성

蔡(채) 韓(한) 鞠(국) 鄒(추) 蔣(장)
鍾(종) 謝(사) 濂(렴) 應(응)

4 4	4 12	4 20	6 12	6 15
6 18	7 8	7 14	8 8	8 10
8 16	12 12	14 21		

18획성

顏(안) 魏(위)

6 7	6 11	6 15	6 17	7 14
14 15				

19획성

鄭(정) 薛(설) 南宮(남궁)

2 4	2 14	2 16	4 12	4 14
6 7	6 10	6 12	7 22	10 19
12 17	13 16	13 20	14 19	16 22
13 26	19 20			

20획성

羅(라) 嚴(엄) 鮮于(선우)

3 5	3 12	3 15	3 18	4 9
4 11	4 13	4 17	5 13	9 9
9 12	12 13	12 19		

21획성

釋(석) 隨(수) 顧(고)

2 11	2 14	3 13	3 14	4 4
4 12	4 14	8 8	8 10	8 16
10 14	12 12	14 17		

22획성

權(권) 蘆(로) 邊(변) 蘇(소) 隱(은)

2 9	2 11	2 13	2 15	3 13
4 13	4 19	5 10	7 9	7 10
10 3	7 16	9 14	9 16	16 19
10 15				

25획성

獨孤(독고)

31획성

諸葛(제갈)

5 이름에 사용할 수 있는 한자

1991년 최초로 대법원에서 이름에 사용할 수 있는 한자를 지정하였는데, 2024년 6월 현재 인명용 한자는 총 9,389자로 확대되었다. 해가 갈수록 쓸 수 있는 한자가 늘고 있다. 하지만 국가에서 인명용 한자로 지정해 주었다고 해서 그대로 사용하면 안 된다. 한자를 보면 의미나 획수를 그대로 사용하기에는 문제가 있기 때문이다. 아호나 상호 등 작명 외에는 간혹 사용하기는 하지만 이름에 적용하기에는 어색한 한자가 많음으로 한 번 더 살펴보고 정했으면 좋겠다.

그 이유는 이름에 사용하기에는 획수가 너무 많거나, 생소한 한자이거나, 한자 뜻이 좋기 않기 때문이다. 따라서 작명 시 쓰지 않는 어려운 한자들은 거의 제외시켰다. 평상시 작명할 때 적용하는 한자들만 모았지만 그래도 한자 획수가 많은 것은 쓰지 않기를 바란다.

일부 유명 작명가의 홈페이지에 가보면, 필자의 상식으로는 도저히 납득하기 어려운 한자를 적용하여 버젓이 공개한 것을 보고 경악을 금치 못한다. 실제로도 고객들이 손자 이름을 짓는 과정에서 나름 대기업처럼 홍보한 작명소에서 큰돈을 주고 지었다는 이름에서 조차도 어려운 한자가 있었다. 상식을 벗어나는 어렵고 난해한 한자는 되도록 피하가를 거듭 당부 드린다.

작명의 제1원칙 수리 획수는 되도록 간단 명료하고 알기 쉬운 한자로 짓는 것이 좋다. 실제 작명을 하다 보면 이것이 더 어렵다. 오죽하면 전문가조차도 위와 같이 작명했을까?

다음은 이름에 쓸 수 있는 한자와 주로 작명 시 사용하는 글자들만 정리한 것이다. 이보다 더 깊은 의미를 찾으려면 옥편을 참조하기 바란다.

1획	一 한 일	乙 새 을					
2획	二 두 이	力 힘 력	卜 점 복	丁 장정 정			
3획	三 셋 삼	巾 수건 건	工 장인 공	久 오랠 구	弓 활 궁	己 몸 기	女 계집 녀	大 큰 대
	万 일만 만	士 선비 사	山 뫼 산	上 위 상	小 작을 소	也 어조사 야	夕 저녁 석	已 이미 이
	干 방패 간	于 어조사 우	子 아들 자	丈 어른 장	土 흙 토	才 재주 재	凡 무릇 범	川 내 천
	寸 마디 촌	丸 둥글 환	夬 괘 쾌					

4획	孔	公	今	及	内	丹	斗	屯
	구멍 공	귀 공	이제 금	미칠 급	안 내	붉을 단	말 두	모일 둔
	毛	木	文	勿	卞	夫	分	比
	털 모	나무 목	글 문	말 물	조급할 변	지아비 부	나눌 분	견줄 비
	水	手	升	心	氏	牙	予	午
	물 수	손 수	오를 승	마음 심	각시 씨	어금니 아	나 여	낮 오
	牛	尤	云	元	月	尹	允	仁
	소 우	더욱 우	이를 운	으뜸 원	달 월	맏 윤	진실로 윤	어질 인
	引	日	壬	井	中	友	天	太
	끌 인	날 일	북방 임	우물 정	가운데 중	벗 우	하늘 천	클 태
	戶	火	化	互				
	지게 호	불 화	될 화	서로 호				
5획	五	可	加	甘	甲	古	功	丘
	다섯 오	옳을 가	더할 가	달 감	갑옷 갑	옛 고	공 공	언덕 구
	句	年	旦	代	冬	立	母	目
	글귀 구	해 년	아침 단	대신 대	겨울 동	설 립	어미 모	눈 목
	卯	戊	民	白	丙	本	付	北
	토끼 묘	별 무	백성 민	흰 백	남녘 병	근본 본	붙일 부	북녘 북
	弗	仕	史	司	生	石	仙	世
	아닐 불	벼슬 사	사관 사	맡을 사	날 생	돌 석	신선 선	인간 세
	召	市	玉	永	央	瓦	王	外
	부를 소	저자 시	구슬 옥	길 영	가운데 앙	기와 와	임금 왕	바깥 외

用	右	由	幼	以	仔	田	正
쓸 용	오른 우	인연 유	어릴 유	써 이	자세할 자	밭 전	바를 정
主	左	只	且	冊	出	充	他
주인 주	왼 좌	다만 지	또 차	책 책	날 출	채울 충	다를 타
台	平	包	布	皮	必	玄	弘
별 태	평편할 평	쌀 포	베 포	가죽 피	반드시 필	검을 현	클 홍
禾							
벼 화							

六	各	艮	件	共	光	匡	交
여섯 육	각각 각	간방 간	조건 건	함께 공	빛 광	바를 광	사귈 교
求	圭	企	伎	吉	年	多	乭
구할 구	홀 규	바랄 기	재주 기	길할 길	해 년	많을 다	돌 돌
同	列	礼	吏	名	牟	米	朴
한가지 동	벌릴 렬	예도 례	아전 리	이름 명	클 모	쌀 미	성 박
百	氾	帆	并	妃	伏	西	先
일백 백	뜰 범	돛대 범	아우를 병	왕비 비	엎드릴 복	서녘 서	먼저 선
舌	守	收	旬	丞	式	安	仰
혀 설	지킬 수	거둘 수	열흘 순	정승 승	법 식	편안 안	우러를 앙
羊	如	亦	伍	宇	羽	旭	有
양 양	같을 여	또 역	다섯사람 오	집 우	깃 우	아침해 욱	있을 유
聿	衣	伊	弛	印	因	任	字
오직 율	옷 의	저 이	늦출 이	새길 인	인할 인	맡길 임	글자 자

自	匠	庄	再	在	全	汀	兆
스스로 자	장인 장	녹망 장	두 재	있을 재	온전 전	물가 정	억조 조
存	朱	州	舟	竹	仲	旨	至
있을 존	붉을 주	고을 주	배 주	대 죽	버금 중	맛 지	이를 지
宅	合	亥	行	向	回	后	
집 택	합할 합	돼지 해	다닐 행	향할 향	돌아올 회	왕후 후	

角	江	改	更	車	見	系	告
뿔 각	물 강	고칠 개	다시 갱	수레 거	볼 견	맬 계	고할 고
谷	宏	究	局	君	均	男	努
골 곡	클 굉	연구할 구	판 국	임금 군	고를 균	사내 남	힘쓸 노
但	杜	豆	卵	良	呂	利	李
다만 단	막을 두	콩 두	알 란	어질 량	법 려	이로울 리	오얏 이
里	每	免	牡	妙	尾	伴	汎
마을 리	매양 매	면할 면	수컷 모	묘할 묘	꼬리 미	짝 반	뜰 범
伯	甫	步	孚	佛	庇	私	似
맏 백	겨우 보	걸음 보	믿을 부	부처 불	도울 비	사사로울 사	같을 사
杉	序	成	卲	束	宋	秀	巡
나무 삼	차례 서	이룰 성	높을 소	묶을 속	나라 송	빼어날 수	돌 순
伸	身	辛	我	亞	言	余	役
펼 신	몸 신	매울 신	나 아	버금 아	말씀 언	나 여	부릴 역
延	吳	吾	完	佑	酉	邑	吟
이끌 연	나라 오	나 오	완전할 완	도울 우	닭 유	고을 읍	읊을 음

7획

作	壯	杖	材	赤	廷	弟	助
지을 **작**	씩씩할 **장**	지팡이 **장**	재목 **재**	붉을 **적**	조정 **정**	아우 **제**	도울 **조**
佐	住	池	志	辰	初	村	七
도울 **좌**	머무를 **주**	못 **지**	뜻 **지**	별 **진**	처음 **초**	마을 **촌**	일곱 **칠**
兌	判	貝	杓	何	旱	杏	形
별 **태**	판단할 **판**	조개 **패**	자루 **표**	어찌 **하**	가물 **한**	살구 **행**	형상 **형**
亨	孝	希					
형통할 **형**	효도 **효**	바랄 **희**					

8획

佳	刻	玕	居	杰	決	京	坰
아름다울 **가**	새길 **각**	옥돌 **간**	살 **거**	호걸 **걸**	결단할 **결**	서울 **경**	들 **경**
庚	炅	季	故	考	固	昆	坤
별 **경**	빛날 **경**	끝 **계**	옛 **고**	상고할 **고**	굳을 **고**	맏 **곤**	땅 **곤**
空	供	佼	果	官	侊	昣	具
빌 **공**	이바지 **공**	예쁠 **교**	과실 **과**	벼슬 **관**	클 **광**	밝을 **광**	갖출 **구**
玖	金	其	奇	玘	念	東	枓
옥돌 **구**	쇠 **금**	그 **기**	기특 **기**	옥 **기**	생각 **념**	동녘 **동**	구기 **두**
來	侖	林	枚	孟	命	明	杳
올 **래**	둥글 **륜**	수풀 **림**	낱 **매**	맏 **맹**	목숨 **명**	밝을 **명**	깊을 **묘**
武	門	物	旼	旻	昉	放	房
호반 **무**	문 **문**	물건 **물**	화할 **민**	높을 **민**	밝을 **방**	놓을 **방**	방 **방**
杯	佰	帛	秉	幷	服	奉	扶
잔 **배**	백사람 **백**	비단 **백**	잡을 **병**	아우를 **병**	입을 **복**	받들 **봉**	잡을 **부**

朋	社	事	使	舍	尚	狀	牀
벗 붕	모일 사	일 사	부릴 사	집 사	오히려 상	모양 상	책상 상
抒	昔	析	姓	所	松	受	垂
펼 서	예 석	쪼갤 석	성 성	바 소	소나무 송	받을 수	드리울 수
叔	昇	承	侍	始	沈	亞	妸
아재비 숙	오를 승	이을 승	모실 시	비로소 시	성 심	버금 아	고울 아
岸	昂	厓	於	奄	姈	沇	旿
언덕 안	밝을 앙	언덕 애	어조사 어	문득 엄	영리할 영	물이름 연	대낮 오
沃	枉	汪	旺	雨	玗	沄	沅
기름질 옥	굽을 왕	넓을 왕	왕할 왕	비 우	옥돌 우	흐를 운	물 원
委	臾	乳	侑	宜	姉	長	典
맡길 위	잠깐 유	젖 유	너그러울 유	마땅 의	누이 자	길 장	법 전
佺	店	政	定	制	周	姝	宙
이름 전	가게 점	다스릴 정	정할 정	법제 제	두루 주	예쁠 주	집 주
知	沚	池	枝	直	昌	采	青
알 지	물가 지	못 지	가지 지	곧을 직	창성 창	캘 채	푸를 청
忠	取	枕	快	卓	坦	兎	八
충성 충	가질 취	베개 침	쾌할 쾌	높을 탁	탄탄할 탄	토끼 토	여덟 팔
坪	享	幸	弦	協	昊	虎	和
들 평	누릴 향	다행 행	활 현	화합할 협	하늘 호	범 호	화할 화
架	看	皆	姜	炬	建	俓	勁
시렁 가	볼 간	다 개	성 강	횃불 거	세울 건	지름길 경	굳셀 경

9 획

計	係	癸	界	契	故	科	冠
셀 계	이을 계	천간 계	지경 계	계약 계	연고 고	과목 과	갓 관
姣	九	拘	軍	奎	矜	祈	紀
예쁠 교	아홉 구	잡을 구	군사 군	별 규	삼갈 긍	빌 기	벼리 기
祇	拏	南	度	亮	柳	律	勉
편안할 기	잡을 나	남녘 남	법도 도	밝을 량	버들 류	법률 률	힘쓸 면
明	面	美	玟	敃	拜	柏	法
눈밝을 명	낯 면	아름다울 미	옥돌 민	강할 민	절 배	잣나무 백	법 법
泛	炳	柄	昞	保	赴	思	査
뜰 범	빛날 병	자루 병	밝을 병	보전할 보	다다를 부	생각 사	조사 사
泗	庠	相	叙	宣	性	星	省
물 사	학교 상	서로 상	차례 서	베풀 선	성품 성	별 성	살필 성
昭	沼	帥	首	盾	徇	是	施
밝을 소	못 소	장수 수	머리 수	방패 순	부릴 순	이 시	베풀 시
信	室	甚	約	易	彦	衍	兗
믿을 신	집 실	심할 심	언약 약	열릴 양	선비 언	넓을 연	믿을 연
染	映	泳	要	姚	玩	禹	芋
물들일 염	비칠 영	헤엄칠 영	구할 요	예쁠 요	구경 완	임금 우	토란 우
昱	垣	俞	宥	柔	柚	玧	威
빛날 욱	담 원	맑을 유	너그러울 유	부드러울 유	구기자 유	옥빛 윤	위엄 위
垠	音	怡	姻	姿	芍	哉	貞
지경 은	소리 음	화할 이	혼인 인	모양 자	작약 작	어조사 재	곧을 정

柾	烶	亭	帝	柱	奏	炷	姝
나무 정	빛날 정	정자 정	임금 제	기둥 주	아뢸 주	심지 주	이름다울 주
拄	注	俊	卽	祉	祇	昣	昶
버틸 주	물댈 주	준걸 준	곧 즉	복 지	공경 지	밝을 진	밝을 창
肖	招	泉	秋	春	治	致	泰
닮을 초	부를 초	샘 천	가을 추	봄 춘	다스릴 치	이를 치	클 태
表	風	昰	河	咸	巷	革	奕
겉 표	바람 풍	여름 하	물 하	다 함	거리 항	가죽 혁	클 혁
洰	炫	型	炯	紅	奐	皇	侯
물깊을 현	밝을 현	본보기 형	밝을 형	붉을 홍	빛날 환	임금 황	제후 후
厚	姬						
두터울 후	계집 희						

家	珏	剛	個	格	肩	兼	耕
집 가	쌍옥 각	굳셀 강	낱 개	이를 격	어깨 견	겸할 겸	갈 경
徑	耿	倞	娃	桂	高	庫	恭
지름길 경	빛날 경	굳셀 경	밝을 계	계수나무 계	높을 고	곳집 고	공손 공
貢	拱	校	矩	俱	宮	躬	拳
바칠 공	맞잡을 공	학교 교	법 구	함께 구	집 궁	몸 궁	주먹 권
根	級	氣	記	起	桔	娜	倓
뿌리 근	줄 급	기운 기	기록 기	일어닐 기	도라지 길	이름다울 나	편안할 담
唐	徒	洞	桐	烔	洛	烙	烈
나라 당	무리 도	고을 동	오동 동	뜨거울 동	물이름 락	지질 락	매울 렬

玲	留	倫	栗	眠	紋	珉	珀
옥소리 **령**	머무를 **류**	인륜 **륜**	밤 **률**	잠잘 **면**	무늬 **문**	옥돌 **민**	호박 **박**
般	芳	旁	紡	配	倍	栢	峰
일반 **반**	꽃다울 **방**	넓을 **방**	길쌈 **방**	짝 **배**	갑절 **배**	잣나무 **백**	몽우리 **봉**
俸	芙	芬	師	紗	射	徐	恕
녹 **봉**	부용 **부**	향기 **분**	스승 **사**	비단 **사**	쏠 **사**	천천히 **서**	용서할 **서**
栖	書	扇	城	笑	素	孫	殊
깃들일 **서**	글 **서**	부채 **선**	재 **성**	웃음 **소**	흴 **소**	손자 **손**	다를 **수**
修	洙	純	恂	栒	乘	時	息
닦을 **수**	물가 **수**	순전할 **순**	정성 **순**	대나무 **순**	탈 **승**	때 **시**	쉴 **식**
栻	娥	晏	洋	娟	宴	芮	烏
점판 **식**	예쁠 **아**	늦을 **안**	바다 **양**	고울 **연**	잔치 **연**	풀,성 **예**	까마귀 **오**
容	祐	原	育	殷	恩	倚	益
얼굴 **용**	도울 **우**	근원 **원**	기를 **육**	은나라 **은**	은혜 **은**	의지할 **의**	더할 **익**
宰	財	栽	展	庭	租	祚	座
재상 **재**	재물 **재**	심을 **재**	펼 **전**	뜰 **정**	조세 **조**	복조 **조**	자리 **좌**
倧	株	州	埈	准	持	祗	芝
신인 **종**	줄기 **주**	고을 **주**	높을 **준**	평할 **준**	가질 **지**	공경할 **지**	지초 **지**
紙	晋	秦	津	珍	眞	秩	倉
종이 **지**	나라 **진**	나라 **진**	나루 **진**	보배 **진**	참 **진**	차례 **질**	곳집 **창**
哲	値	託	倬	耽	討	特	豹
밝을 **철**	만날 **치**	부탁할 **탁**	클 **탁**	즐길 **탐**	칠 **토**	특별할 **특**	표범 **표**

夏	恒	奚	軒	琄	倖	祜	洪
여름 하	항상 항	어찌 해	마루 헌	옥돌 현	요행 행	복 호	넓을 홍
烘	花	活	晃	效	候	訓	烋
화톳불 홍	꽃 화	살 활	밝을 황	본받을 효	기후 후	가르칠 훈	아름다울 휴
康	强	乾	健	堅	涇	竟	梗
편안할 강	굳셀 강	하늘 건	건장할 건	굳을 견	통할 경	다할 경	도라지 경
頃	啓	貫	珖	教	皎	區	救
이랑 경	열 계	꿸 관	옥피리 광	가르칠 교	달빛 교	지역 구	도울 구
苟	國	眷	珪	規	基	那	堂
진실로 구	나라 국	돌아볼 권	서옥 규	법 규	터 기	어찌 나	집 당
帶	動	得	朗	浪	梁	鹿	婁
띠 대	움직일 동	얻을 득	밝을 랑	물결 랑	들보 량	사슴 록	별 루
率	犁	离	梨	笠	粒	麻	晚
거느릴 솔	얼룩소 리	밝을 리	참배 리	갓 립	쌀알 립	삼 마	늦을 만
曼	挽	望	梅	苗	務	茂	問
멀 만	당길 만	바랄 망	매화 매	싹 묘	힘쓸 무	무성할 무	물을 문
敏	邦	訪	培	背	范	彬	産
민첩할 민	나라 방	꾸짖을 방	북돋을 배	등 배	풀이름 범	빛날 빈	낳을 산
祥	常	商	旋	船	設	雪	卨
상서 상	항상 상	장사 상	돌 선	배 선	베풀 설	눈 설	사람이름 설
涉	晟	巢	紹	袖	孰	宿	術
건널 섭	밝을 성	새집 소	이을 소	소매 수	누구 숙	잘 숙·수	재주 술

11획

崇	習	庵	崖	野	若	御	魚
높을 **숭**	익힐 **습**	암자 **암**	벼랑 **애**	들 **야**	같을 **약**	뫼실 **어**	고기 **어**
域	硏	涓	迎	英	悟	浣	庸
지경 **역**	갈 **연**	시내 **연**	맞을 **영**	꽃부리 **영**	깨달을 **오**	씻을 **완**	떳떳할 **용**
偶	釪	苑	偉	唯	胤	翌	翊
짝 **우**	바릿대 **우**	동산 **원**	클 **위**	오직 **유**	맏아들 **윤**	명일 **익**	도울 **익**
寅	紫	雀	將	章	張	笛	專
동방 **인**	붉을 **자**	새 **작**	장수 **장**	글 **장**	베풀 **장**	피리 **적**	오로지 **전**
晢	停	頂	第	祭	組	鳥	曹
밝을 **절**	머물 **정**	이마 **정**	차례 **제**	제사 **제**	인끈 **조**	새 **조**	무리 **조**
彫	族	從	晝	珠	紬	浚	晙
새길 **조**	겨레 **족**	쫓을 **종**	낮 **주**	구슬 **주**	명주 **주**	깊을 **준**	밝을 **준**
執	窓	彩	着	釧	崔	側	桶
잡을 **집**	창문 **창**	채색 **채**	붙을 **착**	팔찌 **천**	성 **최**	곁 **측**	통 **통**
浦	票	畢	海	許	焃	晛	絃
물가 **포**	표할 **표**	다할 **필**	바다 **해**	성 **허**	붉을 **혁**	햇빛 **현**	악기줄 **현**
彗	浩	晧	毫	胡	貨	晥	凰
비 **혜**	넓고클 **호**	밝을 **호**	가는털 **호**	오랑캐 **호**	재화 **화**	밝을 **환**	봉황 **황**
晦	涍	焄	烯				
그믐 **회**	물 **효**	향기 **훈**	불빛 **희**				

12 획

街	間	敢	開	距	据	傑	鈐
거리 **가**	사이 **간**	감히 **감**	열 **개**	떨어질 **거**	일할 **거**	뛰어날 **걸**	자물쇠 **검**

結	景	硬	卿	喬	球	邱	捲
맺을 결	볕 경	굳을 경	벼슬 경	높을 교	공 구	언덕 구	주먹 권
貴	鈞	期	幾	能	茶	覃	淡
귀할 귀	근 균	기약 기	기미 기	능할 능	차 다	미칠 담	물맑을 담
答	棠	貸	悳	敦	惇	焞	棟
답할 답	해당화 당	빌릴 대	덕 덕	돈독할 돈	정성 돈	밝을순·돈	들보 동
鈍	登	等	絡	琅	量	勞	理
둔할 둔	오를 등	무리 등	연락할 락	옥이름 랑	헤아릴 량	수고할 로	다스릴 리
買	脈	綿	貿	閔	博	發	番
살 매	맥 맥	솜 면	무역할 무	성 민	넓을 박	필 발	차례 번·반
普	復	捧	棒	富	傅	賁	備
넓을 보	돌아올 복	받들 봉	창 봉	부자 부	스승 부	클 분	갖출 비
絲	詞	森	象	惜	晳	善	琁
실 사	말씀 사	빽빽할 삼	코끼리 상	아낄 석	분석할 석	착할 선	옥돌 선
珹	盛	訴	邵	巽	授	須	淑
옥이름 성	담을 성	호소할 소	고을이름 소	손방 손	줄 수	모름지기 수	맑을 숙
順	淳	舜	述	勝	視	植	深
순할 순	순박할 순	임금 순	지을 술	이길 승	볼 시	심을 식	깊을 심
雅	雁	涯	淵	然	硯	寓	雲
맑을 아	기러기 안	물가 애	못 연	그러할 연	벼루 연	머무를 우	구름 운
雄	媛	惟	閏	壹	場	程	情
수컷 웅	미인 원	생각 유	윤달 윤	한 일	마당 장	법 정	뜻 정

晶	淨	朝	尊	註	智	診	軫
수정 정	맑을 정	아침 조	높을 존	주낼 주	지혜 지	진찰할 진	수레 진
創	喆	晴	淸	草	弼	現	惠
비롯할 창	밝을 철	개일 청	맑을 청	풀 초	도울 필	나타날 현	은혜 혜
淏	皓	黃	勛	欽	喜		
맑을 호	넓을 호	누를 황	공 훈	공경 흠	기쁠 희		
賈	幹	絹	敬	經	群	勤	琴
값 가	줄기 간	비단 견	공경 경	경서 경	무리 군	부지런할 근	거문고 금
琪	暖	煖	當	渡	頓	糧	煉
옥 기	따뜻할 난	따뜻할 난	마땅할 당	건널 도	조아릴 돈	양식 량	쇠불릴 련
廉	鈴	路	祿	琳	盟	睦	微
청렴 렴	방울 령	길 로	복록 록	옥 림	맹세 맹	화목 목	작을 미
暋	鈱	鉑	嗣	想	詳	聖	勢
강할 민	철판 민	금박 박	이을 사	생각 상	자세할 상	성인 성	형세 세
歲	頌	綏	肅	詩	湜	新	愛
해 세	기릴 송	편안할 수	엄숙할 숙	글 시	맑을 식	새 신	사랑 애
揚	楊	暘	楹	渶	詠	煐	暎
오를 양	바를 양	해돋을 양	기둥 영	물맑을 영	읊을 영	빛날 영	비칠 영
詣	預	鈺	溫	雍	湧	愚	郁
이를 예	미리 예	보배 옥	따뜻할 온	화할 옹	물솟을 용	어리석을 우	성할 욱
煜	園	圓	裕	義	意	資	莊
빛날 욱	동산 원	둥글 원	넉넉할 유	옳을 의	뜻 의	재물 자	씩씩할 장

13획

載	勣	傳	瑛	詮	靖	鼎	照
실을 재	공적 적	전할 전	옥이름전	갖출 전	편안할정	솥 정	비칠 조
鉁	粲	琸	琶	解	鉉	湖	話
보배 진	빛날 찬	옥이름탁	비파 파	풀 해	솥귀 현	호수 호	이야기화
煥	煌	會	輝	熙			
빛날 환	빛날 황	모일 회	빛날 휘	빛날 희			

嘉	監	綱	境	誡	溪	誥	管
아름다울 가	볼 감	벼리 강	지경 경	경계 계	시내 계	고할 고	대롱 관
構	菊	郡	閨	綺	寧	團	臺
얽을 구	국화 국	고을 군	안방 규	비단 기	편안 녕	둥글 단	집 대
途	銅	郞	連	領	綠	綸	綿
길 도	구리 동	사내 랑	이을 련	거느릴령	푸를 록	인끈 륜	솜 면
愍	銘	舞	聞	瑉	碧	輔	福
너그러울 명	새길 명	춤출 무	들을 문	옥돌 민	푸를 벽	도울 보	복 복
僕	鳳	逢	溥	裨	像	瑞	誓
종 복	새 봉	만날 봉	넓을 부	도울 비	형상 상	상서 서	맹세 서
碩	誠	韶	粹	壽	需	綬	愼
클 석	정성 성	아름다울 소	순수할수	목숨 수	기다릴수	인끈 수	삼갈 신
實	語	榮	睿	寤	溫	溶	墉
열매 실	말씀 어	영화 영	밝을 예	깨달을 오	따뜻할온	물 용	담 용
踊	瑀	禑	頊	熊	源	維	銀
뛸 용	옥돌 우	복 우	이름 욱	곰 웅	근원 원	벼리 유	은 은

認	慈	銓	禎	精	齊	製	造
알 **인**	사랑할 **자**	저울질할 **전**	상서 **정**	가릴 **정**	가지런할 **제**	지을 **제**	지을 **조**
趙	綜	種	準	誌	盡	察	暢
나라 **조**	놓을 **종**	씨앗 **종**	법 **준**	기록 **지**	다할 **진**	살필 **찰**	화창할 **창**
彰	菖	菜	綵	翠	置	態	通
빛날 **창**	창포 **창**	나물 **채**	비단 **채**	비단 **취**	둘 **치**	태도 **태**	통할 **통**
透	赫	熒	豪	瑚	華	誨	熏
통할 **투**	빛날 **혁**	밝을 **형**	호걸 **호**	산호 **호**	빛날 **화**	가르칠 **회**	더울 **훈**
僖							
즐거울 **희**							

價	稼	葛	熲	慶	課	郭	寬
값 **가**	심을 **가**	칡 **갈**	빛날 **경**	경사 **경**	매길 **과**	성씨 **곽**	너그러울 **관**
廣	逵	槿	談	德	樂	諒	樑
넓을 **광**	큰길 **규**	무궁화 **근**	말씀 **담**	큰 **덕**	즐거울 **락**	믿을 **량**	들보 **량**
慮	練	魯	論	劉	輪	履	滿
생각할 **려**	익힐 **련**	둔할 **로**	말할 **론**	성 **류**	바퀴 **륜**	신 **리**	찰 **만**
萬	模	慕	慜	磐	範	敷	賜
일만 **만**	법 **모**	사모할 **모**	총명할 **민**	반석 **반**	법 **범**	펼 **부**	줄 **사**
賞	緖	奭	陞	審	雁	養	緣
상줄 **상**	실마리 **서**	클 **석**	오를 **승**	살필 **심**	기러기 **안**	기를 **양**	인연 **연**
演	瑩	銳	瑢	誼	儀	調	進
넓을 **연**	밝을 **영**	날카로울 **예**	옥소리 **용**	옳을 **의**	거동 **의**	고를 **조**	나아갈 **진**

徹	標	漢	賢	慧	輝	興	
통할 철	표할 표	한수 한	어질 현	지혜 혜	빛날 휘	흥성할 흥	
諫	鋼	潔	暻	橋	龜	窺	瑾
간할 간	강철 강	맑을 결	밝을 경	다리 교	거북 귀	엿볼 규	옥 근
錦	器	機	錤	琪	壇	達	潭
비단 금	그릇 기	베틀 기	호미 기	옥 기	제단 단	통달 달	못 담
糖	道	都	陶	頭	燈	曆	歷
엿 당	길 도	도읍 도	질그릇 도	머리 두	등불 등	책력 력	지낼 력
盧	錄	龍	陸	陵	潾	霖	磨
성 로	기록할 록	용 룡	뭍 륙	언덕 릉	물맑을 린	장마 림	갈 마
謨	穆	蒙	默	憫	潘	陪	燔
꾀할 모	화목 목	어릴 몽	묵묵할 묵	민망할 민	성 반	거듭 배	사룰 번
辨	潽	奮	憤	頻	橡	諝	錫
분별할 변	물이름 보	떨칠 분	분할 분	자주할 빈	상수리 상	슬기 서	주석 석
輸	遂	樹	潚	錞	橓	諟	燃
나를 수	이를 수	나무 수	빠를 숙	쇠북 순	무궁화 순	이 시	불탈 연
燕	曄	潁	叡	豫	蓉	遇	運
나라 연	빛날 엽	빼어날 영	밝을 예	미리 예	연꽃 용	만날 우	운수 운
衛	謂	違	儒	諭	潤	陰	璋
지킬 위	이를 위	어길 위	선비 유	깨우칠 유	윤택할 윤	그늘 음	서옥 장
墻	積	錢	靜	錠	諸	陳	蒼
담 장	쌓을 적	돈 전	고요 정	촛대 정	모두 제	베풀 진	푸를 창

撤	澈	諦	親	學	翰	諧	憲
거둘 철	맑을 철	살필 체	친할 친	배울 학	날개 한	다 해	법 헌
縣	螢	衡	曉	勳	熹	憙	
고을 현	반딧불 형	저울대 형	새벽 효	공 훈	밝을 희	기뻐할 희	

17획

講	據	擧	鍵	檢	謙	璟	購
강론할 강	의거할 거	들 거	열쇠 건	살필 검	겸손할 겸	옥 경	살 구
鞠	璣	檀	鍍	蓮	鍊	隆	璘
공 국	구슬 기	박달나무 단	도금할 도	연꽃 연	단련할 련	높을 륭	옥빛 린
臨	繁	鍑	嬪	謝	蔘	償	禪
임할 림	성할 번	큰솥 복	아내 빈	사례 사	인삼 삼	갚을 상	봉선 선
鮮	燮	聲	穗	雖	隋	瞬	陽
고울 선	불꽃 섭	소리 성	이삭 수	비록 수	수나라 수	잠깐 순	볕 양
鍈	營	優	遠	應	謚	燥	鍾
방울소리 영	지을 영	넉넉할 우	멀 원	응할 응	웃을 익	마를 조	쇠북 종
駿	澯	燦	聰	擇	澤	韓	鄕
준마 준	맑을 찬	빛날 찬	귀밝을 총	가릴 택	못 택	나라 한	시골 향
壕	鴻	璜	檜	澮	禧	羲	
해자 호	큰기러기 홍	서옥 황	전나무 회	붓도랑 회	복 희	기운 희	

18획

簡	謹	觀	騎	騏	濤	濫	糧
대쪽 간	삼갈 근	뵐 근	말탈 기	준마 기	큰물결 도	넘칠 람	양식 량
禮	謨	馥	濱	曙	繡	雙	顔
예도 례	꾀 모	향기 복	물가 빈	새벽 서	비단 수	쌍 쌍	얼굴 안

燿	曜	鎔	魏	濡	曘	㶚	擬
빛날 요	빛날 요	녹일 용	나라 위	젖을 유	햇빛 유	물소리 은	헤아릴 의
翼	鎰	蹟	轉	題	濟	濬	職
날개 익	중량 일	자취 적	구를 전	제목 제	건널 제	깊을 준	벼슬 직
織	鎭	璨	擦	礎	蕉	豐	爀
짤 직	진압할 진	옥광채 찬	문지를 찰	주춧돌 초	파초 초	풍년 풍	빛날 혁
鎣	蕙	鎬	濩	獲	環	燻	
꾸밀 형	난초 혜	호경 호	퍼질 호	얻을 획	고리 환	연기낄 훈	

19획

鏡	鯨	譚	禱	鄧	麗	譜	穦
거울 경	고래 경	말씀 담	빌 도	나라이름 등	고울 려	족보 보	향기 빈
霦	璿	識	穩	鏞	韻	願	遺
옥광채 빈	아름다운옥 선	알 식	평온 온	쇠북 용	운치 운	원할 원	끼칠 유
鄭	贊	轍	瀅				
나라 정	도울 찬	차바퀴 철	맑을 형				

20획

覺	瓊	勸	黨	羅	爐	露	寶
깨달을 각	구슬 경	권할 권	무리 당	벌릴 라	화로 로	이슬 로	보배 보
瀕	釋	嚴	譯	議	瀞	懸	還
물가 빈	풀 석	엄할 엄	번역할 역	의논 의	맑을 정	매달 현	돌아올 환
曦							
햇빛 희							

21획

顧	辯	隨	藥	藝	譽	鐸	鐵
돌아볼 고	말잘할 변	따를 수	약 약	재주 예	기릴 예	방울 탁	쇠 철

	護 호위 **호**	鐶 고리 **환**					
22 획	權 권세 **권**	邊 가 **변**					
23 획	蘭 난초 **란**	戀 사모할 **련**	變 변할 **변**	巖 바위 **암**	顯 나타날 **현**		
24 획	靈 신령 **령**	讓 사모할 **양**					
25 획	觀 볼 **관**						
26 획	讚 기릴 **찬**						

여담(餘談)

뮤지컬 〈맘마미아〉 하면 딱 떠오르는 배우, 뮤지컬의 여왕으로 불리는 박해미. 똑 부러지는 성격이지만 운명의 굴레는 벗어나지 못했다.

《 박해 미 》			
시주	일주	월주	년주
戊무 3	丙병 1	乙을 0	癸계 8
戌술 3	午오 8	丑축 4	卯묘 0
1∘2		5∘6	

축(丑)은 사유축 金이므로 丙일간 기준으로 5∘6코드
술(戌)은 인오술 火이므로 丙일간 기준으로 1∘2코드

_丙戌 : 1◦3코드는 그녀의 생각을 뜻함. 3은 자신의 의지, 언행

_癸乙丙 : 8◦0코드는 관인상생, 교육문화, 남들을 지도, 연기, 연출가, 원리 원칙주의, 강한 자신의 신념, 사상, 박애정신

_子丑 : 8◦4코드는 배우자와 인연이 박한 코드, 이별을 반복함

- 23세 戊대운 乙丑년 결혼
- 26세 戊辰생 아들
- 32세 辰대운 甲戌년 이혼
- 33세 乙亥년 황민과 동거
- 38세 庚辰생 아들
- 45세 丁亥년 정식 결혼
- 56세 戊戌년 남편이 교통사고
- 57세 己亥년 이혼

그녀의 두 아들은 모두 辰생 용띠이다. 그것은 태어난 時의 戌을 辰戌沖으로 열고 들어갔기 때문이다.

그녀의 하락이수 〈참평결〉을 보니 飮泉風吹美음천풍취미하니 不覺 浪花飜불각랑화번 : 저절로 아름다운 소문이 나서 유명해지는 운으로 나온다.

그녀의 이름을 보면 역시 배우자를 극하는 3◦7코드가 나온다.
이혼을 한 己亥년 유년운에서도 역시 3◦7코드가 나온다.

그녀 사주의 핵심은 바로 월의 乙木에 있다. 乙은 0코드로서 癸水가 나를 극하는 것을 水生木으로 걸러서 다시 木生火로 나를 생해주기 때문에 아주 중요한 역할을 한다.

乙木이 추운 겨울에 火의 보호를 받아야 하는데 다행히 대운이 60년간 木火로 따스하게 잘 흘렀다. 초년 丙寅, 丁卯대운에는 집안이 부유해서 300평대 저택에서 살았으며, 부산 송도 혈청소 쪽 해안 저택은 부산 앞바다가 다 보이는 전망 좋은 곳이었다고 한다.

문제는 乙木이 꺼리는 運에 남편이 교통사고를 크게 냈다. 56세 辛대운 庚申월에 乙庚合하여 소중한 乙木이 못쓰게 되고, 사고일인 辛卯일은 乙=卯가 천간에 辛을 이고 오는 바람에 하루아침에 모든 재산을 정리하여 보상금 등으로 지출했다. 지금도 壬申대운이 木火와는 반대 대운이어서 악재가 계속 이어져 사기를 당하고 배신의 쓰라림을 겪고 있다.

《 이해인_수녀 》			
시주	일주	월주	년주
丙병 4	乙을 1	癸계 9	乙을 1
戌술 6	未미 5	未미 5	酉유 7
4	공망 2	2	

술(戌)은 인오술 火이므로 乙일간 기준으로 4코드

미(未)는 해묘미 木이므로 乙일간 기준으로 2코드

• 乙未의 未는 배우자궁인데 공망

• 時의 丙은 자식에 해당하는데 술고(戌庫)에 입묘

• 戌未가 刑이 되어서 자식궁과 내가 싸우는 형상

• 未月 乙木이 丙이 4코드에 해당하여 지혜롭고 능력 있다.

  비록 내 자식은 없어도 만인의 어머니다.

《 박인희_가수 》본명 : 박춘호			
시주	일주	월주	년주
	戊무 1	辛신 4	丙병 9
	子자 6	卯묘 8	戌술 1
			0

술(戌)은 인오술 火이므로 戊일간 기준으로 0코드

- 27세 戊子대운 壬子년 결혼
- 29세 戊子대운 甲寅년 이혼
- 이해인 수녀님과 고교 동창생

천간의 4코드 辛金은 재능을 나타낸다.

탁월한 감수성을 바탕으로 수많은 노랫말로 히트곡을 작사.

辛卯는 4◦8코드가 되어서 남자인 8코드를 바로 극한다. 배우자궁인 戊子의 子水는 子卯破로 깨져버렸다.

79세의 나이에도 청아한 목소리와 품위 있는 그녀의 모습에는 아직도 소녀의 감성이 그대로 묻어난다.

《 이미자 가수 》			
시주	일주	월주	년주
丙병 4	辛신 1	戊무 0	辛신 1
申신 2	亥해 4	戌술 0	巳사 8
		7	

술(戌)은 인오술 火이므로 辛일간 기준으로 7코드

- 20세 庚子대운 庚子년 결혼
- 24세 辛丑대운 甲辰년 이혼. 가정폭력 때문
- 30세 辛丑대운 庚戌년 재혼
- 79세 丙午대운 己亥년 은퇴

_時가 자식궁인데 자식과 申亥로 서로 해(害)가 됨.

亥와 寅이 寅亥合하고 있는데 申이 와서 寅申沖하니 申과 亥 사이는 서로가 냉랭하다. 甲辰생인 딸 정재은이와 우연히 만났지만 외면하듯이 차갑게 스쳐갔다.

_그녀가 20세 어린 나이에 결혼한 이유는 辛巳自合 때문이다.

사주는 연월일시로 흘러가는데 초년에 辛巳, 즉 8코드인 남자 巳火와 내가 辛巳自合을 하니 일찍 결혼을 한 것이다,

甲辰년에 이혼을 한 것은 辰戌沖으로 戌庫=남자의 무덤이 沖으로 열리는 바람에 년의 巳火가 들어가서 그랬다.

견서이파(見鼠以破)

어느 날 한 노인이 쉼터에서 가만히 누워 낮잠을 자는데 쥐가 보이길래 베고 있던 목침을 탁! 던졌더니 그 속에서 종이가 한 장 나오는데 바로 내용을 읽어 보니 이 목침은 쥐를 보면 깨지니라! 하는 문구가 들어 있었다.

이자윤 원장님

이 책을 처음 접하시는 분들께 몇 가지 도움이 되는 조언을 드리겠습니다.

이 책은 3가지 특징이 있어요.

첫째는 코드를 사주에 접목시켜 보는 법.

둘째는 유일무이한 사주 푸는 인반수 공식.

셋째는 직접 작명할 수 있는 수리학 공식.

이렇게 구분되어 있어요.

첫 번째, 코드를 사주에 접목시켜 보는 법을 설명해 드리겠습니다.

『사주…코드로 풀다』는 전통명리와는 다른 접근법을 제시하고 있어요. 기존 명리학에서 찾아볼 수 없는 매우 독특한 방법인데, 이것이 백퍼센트 다 맞는다고 할 수는 없더라도 기존의 전문적인 지식을 요하는 어려운 사주학을 누구나 알아볼 수 있도록 숫자 코드로 정리한 것은 획기적인 일이라고 봐요.

사주의 8개 글자에 숫자를 붙인 후 코드화한 사주 분석법으로서 비겁은 1·2, 식상은 3·4, 재는 5·6, 관은 7·8, 인성은 9·0으로 숫자를 대입하여 각 숫자간의 역학 작용을 분석해서 숫자의 작용을 풀이하는 재미있는 공부법이랍니다.

물론 코드 사주 공부를 하기 위해서는 기초 단계의 지식을 준비하고 있어야 해서 처음에는 다소 힘들 수도 있답니다. 이는 마치 수학을 잘하려면 수학공식도 알고, 푸는 방법도 알아야 하는 것처럼 정보국 선생님의 코드 사주를 이해하시려면 먼저 사주의 기본적인 지식인 음양오행과 십신에 대한 이해를 알고 있어야만 해요.

그래서 이 책에서는 상세하게 꼭 필요한 음양오행을 설명하였고, 코드 산출하는 방법, 코드의 작용에 관한 실전 예제를 통해 독자가 이해하기 쉽도록 이야기하듯 엮어서 초보자도 알기 쉽게 적혀 있어요.

두 번째, 유일무이한 사주 푸는 인반수 공식입니다.

이 부분은 감히 그 가치를 함부로 평가하기 힘든 부분 같네요. 함부로 공개하지 않는 '신비의 공식' 같다는 느낌을 받았어요. 이는 저뿐만 아니라 오랜 시간 비법을 찾아 헤매셨던 분이라면 누구나 공감하시리라고 봐요. 마치 광산에서 다이아몬드를 찾은 느낌이 들어서 처음 접했을 때 온 몸에 전율을 느꼈답니다.

아마 조금만 다양한 사례를 놓고 검증해 보시면 바로 공감하시리라 봐요. 여기 나오는 '사주 푸는 인반수 공식'만 터득하셔도 책값의 열 배 이상의 가치가 있다고 장담 드립니다.

세 번째, 직접 작명할 수 있는 수리학 공식입니다.

사주와 개인이 부르는 이름이 밀접하게 작용함을 부정하지는 못하리라 봐요. 성명학 파트에서는 이름으로 코드를 뽑을 수 있고 그 코드의 내용이 결국 코드를 사주에 접목시켜 보는 내용과도 일치한다는 것이 키포인트랍니다.

자신이 태어난 해에 한글 발음으로 불리는 글자에 숫자를 붙여서 숫자 간의 힘의 작용으로 길흉을 예측할 수 있으며, 이런 원리로 외국인의 이름도 풀이가 가능하다는 내용이에요.

실로 획기적인 접근법인데 이는 1993년도에 출간한 『정보국의 작명보감』에 이미 모두 공개한 내용이랍니다.

35년 전 일이에요. 임신 중이었는데 아기 이름을 어떻게 지어줄까 하는 고민을 했어요. 건강하고 사회생활 잘하고, 부모와 사이좋은 아이가 되기를 바라는 마음이 이름에 담기면 좋겠다는 욕심이 들었어요. 이는 소중한 아기를 가진 부모 입장에서 너무나 당연하다고 봐요. 그래서 부른 배를 안고 서점에 들렀어요. 진열된 작명 책 중에서 어떤 것이 좋을지 몰라 목차를 보면서 고민했답니다. 하지만 아쉽게도 책이 전문적인 부분을 어느 정도 알아야 작명할 수 있기에 포기하고 돌아왔어요.

그리고 둘째 아기가 태어났을 때 다시 서점에 가서 작명에 관한 책을 찾다가 『정보국의 작명보감』이라는 책이 눈에 띄었어요. 일부 내용은 좀 어려웠지만 주된 내용이 한글 발음이 상생되는 이름이 좋고, 한글의 받침 글자도 이름에 적용한다는 그런 내용이었어요. 한자 위주로 짓던 기존 작명법과는 색다른 접근법이라는 생각이 들었던 기억이 나네요.

결론을 말씀 드릴게요. 저자가 코드 사주를 오랜 세월 연구하신 이유가 무엇일까요? 그것은 지금도 어렵게 사주나 성명학을 공부하시는 분들에게 이 책을 통해 쉽게 접근할 수 있도록 도움주시려고 한다고 봐요. 선생님의 뜻 깊은 소명의식을 피부로 느낍니다.

살아가면서 힘든 일을 겪고 찾아간 고객에게 뜬금없이 '이 이름을 가지고 어떻게 살아!' 마치 부르고 있는 이름이 잘못되어 나쁜 일만 겪고 사는 것처럼 단정적으로 말하고는, 자신에게 개명만 잘하면 금방이라도 운이 좋아질 것이라고 호언장담하는 일부 작명가에게 경종을 울리는 내용에서는 공감가시는 분들이 많으리라 봐요.
또한 『정보국의 코드 사주』는 명리학에 관심을 갖고 있는 많은 분들이나, 인생의 항로를 찾지 못해 헤매는 사람들에게 좋은 지침서이며 훌륭한 참고서 역할을 할 것입니다.

이 책으로 인해 자신의 인생을 이해하고 위로할 수 있기를 바라며 『정보국의 코드 사주』를 감히 추천 드립니다.

을사년
이자윤작명연구원장 **이자윤** 拜

민동주 원장님이 원고를 보신 후 인터뷰한 내용

질문 이 공부는 언제부터 하셨나요?

대답 다른 분들과 비슷하게 시중의 서적을 통해 공부했고, 유튜브 영상을 통해 다양한 내용을 두루 섭렵했어요.

질문 그럼 정보국 선생님의 책 내용과 기존에 알던 사주와는 뭐가 다르던가요?

대답 책 내용에 나오는 정보국 선생님의 인반수 공식, 사주 코드를 접하고 사주를 바라보는 시각이 완전히 달라졌습니다.

질문 무엇이 다르던가요?

대답 사주가 반신반의가 아닌 우주 원리와 오행의 법칙에 따른 과학이며 나와 부모, 자식의 사주를 보면 단순 우연이 아니고, 이미 오래 전부터 서로 인연의 끈으로 묶여 이번 생에서 부모와 자식으로 만났다는 것을 깨달을 수 있었습니다.

'정보국 선생님의 인반수'는 태어날 때 운명처럼 타고난 사주팔자를 수학의 구구단처럼 8개의 숫자 코드로 정립시킨 것이라고 봐요.

그동안 같은 사주라도 해석풀이가 사주공부의 수준에 따라 천차만별이라서 혼동을 겪었고, 저 같은 경우도 최소 오랜 시간 시중에 명리학 기타 역학 분야 등을 두루 봤지만 애매모호한 내용이 많았는데 이 책을 보고 그 해답을 얻을 수 있었습니다. 마치 표류하는 배가 등대를 보고 희망을 가진 것과 같았습니다.

질문 이 책을 처음 접하는 독자들에게 해주실 말은?

대답 사주가 궁금해 기초 공부가 필요하신 분들이라면 꼭 필요하다고 봅니다. 또 사주는 어려워서 감히 시작할 엄두조차 내지 못했던 분들에게는 희소식이 될 겁니다.

질문 그럼 이 책의 특징은 뭔가요?

대답 구구단을 외우면 기초 수학이 풀리듯 정보국 선생님의 인반수는 사주를 8개 숫자 코드로 분석하기 때문에 누구나 쉽게 공부할 수 있고, 해석풀이도 일정 수준으로 정리해 놓아 마치 핵심 비법노트를 손에 넣은 기분이 드실 겁니다.

MBTI 성격유형 검사가 대중적으로 인기를 얻으며 널리 애용되고 있다는 건 다들 아실 겁니다. 사주가 했어야 할 역할을 MBTI가 대신해 온 셈인데 그것을 능가하는 내용이 담겨 있어 삶에 도움이 되리라 봅니다.

질문 초보자 말고 사주 전문가들에게 해주실 말은?

대답 앞서 얘기했듯이 수십 년 공부를 한 몇몇 고수들만이 사주를 해석할 수 있고 그마저도 사주풀이가 천차만별이었던 것이 사실입니다. 이러한 문제들에 있어 조금이라도 도움을 줄 수 있는 것이 정보국 선생님의 인반수, 사주 코드라고 봅니다.

질문 마지막으로 해주실 말은?

대답 내 인생의 길흉화복에 대한 친절한 안내가 필요한 분들에게 이 책이 어느 정도 인생 내비게이션 역할을 해줄 것입니다.

실제로 깊이 들어가서 사주에 적용해 보는 순간 무서우리만큼 정확하고 그래서 더 흥미진진한 내 사주 안에 숨겨진 인생 코드, 그 판도라의 상자가 이 책 안에 고스란히 담겨 있다고 봅니다. 대개 시중의 책에는 무언가 1% 허전한데 인반수 공식을 모두 공개하신 것은 신의 한수라고 봅니다.

지금껏 어떤 책에도 본 적이 없는 매우 특이한 사주 푸는 공식임을 저 같은 전문가들은 금방 눈치챌 겁니다. 그리고 그 가치를 깨닫는 순간 무릎을 치며 온몸에 소름이 돋을 겁니다.

그런 분들에게는 이 책은 가치를 따질 수 없다는 걸 아시리라 봅니다.

을사년
민동주작명연구원장 **민동주** 拜

책을 마치며...

　어떤 학문이든 두 가지 부류로 나눌 수 있는데, 이 역학도 이론가와 실전가로 나눌 수 있다. 그중 필자는 후자에 속한다. 현장 경험을 바탕으로 사실대로 적느라 일부 직설적이거나 자극적인 부분이 있음을 시인한다. 하지만 어쩔 수 없다. 너무 이론에 얽매이면 글 내용이 딱딱하고 재미가 없다. 부탁드리고 싶은 것은 어떤 사주책이든 100% 맞다고 장담하는 이론은 존재하지 않는다. 본서에 나오는 코드를 적용하여 사주를 푸는 것은 사주용어가 어렵고 혼돈을 주다 보니 일반인들도 쉽게 이해시키려는 용도로 적용시킨 것일 뿐 코드 내용 하나만 놓고 1∘5코드나 2∘6코드면 처를 극하고 돈이 없는 것처럼 단정해서도 안 되고, 9∘3코드나 0∘4코드면 자식을 극하니 나쁘다고 단정해서도 안 되며, 3∘7코드나 4∘8코드면 배우자를 극하니 불행해질 것이라고 단정해서도 안 된다는 점을 아시기 바란다.

　2부에서 작명하는 내용을 담았는데, 필자는 나이가 들어 작명하기도 힘들다. 작명은 거의 중노동이다. 일반인들은 별거 아니라고 생각할지 모르지만 하면 할수록 어렵다. 작명이 쉽다고 생각한 분들이 작명한 것을 보면 어려운 한자가 들어가 있다. 그 이유는 수리 획수 이론에 억지로 끼워 맞춰 지었기 때문이다. 그래서 작명이 쉬운 듯 어려운 것이다. 엉터리로 짓는 이름이야 누가 못 짓겠는가? 상식에 맞는 쉬운 한자로 짓는 것이 최고의 작명가라고 생각한다.

이름에 쓰기 난해한 한자는 되도록 피하는 것이 좋은데 실제 그렇게 짓는 것이 더 어렵다. 이유는 직접 해보면 알 수 있다. 그럴 바에는 한자보다는 순수 한글이름으로 짓는 게 좋다. 가령 '홍수민'이라는 이름을 짓고 발음이 좋다면, 한자를 떠나 한글 발음 그대로 올리라는 얘기다. 너무 형식에 빠지면 좋은 이름과는 거리가 멀어진다. 이것이 평생 현장에서 겪은 필자의 바람이다. 무리하게 한자로 짓기보다는 부르기 좋은 한글 발음 그대로 지어 호적에 올리는 것이 좋다는 말이다. 뭐든지 진리는 간단명료하다. 복잡한 것은 피하는 게 좋다.

작명할 때 한자 수리 획수부터 맞춰 급하게 지으려 하지 말고 먼저 한글 발음이 당사자와 잘 맞는지부터 보고, 그다음 한자 수리를 맞춰 지어주는 것이 좋다(실제 수리 획수는 무시하는 것이 좋다. 필자의 손녀들 작명 시 모두 획수를 무시하고 지었다). 최소한 지금 태어난 아이가 20년 후에 사용해도 될 수준의 이름을 지어주는 것이 작명가의 의무이다.

　일반 사주 상담자인 경우 자신의 말을 많이 하기보다는 고객의 입장에서 아픈 마음을 보듬어 주고, 상대의 요구사항을 찾아 가이드 역할만 하면 된다. 오래 전 손님이 상담을 마친 후 갑자기 필자를 획 쳐다보면서, 자신의 딸이 뭐하는지를 맞춰 보란다. 마치 '족집게 점쟁이' 취급을 하는 것이다. 실제 용한 무당조차도 그런 물음에 선뜻 대답하지 못한다. 이처럼 고객을 응대할 때 다양한 변수가 일어난다. 거기에 끌려가지 말고 소신을 갖고 상담에 임하면 된다.

사주나 작명이 일반인들은 잘 모르는 면이 있다 보니, 이것을 이용하여 일부는 상업적으로 고객들을 철저히 이용하려고 한다. 말수를 줄이고 業(업)이 되는 말은 함부로 하지 말기를 당부 드린다.

을사년 봄
정보국작명연구원장 **정보국**拜

작명114.com

찾아보기

MBTI로는 풀지 못하는 나의 사주 코드

사주…코드로 풀다

1판 1쇄 인쇄 | 2025년 05월 20일
1판 1쇄 발행 | 2025년 06월 02일

지은이 | 정보국
원고 정리 | 中田 이연실
펴낸이 | 문해린
펴낸곳 | 상원문화사
주소 | 서울시 은평구 증산로 15길 36 (신사동) (03448)
전화 | 02)354-8646 · **팩시밀리** | 02)384-8644
이메일 | mjs1044@naver.com
출판등록 | 1996년 7월 2일 제8-190호

표지 이미지 | 김원정

ISBN 979-11-85179-41-4 (03180)